本书系全国教育科学规划课题教育部重点课题"基于主题叙事的高校思想政治教育话语实践研究"(课题批准号：DEA190358)的最终研究成果。

基于主题叙事的
高校思想政治教育话语实践研究

王圣宠 /著

图书在版编目(CIP)数据

基于主题叙事的高校思想政治教育话语实践研究 / 王圣宠著. -- 厦门：厦门大学出版社，2024.6.
ISBN 978-7-5615-9423-0

Ⅰ.G641

中国国家版本馆 CIP 数据核字第 2024WX2282 号

责任编辑　高　健
美术编辑　蒋卓群
技术编辑　朱　楷

出版发行　厦门大学出版社
社　　址　厦门市软件园二期望海路 39 号
邮政编码　361008
总　　机　0592-2181111　0592-2181406(传真)
营销中心　0592-2184458　0592-2181365
网　　址　http://www.xmupress.com
邮　　箱　xmup@xmupress.com
印　　刷　厦门市明亮彩印有限公司

开本　720 mm×1 000 mm　1/16
印张　13
插页　2
字数　260 千字
版次　2024 年 6 月第 1 版
印次　2024 年 6 月第 1 次印刷
定价　66.00 元

本书如有印装质量问题请直接寄承印厂调换

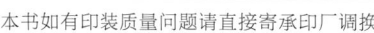

前　言

　　高校思想政治教育话语实践是传达主流意识形态意义的言说实践活动,关乎立德树人的实效性问题,其重要性不言而喻。随着新时代的到来,世界百年未有之大变局和中国社会变革加剧,多元社会思潮交织碰撞,冲击着人们的思想世界,数字化技术的发展更是加剧了多元多变的信息传播态势,使高校思想政治教育话语面临着被其他话语消解的风险和挑战。在这一社会文化语境下,高校思想政治教育开始反思传统话语模式的不足与困境,积极适应时代之变、局势之变,不断调整和创新自身的话语实践范式,寻求突围的有效路径。党的十八大以来,在党和国家出台一系列关于加强和改进思想政治教育的政策文件引领下,高校思想政治教育探寻话语发展的实践策略,整合多方资源和力量,聚焦主题开展教育活动,凸显话语实践的主题性,重视和创新故事化叙事手段,努力讲好中国故事,进一步提升话语实践的针对性、亲和力和感染力。在改革和探索的过程中,高校思想政治教育日益呈现出顶层设计指导下有组织的主题叙事话语实践取向,形成了具有可操作性的新的话语实践范式。这一范式在提升高校思想政治教育话语实效性方面发挥了重要作用,取得了良好成效,积累了丰富的经验,同时,仍有很大的提升空间,也产生了对其进行总结和研究的需要。

　　本书相对而言是一个整体意义上的探讨,作为研究基本范畴的话语实践、主题和叙事等概念也是在比较宽泛的意义上使用,以使研究具有普遍适用的意义。话语实践是主题意义表达与建构的动态性言说活动;主题是高校思想政治教育话语实践要表达、传递和呈现的核心意义、思想主旨或观点立场;叙事就是我们通常理解的讲故事,从中国式的、思想政治教育学科思维角度，实际上就是在言说中融入故事思维，通过讲好中国故事呈现主题意义，在高校思想政治教育话语实践中，叙事不仅是讲故事，还需要与说理相结合，通常采用的是"故事＋说理"的模式。通俗一点讲，如果把高校思想政治教育话语实践活动视为一个动态的过程性的作品，那么主题就是这个作品的根基或主线，体现了作品的核心意义，叙事则是呈现、表达和传播主题意义的方式。基于以上理解，本书将高校思想政治教育视域内的主题、叙事与话语实践等范畴统合起来进行思考，以一种跨视域的总体性框架，对基于主题叙事的高校思想政治教育话语实践进行系统研究，探讨高校思想政治教育是如何借助有效的主题叙事实践，凸显多维人性的话语运用和表达，从而生成特定的意识形态意义的。本书力求通过研究丰富高校思想政治教育话语研究的视域，为提升高校思想政治教育话语实践的有效性提供一些思路与参照。

总体来说，本书具有如下特点和价值：(1)较强的综合性。本书除了方法上综合了思想政治教育学、话语理论、叙事学、社会心理学、传播学、美学、阐释学等多学科知识外，在内容方面也体现了融合的整体思维，在对高校思想政治教育话语实践的基本要义、主题性、叙事视角等进行理论阐释的基础上，以主题、叙事与话语实践的耦合联动为思维进路，深入探讨基于主题叙事的高校思想政治教育话语实践范式以及具体策略问题。(2)从宏观与微观两个层面展开论述。本书既从宏观上把握基于主题叙事的高校思想政治教育话语实践的运作机制和相关规律，又从微观层面上对实证调查结果进行研究，对支撑话语实践运作的具体叙事策略和创新问题进行探讨，对典型实例进行系统和细致的分析。(3)属于理论与实践相结合的研究。本书通过理论梳理和研究奠定对实践考察和实例分析的基础，同时也深入实践调查、分析和总结，探寻主题叙事话语实践规律和有效策略，构建研究路径，提升研究的针对性，既在宏观上把握主题叙事话语实践范式的理论框架，又通过对实践中典型实例的分析，加强理论的可应用性，将理论与实践联通起来。(4)具有创新性。在借鉴其他学者研究成果的同时，提出了一些新的思路和观点。例如，在话语实践、主题、叙事等核心概念界定上和关系梳理方面提出了一些新见解，从目标指向、建构过程、效应形成几个方面对基于主题叙事的高校思想政治教育话语实践范式进行把握,提出了互动叙事、融合叙事、群像叙事、行走叙事等主题话语建构的叙事策略,还搭建了包含主题意义、话语建构、叙事策略、实践效应在内的分析框架,用于对典型实例的分析。总之,本书在理论与实践层面做了多方面的研究和探索,具有一定的创新性和参考价值。

此外,有必要说明一点,基于主题叙事的高校思想政治教育话语实践仍在不断更新和发展中,个人的研究视野十分有限,难以涵盖全部的创新经验,研究不足之处在所难免,既期待实践探索中涌现更多的创新做法为后续研究完善提供源泉、动力,也渴望与更多的学界同仁交流,一起对这一新范式展开更深入的探究。

王圣宠

2024 年 4 月

目 录

导 论 ·· 001
    一、研究缘起 ·· 001
    二、研究动态 ·· 005
    三、研究思路 ·· 011
    四、研究价值 ·· 013

第一章 高校思想政治教育话语实践的基本要义 ·················· 015
    一、话语与高校思想政治教育话语 ······································· 015
    二、高校思想政治教育话语实践的内涵与基本形态 ··················· 021
    三、高校思想政治教育话语实践的建构本质 ···························· 028
    四、高校思想政治教育话语实践的原则性特征 ························· 032

第二章 高校思想政治教育话语实践的主题性 ······················ 039
    一、高校思想政治教育话语实践的主题概念 ···························· 039
    二、高校思想政治教育话语实践的主题特性 ···························· 042
    三、高校思想政治教育话语实践的主题变迁 ···························· 047
    四、高校思想政治教育话语实践凸显主题性的意义 ··················· 053

第三章 高校思想政治教育话语实践的叙事视角 ··················· 058
    一、叙事与话语实践 ··· 058
    二、高校思想政治教育叙事的内涵与价值意蕴 ························· 062
    三、高校思想政治教育叙事话语实践的实质表征 ······················ 069

四、高校思想政治教育叙事话语实践的三重向度 …………… 073

第四章　基于主题叙事的高校思想政治教育话语实践范式 ……… 080
　　一、研究范畴 …………………………………………………… 080
　　二、基本逻辑 …………………………………………………… 082
　　三、目标指向 …………………………………………………… 089
　　四、建构过程 …………………………………………………… 092
　　五、效应形成 …………………………………………………… 106

第五章　高校思想政治教育主题话语建构的叙事策略 …………… 118
　　一、互动叙事 …………………………………………………… 118
　　二、融合叙事 …………………………………………………… 129
　　三、群像叙事 …………………………………………………… 139
　　四、行走叙事 …………………………………………………… 150

第六章　实例分析 ……………………………………………………… 160
　　一、实例选取与分析框架 ……………………………………… 160
　　二、"弘扬嘉庚精神，奋进一流征程"厦门大学百年校庆
　　　　系列活动 ……………………………………………………… 163
　　三、《让青春走"红"——走读红色经典》青年党史学习
　　　　教育融媒体互动节目 ………………………………………… 169
　　四、"把青春华章写在祖国大地上"网络主题宣传和互动
　　　　引导活动 ……………………………………………………… 176
　　五、"追寻领袖足迹，感悟思想伟力"福建省大学生暑期社会
　　　　实践活动 ……………………………………………………… 183

参考文献 ……………………………………………………………… 191
后　　记 ……………………………………………………………… 198

导 论

　　高校思想政治教育是落实立德树人根本任务的主渠道、主阵地。话语是高校思想政治教育活动得以开展的重要载体，承载着理论诠释、思想引领、信息传递、情感沟通等多方面功能，其运用实践及产生的效力直接影响着高校思想政治教育的质量和实效。当前，世界百年变局和中国社会变革交织叠加，社会舆论情绪激增，多元思潮交叉分化，不稳定不确定因素显著增强，增加了思想领域变动的风险。在现实语境下，如何提高高校思想政治教育话语应对被其他话语消解风险的能力，探究有效的话语实践路径，凸显其重要性和意识形态意义。在现实中，基于主题叙事的话语实践形式受到越来越多的关注和青睐，成为提升高校思想政治教育话语有效性的一种可操作样态，对其进行探讨和研究十分必要。

一、研究缘起

　　对主题叙事话语实践进行研究，是时代发展对高校思想政治教育提出的现实要求，也是对高校思想政治教育话语实践特色和经验的总结，源于高校思想政治教育话语发展的需要，具有重要的研究价值。

（一）研究背景

　　本书将"基于主题叙事的高校思想政治教育话语实践"作为研究对象，把"主题叙事"作为高校思想政治教育话语实践的一种策略或路径依托来进行研究，主要基于三个方面现实背景的观察与考量。

1. 高校思想政治教育话语实践面临现实困境

　　众所周知，话语问题是影响高校思想政治教育实效性的重要问题。高校思想政治教育是以"话语"为载体的言说实践活动,"话语的局限,就是思想政治教育的局限"[①]。步入新时代,中国特色社会主义各项事业的发展为高校思想政治教育话语实践丰富了话语资源和多样化的载体形式,营造了良好的育人实践场域,思想政治教育学科发展和话语体系的日益完善为高校思想政治教育话语实践提供了理论基础和方法论指导,在此基础上,高校思想政治教育话语实践实现了长足发展,但也面临诸多内外并存的现实问题和严峻挑战。

对高校思想政治教育话语实践进行审视,来自外部的挑战主要体现为西方意识形态渗透和科技发展引发的信息革命加剧了多元价值观念和社会思潮的交织碰撞,各种非主流意识形态的异质话语冲击着受教育者的思想世界,挤占主流意识形态的话语空间,多元话语环境导致的碎片化言论一定程度上削弱了思想政治教育话语的主导地位和引领作用,构成了高校思想政治教育话语实践过程中的现实障碍。来自内部的问题是高校思想政治教育话语实践遭遇的自身困境,具体体现为对国际国内形势挑战和社会发展变革带来的多元化语境应对乏力,话语说服力、凝聚力有限,话语思维未完全走出传统单向度模式,话语内容更新不及时,话语方式缺乏吸引力,话语实践过程对人的关切有所不足,忽略了一些实际需求,导致话语阐释工作不能触及人心,话语意义互动建构未达理想效果。现实挑战和困境推动高校思想政治教育话语实践必须探索发展和创新之路。如何突破困境,需要适应新的话语语境,将经验与规律结合起来思考,探寻有效的话语实践路径,形成具有可操作性的话语实践范式。

2. 高校思想政治教育话语实践主题性凸显

主题教育是新形势下加强和改进高校思想政治教育的有效途径。党的十八大以来,以习近平同志为核心的党中央高度重视党内主题教育和学校主题教育,部署开展集中性学习活动。2016年,中共中央、国务院印发《关于加强和改进新形势下高校思想政治工作的意见》指出,要强化思想理论教育和价值引领,加强理想信念教育,培育和践行社会主义核心价值观,弘扬中华优秀传统文化和革命文化、社会主义先进文化,深化中国共产党史、中华人民共和国史、改革开放史和社会主义发展史学习教育,强调要"充分利用我国改革发展的伟大成就、重大历史事件纪念活动、爱国主义教育基地、国家公祭仪式等组织开展主题教育,弘扬以爱国主义为核心的民族精神和以改革创新为核心的时代精神"[②],指明了高校思想政治教育的主题内容、教育方式和任务要求。近年来,各高校根据"不忘初心、牢记使命""党史学习教育""学习贯彻习近平新时代中国特色

---

① 吴琼:《思想政治教育话语发展研究》,中国社会科学出版社2017年版,第1页。
② 中共中央党史和文献研究院:《十八大以来重要文献选编(下)》,中央文献出版社2018年版,第481~482页。

社会主义思想"等主题教育要求,将主题教育与立德树人根本任务结合起来,掀起了高校主题教育热潮。

主题教育是高校思想政治教育的重要形式和载体,对增强思想政治教育的实效性和时代感意义重大。主题教育主题鲜明,强调聚焦特定主题开展灵活多样的思想政治教育实践活动,强调以学生为本,注重发挥受教育者的能动性,具有很强的针对性、实践性和开放性等特点,有助于解决传统思想政治教育模式针对性不强、资源分散、形式单一等问题,适应了时代发展和形势变化对思想政治教育发展提出的现实要求,因此成为高校思想政治教育的重要实践模式。党和国家高度重视主题教育的引领作用,自上而下推动实施,各高校持续深化主题教育落实,组织师生开展读经典、讲故事、榜样示范、主题宣讲、社会实践等各种形式的学习和分享活动,取得了一定的实践成效。增强主题性成为高校思想政治教育话语实践的有效路径。随着主题教育兴起,高校思想政治教育话语实践主题性不断加强,主题性话语实践呈现出多样态发展局面,无论是思政课、校园文化活动,还是社会实践,越来越重视聚焦主题开展学习教育,汇聚多方言说力量,丰富言说内容和形式,以提升话语实效性和吸引力。

3. 高校思想政治教育话语实践出现叙事转向

叙事是高校思想政治教育的重要言说方式,简单地说,就是用讲故事的方式传递思想政治教育信息。习近平总书记多次强调要"讲好中国故事",2021年在主持十九届中共中央政治局第三十次集体学习时提出,要"加快构建中国话语和中国叙事体系",并多次重申这一命题,实际上就是强调叙事话语的重要性。随着国内外形势变化和时代的发展,传统的说教式话语模式已难以适应社会多元化发展态势和受教育者的个性心理需求,在高校思想政治教育话语实践寻求适应时代和困境突围的过程中,叙事凭借直观性、形象性等优势逐渐回归高校思想政治教育视野,叙事转向成为高校思想政治教育话语实践应对外在环境挑战和内在发展困境的必然选择。

叙事转向并不是说原来没有运用叙事手法,而是从旧的叙事形态向新的叙事形态的位移。近年来,高校思想政治教育话语实践的叙事转向主要体现在三个方面:一是更加重视故事化叙事的运用。伴随高校思想政治教育改革自上而下的推进,叙事方式在话语实践中的运用越来越受到重视。以往的话语实践更注重发挥话语的政治和意识形态教育功能,以理论说教为主,叙事主要作为说理的一种补充,还时常被忽略,现在逐渐开始转向对叙事的重视和大量运用,与说理形成互补,通过故事化叙事进行话语创新,提升话语实践的实效。二是更加注重大众化的微观叙事。以往的叙事主要是显性的宏大叙事,说教意味较为浓厚,现今宏大叙事开始向大众化的微观叙事转移,更加关注个体的现实需求,关注生活,体现了人本取向,注重运用易于理解、喜闻乐见的叙事内容和方式,与宏大叙事形成互补,使话语表达既具有主流意识形态的高度,又具有"接地气"的亲和力和感染力。三是更加注重叙事过程的主体间性。以往叙事以单向度为主,受教育者经常一言不发,现在叙事开始转向更加注重主体之间的对话、交互和相互理解,尊重受教育者表达和交往需求,通过叙事过程中的互动交流,优化叙事效果,促进主体共同成长。

(二)选题缘起

本书之所以选择"基于主题叙事的高校思想政治教育话语实践"作为研究课题,首先源于对高校思想政治教育话语实践面临的实效性困境的省思,带着这样的问题意识,试图通过理论与实践相结合的研究,探索解决困境的有效路径。在这一思考和探索的过程中,笔者观察到近年来各高校在国家和各地教育部门的指导与推动下,在思想政治教育话语实践困境突围方面,积极探索改革创新路径。从整体情况看,最为突出也最有成效的主要有两大路径:一是凸显话语实践的主题性,加强主题性话语实践活动的组织与实施;二是向故事化叙事转向,运用故事化叙事的亲和力强化说理表达的说服力。在具体实践中,这两大路径往往交融在一起发挥作用,即故事化叙事是高校思想政治教育主题性话语实践最常用也是最受欢迎的活动形式,在高校思想政治教育话语实践中,基于主题叙事被证明是有效的方式方法,高校思想政治教育越来越呈现出一种基于主题叙事的话语实践取向。

党的十八大以来,高校思想政治教育的实践成效,很重要一个原因是得益于基于主题叙事的话语建构。基于对新兴实践路径的观察与思考,萌生了将"基于主题叙事的话语实践"这种融合现象作为实践范式进行研究的想法,也认为十分有必要对此进行总结和探讨。

除了对现象的观察与思考,最终决定将"基于主题叙事的高校思想政治教育话语实践"这一课题成果以专著形式呈现,一个十分重要的原因是相关的专门研究仍滞后于现实实践。基于主题叙事的话语实践反映了高校思想政治教育突破话语困境的现实诉求,符合高校思想政治教育发展规律和受教育者需求规律,也积累了丰富的实践经验,取得了良好成效,但相关总结性成果和系统研究还比较少见。近年来主题叙事话语实践活动频繁开展,如火如荼,日渐形成一种话语实践范式,进行相关的理论与实践研究,总结其中的一些规律,针对存在的问题,探讨建设性、创新性策略,对未来主题叙事话语实践的有效实施,意义重大。基于如上动机,笔者决定以专著形式做一些系统性的探讨。

二、研究动态

(一)话语和高校思想政治教育话语相关研究

话语研究(discourse studies)首先产生于西方后现代学术研究中,进而拓展到各个领域。从20世纪初以索绪尔为代表的结构主义语言学研究到福柯的话语分析,理论建构的中心从话语的内部结构逐渐转向真实情境中的话语运作以及话语和社会现实的权力关系,话语研究的理论框架不断清晰和完善。英国语言学家诺曼·费尔克拉夫将"话语"界定为对主题或者目标的谈论方式,他在《话语与社会变迁》中提出了著名的"文本—话语实践—社会实践"的话语分析三维框架,进一步阐释了话语的社会实践特征,指明了话语研究的新动向。伴随人文社会科学的语言学转向,话语研究逐渐成为国内外学术界广泛关注的一个重要领域,从现状看,不管是哲学,还是政治学、文化学、传播学、教育学等,对话语研究的热情都达到了前所未有的程度。

近年来,随着我国思想政治教育研究的深入发展,话语概念也被引入。林宁、李宪伦在《思想政治教育话语学构想与探析》中指出:"思想政治教育是一门应用话语体现理论说服力的学问,也是一门话语说事实践应用性很强的学科。"[①]目前,思想政治教育话语问题已经成为思想政治教育学科的一个重要理论研究论域,也取得了一系列建设性研究成果。截至2024年5月,专著方面,通过中国国家图书馆文津搜索平台可以检索到52本思想政治教育话语方面的研究著作,其中关于高校思想政治教育话语研究的著作达20本之多;论文方面,在CNKI中国学术期刊网络出版总库中,以"思想政治"合并"话语"作为篇名的期刊论文可以检索到1761篇,学位论文有320篇,其中有关高校思想政治教育话语研究的期刊论文有926篇,学位论文有221篇,以近几年较为热门。从目前已有的研究成果看,学界主要从内涵、分类、功能、特点、现状(困境)、范式转换、路径创新、话语体系、话语权、话语发展等方面对思想政治教育话语问题和实效性提升进行研究与探讨,研究成果十分丰富,已经逐渐形成体系,奠定了高校思想政治教育话语研究的理论基础和论述框架。

在思想政治教育话语研究体系内,针对高校的思想政治教育话语研究成果主要集中在以下几个方面:(1)高校思想政治教育话语变迁与发展研究。例如,《改革开放以来大学生思想政治教育话语的历史变迁——以大学生日常思想政

---

① 林宁、李宪伦:《思想政治教育话语学构想与探析》,《学校党建与思想教育》2007年第8期。

治教育话语为视角》①、《改革开放 40 年以来大学生思想政治教育话语体系的演化、传承与创新》②、《百年来中国共产党的高校思想政治教育话语的生成与演进逻辑》③,这类研究成果主要从历史变迁中探寻高校思想政治教育话语的演进轨迹和发展规律。(2)高校思想政治教育话语转换与创新研究。例如,《新媒体语境下高校思想政治教育话语转换探析》④、《现代性境域下高校思想政治教育话语及其转型》⑤、《新时代高校思想政治教育话语优化的三维审视》⑥、《大学生思想政治教育话语转换研究》⑦,这类研究成果主要针对现实语境中高校思想政治教育面临的话语挑战和发展困境,从不同角度提出思想政治教育话语转型和变革的思路,主张将传统的一元工具理性话语转变为多元的平等对话话语,创新话语内容和方式,建构起接地气的思想政治教育话语新范式。(3)高校思想政治教育话语体系及其建设研究。例如,《高校思想政治教育话语体系改进研究》⑧、《新时代新征程高校思想政治教育话语体系建设的使命、任务与策略》⑨、《新时代高校思想政治教育话语体系创新的情感向度》⑩,这类研究成果主要从整体上或某一视角对高校思想政治教育话语体系及其优化进行探讨,主张以动态、体系化、多维度的方式整合创新高校思想政治教育话语,使其更具系统性、针对性和科学性。(4)高校思想政治教育话语权构建和提升研究。例如,《新媒体环境下高校思想政治教育话语权研究》⑪、《高校思想政治教育话语权研

---

① 袁芳、肖隽:《改革开放以来大学生思想政治教育话语的历史变迁——以大学生日常思想政治教育话语为视角》,《思想理论教育》2014 年第 8 期。
② 钱俊:《改革开放 40 年以来大学生思想政治教育话语体系的演化、传承与创新》,《黑龙江高教研究》2018 年第 11 期。
③ 刘国瑞、赵志博:《百年来中国共产党的高校思想政治教育话语的生成与演进逻辑》,《教育科学》2022 年第 5 期。
④ 毕红梅、付林溪:《新媒体语境下高校思想政治教育话语转换探析》,《思想教育研究》2015 年第 5 期。
⑤ 张翼:《现代性境域下高校思想政治教育话语及其转型》,《江苏高教》2017 年第 1 期。
⑥ 胡中月:《新时代高校思想政治教育话语优化的三维审视》,《思想教育研究》2020 年第 9 期。
⑦ 龚莉红:《大学生思想政治教育话语转换研究》,人民出版社 2023 年版。
⑧ 胡永嘉、张真理:《高校思想政治教育话语体系改进研究》,《中国青年社会科学》2017 年第 5 期。
⑨ 刘国瑞、路晓芳:《新时代新征程高校思想政治教育话语体系建设的使命、任务与策略》,《大连理工大学学报(社会科学版)》2023 年第 1 期。
⑩ 王丹:《新时代高校思想政治教育话语体系创新的情感向度》,《思想教育研究》2023 年第 10 期。
⑪ 郭苏豫:《新媒体环境下高校思想政治教育话语权研究》,黄河水利出版社 2017 年版。

究》①、《新时代高校思想政治教育话语权的建构》②、《全媒体时代高校思想政治教育话语权建构的多维审思》③,这类研究成果主张在现实语境下,从理论到实践层面重塑高校思想政治教育话语权,增强言说的说服力、影响力,解决思想政治教育的认同和接受问题,更好地达成教育目的。(5)多元视角的高校思想政治教育话语相关研究。例如,《高校辅导员网络思想政治教育话语权的建构——基于网络语言视角》④、《高校思想政治教育话语传播研究》⑤、《人工智能与高校思想政治教育话语权建构的融合创新研究》⑥、《高校思想政治教育话语传播的现实挑战及优化策略——大学生网络圈群视角》⑦,这类研究成果从网络语言、传播、人工智能、网络圈群等视域对高校思想政治教育话语表达、话语建构、话语发展等进行多角度的研究,探索应对新技术环境的有效话语策略。

(二)高校思想政治教育主题和主题教育相关研究

国外没有主题教育和思想政治教育的概念,与其相近的是公民教育,在各国公民教育中往往根据社会制度、意识形态性质和教育目标等确定教育内容范围与方向。从其他国家公民教育的主题和内容发展看,除了传统上的道德教育、宗教教育、精神教育、国家方针政策教育、民主教育、法治教育等外,随着人的发展和社会的发展,教育内容也扩展至人道主义教育、国际理解教育、生态环境教育、消费教育等方面⑧,公民教育研究和实践活动往往也是围绕这些主题内容展开的。

在国内,主题教育是高校思想政治教育的重要组织形式,教育主题和主题教育一直是高校思想政治教育研究关注的重要内容。主题是组成高校思想政治教育的要素,对教育主题的研究多存在于高校思想政治教育和主题教育研究中。随着党和国家对主题教育的重视,主题教育相关问题日益成为高校思想政

---

① 徐正中:《高校思想政治教育话语权研究》,延边大学出版社2019年版。
② 盛红:《新时代高校思想政治教育话语权的建构》,《河海大学学报(哲学社会科学版)》2020年第6期。
③ 陆林召:《全媒体时代高校思想政治教育话语权建构的多维审思》,《江苏高教》2022年第3期。
④ 谢群、徐建军:《高校辅导员网络思想政治教育话语权的建构——基于网络语言视角》,《湘潭大学学报(哲学社会科学版)》2018年第1期。
⑤ 张翼:《高校思想政治教育话语传播研究》,吉林大学出版社2020年版。
⑥ 胡刚:《人工智能与高校思想政治教育话语权建构的融合创新研究》,《黑龙江高教研究》2021年第12期。
⑦ 孙旭红、顾琪:《高校思想政治教育话语传播的现实挑战及优化策略——大学生网络圈群视角》,《高校教育管理》2023年第2期。
⑧ 参见陈立思:《比较思想政治教育》,中国人民大学出版社2018年版,第79页。

治教育研究的热点视域。从研究涉及的具体教育主题看,由于高校思想政治教育的主题范围广泛,除了传统主题的教育研究外,思想政治、道德、法治等各类教育主题和主题教育研究成果不计其数,近年来,关涉社会主义核心价值观、党史学习教育、中国梦、学习贯彻习近平新时代中国特色社会主义思想等主题内容的思想政治教育研究最为火热,专著和论文研究成果十分丰富,形成了丰厚的研究积累。

此外,学界对主题教育的系统研究和针对性研究也有所加强。截至2024年5月,专著方面,以"高校"或"大学生"合并"主题教育"为题名,通过中国国家图书馆文津搜索平台可以检索到16本相关图书,论文方面,在CNKI中国学术期刊网络出版总库中,以"主题教育"＋"高校"或"大学生"为题名,可以检索到期刊论文274篇,学位论文18篇。总体来看,在这些研究成果中,既有对主题教育的整体性探究,例如,《当代大学生主题教育研究》[①]、《大学生主题教育》[②]、《大学生主题教育研究》[③]、《大学生主题教育案例解析》[④],将理论与实际相结合,对主题教育概念、目标、原则、资源、实施等相关理论和实践问题进行系统梳理与分析,也有涉及某一具体主题的主题教育研究,例如,《高校开展"中国梦"主题教育实效调查——以陕西五所高校为例》[⑤]、《高校思想政治教育的时代主题——中国梦融入大学生思想政治教育研究》[⑥]、《"中国梦"主题教育中建设性与批判性相统一的路向分析》[⑦],着重探讨高校"中国梦"主题教育的效果和可行路径等问题。同时,也包括新语境下主题教育创新等方面的研究,例如,《新媒体时代大学生主题教育创新研究》[⑧]、《大数据时代大学生主题教育创新研究》[⑨],从新媒体、大数据等新的时代语境出发,探讨主题教育面临的机遇与挑战,提出创新思路。

[①] 孙正林等:《当代大学生主题教育研究》,人民出版社2014年版。
[②] 沈壮海:《大学生主题教育》,高等教育出版社2016年版。
[③] 王火利:《大学生主题教育研究》,武汉大学博士学位论文,2019年。
[④] 许玫:《大学生主题教育案例解析》,立信会计出版社2020年版。
[⑤] 查方勇:《高校开展"中国梦"主题教育实效调查——以陕西五所高校为例》,《思想理论教育导刊》2016年第1期。
[⑥] 徐茂华:《高校思想政治教育的时代主题——中国梦融入大学生思想政治教育研究》,东北师范大学出版社2017年版。
[⑦] 王晓曦、唐忠义:《"中国梦"主题教育中建设性与批判性相统一的路向分析》,《学校党建与思想教育》2020年第4期。
[⑧] 李吉彬:《新媒体时代大学生主题教育创新研究》,东北师范大学博士学位论文,2019年。
[⑨] 王莉:《大数据时代大学生主题教育创新研究》,华中师范大学出版社2024年版。

(三)叙事和高校思想政治教育叙事相关研究

叙事是叙事学的核心概念,通俗来说,就是讲故事,就是把事件、素材等按照一定的逻辑结构和顺序叙述出来。叙事学(narratology)是20世纪60年代在法国结构主义影响下发展起来的对叙事进行研究的理论,最开始是对文学文本的研究,经由罗兰·巴特、戴维·赫尔曼、詹姆斯·费伦等学者的努力,经历了由经典叙事学到后经典叙事学的演进,理论建构的焦点也从静态叙事文本的内部结构逐渐转向以语境为中心的动态的意义对话,受哲学语言学转向影响,从早期对"故事"的研究发展到后来对"叙事话语"的关注,其研究范围已深入文学以外的诸多领域,呈现出学科交叉的"泛叙事"形式特征。20世纪80年代,西方叙事学传入中国,从开始的对国外叙事学理论的介绍和研究,到形成和创建中国叙事学理论体系,取得了显著的成就。杨义的《中国叙事学》[①]是具有开创意义的代表性著作。此外,赵毅衡的形式文化论和申丹的整体细读法、双重叙事进程,提出了新的叙事学理论和方法论。而赵毅衡《广义叙述学》[②]的出版,意味着叙事学经历了经典和后经典,进入了广义叙述学的时代,叙事对各学科领域的介入推动着相关研究如火如荼地开展。

20世纪90年代,随着教育学大规模的叙述转向,教育叙事研究在我国得到广泛关注和应用,思想政治教育教学叙事研究也逐渐展开,并形成了一些相关成果。通过国家图书馆文津搜索平台检索可以看到,对思想政治教育叙事的系统研究从无到有,近5年内,已陆续出版6本相关图书,其中明确针对高校思想政治教育叙事的研究专著有3本,尽管实现了较大突破,数量仍然有限。目前来看,研究成果主要以论文形式居多,截至2024年5月,在CNKI中国学术期刊网络出版总库中,以"思想政治"合并"叙事"作为篇名的期刊论文可以检索到179篇,学位论文有27篇,其中指涉高校思想政治教育的期刊论文数达61篇,学位论文有10篇,在数量上虽然没有完全反映出思想政治教育话语研究的火热程度,但近5年有明显增长的趋势。

从目前已有的研究成果看,高校思想政治教育叙事研究视角与思想政治教育叙事研究基本一致,主要涉及三种情况:(1)作为质的研究方法的叙事探究或教育叙事研究。即以叙事的方式开展的思想政治教育故事研究,通过讲述教育故事、分析教育事件,表达教育经验,进行教育反思,以此改进教育实践,例如,孔全新在《高校思想政治教育工作者叙事研究论略》中认为,叙事研究(故事研究)以叙事的方式为特征,具有反思性、生活性、诠释性等特点,是促进高校思想

---

① 杨义:《中国叙事学》,商务印书馆2019年版。
② 赵毅衡:《广义叙述学》,四川大学出版社2013年版。

政治教育工作者专业发展的有效路径①。傅红在《思想教育叙事方式研究》中从叙事内容的选择方式、叙事逻辑的结构方式、叙事语言的表达方式、叙事过程的优化方式、叙事情景的描述方式等多个层面对思想政治教育叙事方式进行论述,同时结合多个教育叙事案例(包括高校案例)进行分析,以此呈现教育教学中的经验做法。②(2)作为高校思想政治教育言说形态的故事化叙事研究。探讨叙事在思想政治教育教学过程中的价值和有效运用问题,既涉及宏观层面的叙事转换研究,也包括从叙事内容、叙事结构、叙事形式与叙事方法等方面的微观研究,例如,《微观叙事视域下高校思想政治教育有效性研究》③、《论高校思想政治理论课的细节叙事》④、《高校思想政治教育审美化叙事的生成与优化》⑤、《高校思想政治教育图像叙事的生成逻辑及策略构建》⑥,分别从以生活化微观叙事建构宏大叙事、善用细节叙事、审美化叙事、开展图像叙事等具体角度深入探讨叙事方式转向问题,提出了教育教学过程中叙事优化和有效性实现的可行路径。(3)作为心理辅导方式的叙事疗法在高校思想政治教育中的应用研究。例如,《叙事疗法在高校思想政治教育中的应用与实践》⑦、《叙事疗法在高校思想政治教育中的应用研究》⑧,从叙事疗法与思想政治教育契合性入手,将二者结合起来,提出解除学生心理困惑、提升思想政治教育实效性的实务路径。以上三种情况并非截然分开,在理论和方法上是互通的,在研究和应用中往往互为借鉴,对于这三种层面的叙事,王强在《高校思想政治教育叙事研究》⑨中做了相对系统的研究,为全面了解高校思想政治教育叙事提供了较为综合性的参考。

(四)研究现状与创新空间

当前,思想政治教育话语研究和叙事研究已经取得许多突破性成果,理论

---

① 参见孔全新:《高校思想政治教育工作者叙事研究论略》,《成人教育》2009年第4期。
② 参见傅红:《思想教育叙事方式研究》,重庆大学出版社2020年版,前言第2页。
③ 桑华月:《微观叙事视域下高校思想政治教育有效性研究》,《黑龙江高教研究》2019年第10期。
④ 沈壮海、蒋从斌:《论高校思想政治理论课的细节叙事》,《中国高等教育》2023年第17期。
⑤ 裴晓敏、杨浏祎:《高校思想政治教育审美化叙事的生成与优化》,《江苏高教》2024年第2期。
⑥ 汪大本:《高校思想政治教育图像叙事的生成逻辑及策略构建》,《江苏高教》2024年第4期。
⑦ 韩西莲、张静:《叙事疗法在高校思想政治教育中的应用与实践》,《济宁学院学报》2018年第5期。
⑧ 王琳:《叙事疗法在高校思想政治教育中的应用研究》,西北大学硕士学位论文,2021年。
⑨ 参见王强:《高校思想政治教育叙事研究》,中国社会科学出版社2019年版。

挖掘逐渐深入，探讨的内容和角度也逐渐丰富且多样化，并开始注重从理论与实践相结合的角度进行总结和提升，为本书研究奠定了重要基础。

从现状看，高校思想政治教育话语研究仍以基础理论研究和话语现状等现象研究居多，针对话语实践层面的专门研究并不多见。已有成果中周俊丽的硕士学位论文《大学生思想政治教育的话语实践研究》，对大学生思想政治教育话语实践从学理基础、内涵本质、机遇问题和对策等方面做了相对详细的探讨[①]，其他可以搜索到的期刊论文则主要从话语实践转型、人工智能、场景化传播等角度展开研究，多是宏观意义上的理论探讨或某个新视角的微观路径探究，理论与实践相结合的系统研究仍有待加强。从叙事角度研究思想政治教育话语问题的成果数量也十分有限，其中，马忠的专著《思想政治教育叙事话语研究》从基本理论、新时代使命、基本要求、话语策略和话语接受等方面做了比较系统的探讨[②]，其他期刊论文主要从话语的叙事转换和新媒体时代高校思想政治教育叙事话语创新方面进行研究，总体上，对叙事与高校思想政治教育话语的交叉研究仍有待拓展和深化。此外，从主题教育相关研究现状看，虽然成果数量较多，但系统研究多处于浅层，缺乏深入的理论探究，也有待更多元视角的考察。

综上可见，高校思想政治教育话语研究作为一个重要研究论域，对高校思想政治教育话语实践的系统研究以及将主题、叙事与高校思想政治教育话语实践相结合的专门研究还非常稀缺，理论与实践相结合的许多具体问题也有待仔细梳理和深入探讨。"以实践发展为基础，提高思想政治教育话语研究实践性"是未来研究的重要进路。[③] 在现有成果基础上，拓宽研究视野，利用综合视角探寻具有可操作性的话语实践路径和叙事策略，将是新的趋向，具有很大的创新空间，本书拟在这方面加强研究，争取实现一些突破。

三、研究思路

（一）研究目标

本书立足话语作为思想政治教育传播主流意识形态媒介和载体的重要性，针对高校思想政治教育话语实践面临的现实困境，试图从主题叙事视角，以一

---

① 参见周俊丽：《大学生思想政治教育的话语实践研究》，广西大学硕士学位论文，2018年。
② 参见马忠：《思想政治教育叙事话语研究》，人民出版社2021年版。
③ 冯刚：《思想政治教育学科40年发展研究报告》，中国人民大学出版社2024年版，第257页。

种跨学科的总体性框架，对高校思想政治教育话语实践进行深入和系统的研究。重点是构建基于主题叙事的高校思想政治教育话语实践范式，探讨高校思想政治教育如何借助有效的主题叙事过程，凸显多维人性的话语运用和表达，从而实现特定的意识形态意义，以期通过研究丰富思想政治教育话语理论，为切实提升高校思想政治教育话语实践实效探寻可行性路径。

（二）基本思路

本书按照"理论阐释—实践范式—叙事策略—实例分析"的基本思路展开研究。以高校思想政治教育话语实践的基本要义、主题性、叙事视角等理论阐释为基础，在对高校思想政治教育话语实践现状进行考察和把握的前提下，以主题、叙事与话语实践的耦合联动为思维进路，提出基于主题叙事的高校思想政治教育话语实践范式，广泛借鉴语言学、话语理论、叙事学、认知心理学、传播学、社会学、教育学、美学等相关学科的理论和研究方法，从宏观与微观两个层面展开论述，将理论与实践有机结合起来，深入探讨主题叙事对高校思想政治教育话语建构的作用和影响，考察基于主题叙事的高校思想政治教育话语实践的运作机制与规律，提出高校思想政治教育主题话语建构的叙事策略，并基于以上研究基础，搭建分析框架，对典型实例进行分析，以提供例证和参照。

（三）研究方法

第一，文献研究法。研读马克思主义经典著作、习近平总书记的重要论述、中央文件精神，查阅思想政治教育（包括主题教育）、有关话语和叙事方面的学术专著与期刊论文，充分整理和利用各种有价值的学术资源，从中获取研究需要的材料和理论依据，以形成对研究对象更为全面和深刻的认识。

第二，多学科综合研究法。坚持以马克思主义认识论和方法论为研究指导，以思想政治教育理论知识和学科思维为本，综合运用语言学、话语理论、叙事学、心理学、社会学、传播学、教育学等学科的理论和方法，努力把握学科交叉融合的内在逻辑，尽可能避免跨学科研究中容易出现的简单套用的问题，以求深入分析高校思想政治教育主题叙事话语实践的有关理论和实践问题。

第三，实证研究法。通过在国内一些高校中对师生进行问卷调查、座谈、访谈等，收集资料和数据，进行实证研究和分析，了解高校思想政治教育主题性话语实践的现状、主要叙事方式、接受效果、成功经验、存在的问题、学生的需求等，考察影响高校思想政治教育主题叙事话语实践实效的相关因素，以此形成主题叙事话语实践范式的实践基础。

第四，理论与实践相结合研究法。通过理论研究和阐释对高校思想政治教育话语实践现状的考察和分析进行指导，同时又密切关注话语实践的发展动向,通过实地调查等研究手段,了解和分析主题叙事话语实践的现实状况,审视可改进方面,由此形成主题叙事话语实践范式的研究视域,提升问题意识和研究的针对性,探寻主题叙事话语实践的有效性规律,通过将提出的实践范式和叙事策略与具体实例分析相结合,增强研究的可操作性,实现理论与实践相互贯通。

第五,实例分析法。根据研究提出的主题叙事话语实践范式和叙事策略,搭建一个实例分析框架,选取比较成功的主题叙事话语实践实例,运用实例分析框架对典型实例进行具体分析,进一步揭示高校思想政治教育话语实践中主题叙事范式的普遍性规律和有效的叙事策略,为提升高校思想政治教育话语实践实效提供例证和参照。

四、研究价值

(一)研究的创新点

第一,研究视角的创新。本书的研究视角比较新颖,目前思想政治教育话语研究成果丰硕,思想政治教育叙事研究也日益兴起,在已有的研究中,以主题叙事为视角对高校思想政治教育话语实践的研究极为少见。本书基于话语实践、主题与叙事的互动逻辑,从主题叙事视角探寻高校思想政治教育话语实践的创新发展路径,在一定程度上能够弥补现有研究的一些不足和缺憾,丰富思想政治教育话语研究及叙事研究的内容。

第二,研究内容的创新。本书在研究内容方面提出了一些新的观点和思路:在高校思想政治教育话语实践、高校思想政治教育叙事等核心概念的界定上做了一些新的理解和归纳;在对话语实践、主题和叙事的逻辑关系进行梳理的基础上,尝试从目标指向、建构过程、效应形成等方面探讨基于主题叙事的高校思想政治教育话语实践范式和运作规律;根据已有实践经验,针对当前高校思想政治教育主题叙事话语实践存在的不足,以互动叙事、融合叙事、群像叙事、行走叙事为典型路径,探讨主题话语建构的叙事策略和创新问题,强调以合理的主题叙事话语实践框架营造具有逻辑性、亲和力且生活化、对话式的高校思想政治教育话语场域,从而提升话语实践效果。

第三,研究方法的创新。目前学界对高校思想政治教育话语的实践层面研究和实例分析研究仍比较缺乏,本书将理论与实践相结合,既有理论阐释,也有实践探讨、策略构建,并选取典型实例进行分析,这是一种新的研究方法上的尝试。其中,对实例的分析会借鉴叙事分析和话语分析的一些方法,但不局限于此,而是根据研究构建的话语实践范式和叙事策略网络,搭建包括主题意义、话语建构、叙事策略、实践效应在内的分析框架,使实例分析与理论研究相互照应,透过现象看本质,发现实践经验中的规律,一定程度上弥补了相关研究中理论和实践互动不足的问题。

(二)研究意义

从理论上看,任何一种理论知识都可能从某个维度为我们深入认识与理解高校思想政治教育话语问题提供新的思路和新的方法。叙事学自形成至今,越发表现出对精神性向度的高度重视,叙事理论和话语研究在精神上的契合为叙事与高校思想政治教育话语研究产生交集提供了前提。叙事总在建构着话语并通过这些话语来传播主题思想进而影响受众,以唤起受众对主题意义的理解,其本质是一种话语实践活动。就高校思想政治教育而言,受众主要是青年学生群体,对其进行思想政治教育的话语实践离不开作为信息表述的叙事行为。运用叙事理论的观点和方法,对高校思想政治教育话语实践问题进行研究,将有利于拓展高校思想政治教育话语理论的视域,创新思想政治教育话语理论的研究范式,使其超越以往的研究范围和深度。因此,本书基于话语实践、主题与叙事的互动关系,选择从主题叙事视角切入,对高校思想政治教育话语实践问题进行系统的理论研究和实践应用研究,在一定程度上能够弥补现有研究的一些不足和缺憾,在完善和丰富相关理论成果方面,具有一定的学术价值。

就现实层面而言,在社会转型、经济全球化、价值多元化、新媒体高速发展的影响下,传统思想政治教育教学活动具有教条性和封闭性,偏重知识传授而忽视人的情感和需要,主体互动交流不足,与现实生活脱离等弊病,导致思想政治教育话语面对新的社会文化语境出现了失语、失效等现实困境。要提高思想政治教育教学话语应对被其他话语消解风险的能力,增强思想政治教育教学的吸引力和实效性,充分发挥其意识形态功能和作用,必须构筑话语的互通交流平台,形成富有亲和力且生活化的思想政治教育话语实践范式。而叙事现象大量存在于思想政治教育话语实践中,思想政治教育话语实践的效果如何很大程度上取决于主题叙事行为的多样化和生动性。因此,从主题叙事视角审视和观照高校思想政治教育话语实践问题,提出实现高校思想政治教育话语实践创新的思路和对策,将有助于解决高校思想政治教育实践中存在的现实问题,增强研究的针对性和可操作性,具有重要的实践意义和应用价值。

第一章

高校思想政治教育话语实践的基本要义

本章主要从整体上对高校思想政治教育话语实践的要义进行梳理和阐释，在明确话语、话语实践、高校思想政治教育话语实践等基本概念的基础上，对高校思想政治教育话语实践的基本形态、本质和原则性特征进行探讨，为后续研究奠定理论基础。

一、话语与高校思想政治教育话语

由于话语问题涉及面极广，人们对其理解也多种多样。作为一个交叉学科的概念，话语可以出现于哲学、政治、经济、文化、历史、教育等学术领域，不同领域的学者对话语的界定不尽一致，话语定义呈现出多样化特征。要研究高校思想政治教育话语实践问题，我们必须首先从思想政治教育视角出发，明晰话语和高校思想政治教育话语这些最基本的概念问题。

（一）什么是话语

话语研究，源于人们对语言功能与价值的认识。中国古代就有"一言兴邦，一言丧邦""言之无文，行而不远"等名言警句，指明了语言的重要性。语言是认识人的本质的重要方面，"唯语言才使人能够成为那样一个作为人而存在的生命体"[①]。语言是人与人之间理解和交流的工具，正如瑞士语言学家索绪尔所言，"语言就是言语活动减去言语。它是使一个人能够了解和被人了解的全部

---

① 海德格尔：《在通向语言的途中》，孙周兴译，商务印书馆2017年版，第1页。

语言习惯"①。马克思主义认为,"语言是思想的直接现实"②,人的思想(意识)要通过语言形式来把握。美国语言学家罗宾·洛克夫指出:"语言不仅有着为我们的社会分配政治权力的力量,而且还是我们认识自我、完善自我的方式和中介。通过它,我们认识到任何个人都是一个有理性的生物、一种文化的成员和一个有凝聚力的因子。"③可见,人离不开语言这一工具,语言是人们表达思想、认识自我、理解事物和进行交流的社会文化符号。

"话语"是话语研究最核心的概念。话语作为学术用语源于西方研究,首先在语言学领域使用。结构主义语言学派开创者索绪尔将语言视为一个符号系统,认为"语言的意义由语言的句子成分的关系和分布决定,是静态的,不用考虑语言外部因素对语言意义的影响"④。索绪尔从语言的内在结构出发研究语言意义的生成因素,排除了外部环境和实践对语言的影响,将语言简单化、抽象化,对语言的研究主要停留在静态的、抽象的符号系统层面上。美国语言学家、结构主义后期的代表人物哈里斯将小于句子的语言研究扩展到对比句子更长的语言段落的研究,将对超句结构的语言分析称为"话语分析",自此,"话语"作为超出句子的语言单位,成为语言学研究领域的一个学术概念。从索绪尔到哈里斯,结构主义语言学主要从语言内部结构出发对话语展开研究,忽略了社会环境、社会关系和人的实践等与语言密切相关的因素,因而研究存在很大的局限性。

20世纪60年代,西方哲学对语言的集中探讨构成了哲学的语言学转向,语言由工具上升为方法论,哲学开始关注语言符号、表意系统与文化意义之间的密切关系。随着后结构主义哲学思潮兴起,话语研究受到广泛关注,逐渐拓展到政治学、社会学、传播学、历史学、教育学等人文社会科学领域。随着话语概念进入多学科视野,话语研究突破了语言学体系,转向关注语言与人的活动、客观环境和社会文化等因素的关系,认为语言不仅是一种符号系统,而且是人们理解世界以及将世界客观化、将经验秩序化的有效途径,也就是说,话语构建了我们对世界和自身的认识,话语理论更注重语言与外在世界和社会实践之间的联系,把文化现象看作由语言建构的权力体系,是话语运作的表征。⑤ 在这一研究转向过程中,法国社会思想家米歇尔·福柯和英国语言学家诺曼·费尔克拉夫的话语理论比较具有代表性和影响力。

---

① 费尔迪南·德·索绪尔:《普通语言学教程》,高名凯译,商务印书馆1980年版,第115页。
② 《马克思恩格斯全集》第3卷,人民出版社1960年版,第525页。
③ 罗宾·洛克夫:《语言的战争》,刘丰海等译,新华出版社2001年版,第6页。
④ 周志培、赵蔚:《语篇理论与教学应用》,华东理工大学出版社2020年版,第204页。
⑤ 参见陈帅:《个体的自我拯救——福柯生存美学理论研究》,武汉大学出版社2021年版,第105~106页。

福柯认为，话语可以理解为行动中的语言①，他将话语视为"隶属于同一的形成系统的陈述整体"②，认为话语不同于语言和使用语言的言语，强调"话语是由符号构成的，但是，话语所做的，不止是使用这些符号以确指事物。正是这个'不止'使话语成为语言和话语所不可缩减的东西，正是这个'不止'才是我们应该加以显示和描述的"③。这个"不止"指向超出语言符号的东西，是决定话语建构的力量，即隐藏于话语背后的权力机制。福柯明确提出"话语即权力"，认为话语是人类社会的重要言说活动，"意味着一个社会团体依据某些成规将其意义传播于社会之中，以此确立其社会地位，并为其他团体所认识的过程"④。话语与复杂的社会语境和社会实践相关联，话语生产知识和意义，是权力运作和社会建构的重要工具。

费尔克拉夫较早对"话语"做了比较明确的、往往被当作权威论述而引证的界定，在他看来，话语指的是对主题或者目标的谈论方式，包括口语、文字以及其他的表述方式。⑤ 费尔克拉夫关注话语的社会实践性，认为"话语不仅反映和描述社会实体与社会关系，话语还建造或'构成'社会实体与社会关系；不同的话语以不同的方式构建各种至关重要的实体，并以不同的方式将人们置于社会主体的地位"⑥。这是一种超越语言学意义的批判语言学研究，结合社会研究，将话语纳入社会文化生活过程中去考察、分析，并揭示其真实意义，强调话语在社会建构中的能动作用，由此拓展了话语研究的新领地。

此外，荷兰语言学家图恩·梵·迪克从多学科视角列举了话语研究的10个重点方面：作为社会互动的话语；作为权力和宰制的话语；作为交流的话语；作为上下文情境化的话语；作为社会意指过程的话语；作为自然语言应用的话语；作为复杂、分层结构的话语；具有序列性和结构层次等特性；可以视为包含抽象结构与动态策略的活动或行为；以不同的类别或类型呈现。⑦ 这一归纳涵盖了丰富的话语属性，为理解话语提供了多维视野。

---

① 参见J.丹纳赫、T.斯奇拉托、J.韦伯：《理解福柯》，刘瑾译，百花文艺出版社2002年版，第36～37页。
② 米歇尔·福柯：《知识考古学》，谢强、马月译，生活·读书·新知三联书店2003年版，第118页。
③ 米歇尔·福柯：《知识考古学》，谢强、马月译，生活·读书·新知三联书店2003年版，第53页。
④ 王治河：《福柯》，湖南教育出版社1999年版，第159页。
⑤ 参见诺曼·费尔克拉夫：《话语与社会变迁》，殷晓蓉译，华夏出版社2003年版，中译本序第1页。
⑥ 诺曼·费尔克拉夫：《话语与社会变迁》，殷晓蓉译，华夏出版社2003年版，第3页。
⑦ 参见图恩·梵·迪克：《话语研究：多学科导论》，周翔译，重庆大学出版社2015年版，第3～5页。

西方话语研究的热潮引起了我国学者对话语问题的关注,对话语也形成了不同的认识。例如,曹顺庆、李思屈认为,"话语是指在一定文化传统和社会历史中形成的思维、言说的基本范畴和基本法则,是一种文化对自身的意义建构方式的基本设定"[1],将话语视为意义建构的言说方式。文化研究学者施旭认为,话语是特定历史和文化关系中人们运用语言及其他手段和渠道所进行的具有某种目的和效果的社会交往活动,再简约点,话语是社会交际事件/活动(这里,"事件"是单项的,"活动"是事件的集合体),这一理解打破了西方传统的"语言使用(语篇)+其他"的二元对立观点,运用一种中国式的整体的、辩证的思维方法,将二分概念合二为一,使话语呈现辩证统一、多元融合的图景:说者/听者、形式/意旨、符号/媒介、目的/结果、历史关系、文化关系等不同元素以及各种形式的联系、组合,共同组成话语,这样我们可以看到,话语是多元环节组成的统一体,其中环环相扣。[2] 施旭提出的"话语"概念,更具系统性和完整性,反映了可以用于审视一切社会文化现象的特殊话语视角。王永进视话语为主客观因素的集合,认为"话语是一个集语言符号系统和价值观念系统于一身的统一体,它既包含了一定的符号、概念、声调、语法等客观因素,同时又承载了特定主体的认知、情感和意志等主观因素"[3]。

总之,话语定义有多种,关键看它是在何种意义上被使用。话语概念发展至今,已经不是单纯的某一学科的特定概念,而是处于动态发展中的概念。今天的话语概念吸收了话语研究的内核,也纳入相关学科的一些合理成分,是一个涉及多个学科的交叉概念。因此,"不能只从一个方面、一个维度、一个视角去研究它,而应该采用全面的、系统的、交叉的研究理念与方法去研究它"[4]。

受各种话语观点的启发,本书抓住以下几个方面对话语的内涵进行把握:

第一,话语是有别于语言和言语的一个概念。话语与语言、言语有关,但又有所区别。语言是抽象的、静态的符号系统,话语需要运用语言(言语)来表达,但话语不是单纯的语言符号,也不是一般的语言使用行为,而是体现为主体在交往实践中运用语言表达一定思想和意义的社会性言说活动。

第二,话语是意义表达构成的系统和世界。话语是对特定意义的表达,"是由一连串意义表达所构成的具有关联性的整体"[5]。话语系统包括对象、表达形式、概念和主题选择等建构维度,意义体现在语言所表达的思想上,话语作为人们精神活动和思想观念的外化方式,一旦形成,便拥有了自己的意义世界,形成

---

[1] 曹顺庆、李思屈:《重建中国文论话语的基本路径及其方法》,《文艺研究》1996年第2期。
[2] 参见施旭:《什么是话语研究》,上海外语教育出版社2017年版,第4~5页。
[3] 王永进:《话语理论与实践》,上海交通大学出版社2018年版,第3页。
[4] 杨波:《思想政治教育话语有效性研究》,东北财经大学出版社2022年版,第33~34页。
[5] 王红艳:《话语的建构与实践:以贫困叙述为例》,中国社会科学出版社2015年版,第37页。

了自己的特定规制,构建了自己的知识形式和话语系统。^①

第三,话语具有意识形态色彩。话语是意识形态和权力的载体,受特定语境影响和支配,"要表达维护社会机构的意义和价值观,因此对社会现实总要有态度,是肯定还是否定,是拥护还是反对,必然带上意识形态,必然具有政治性"[②]。话语通过对交往内容有选择地言说方式,体现一定社会的思想主张、文化观念和价值取向。

第四,话语是意义建构的过程与结果。"话语兼具名词属性和动词属性,既表示一种实然的静态结果,也表示一种动态的表征过程,具有多样化的存在图式"[③],话语与主体交往过程中意义生产的实践相关联,是"产生某种预期行为效果和意义的建构性活动"[④],话语既是意义表达的过程,也是意义建构与生成的结果。

基于以上梳理,本书认为话语的一般意义是指在特定语境下的交往实践中,主体运用语言表达意识形态意义的言说实践活动以及意义表达形成的建构性结果。

(二)高校思想政治教育话语的内涵

由于话语与语言、交往活动、意义建构、意识形态的关联性,随着话语研究的发展,思想政治教育开始关注话语相关问题,话语逐渐成为丰富思想政治教育理论研究的重要元素,成为推动思想政治教育实践发展的新思维和新方法。

话语是思想政治教育主体之间传递知识信息、表达思想观念、构建价值认同的重要工具。思想政治教育表现为多种话语关系和行为,作为言语交往的社会实践,其作用的发挥离不开话语这一交往联系的中介,需要通过话语进行意义表达、交往互动和反思实践,话语对思想政治教育有效实施的重要作用不言而喻。话语是思想政治教育实现思想表达和传递,教育对象实现理解和认同的言说方式,"更是实现思想政治教育目的和实效的直接体现和指向终端"[⑤]。从根本上说,思想政治教育是以话语的方式存在,表现为一系列的话语互动交往

---

① 参见金德万、黄南珊:《西方当代"话语"原论》,《西北师大学报(社会科学版)》2006年第5期。
② 周志培、赵蔚:《语篇理论与教学应用》,华东理工大学出版社2020年版,第207页。
③ 李栋:《教育戏剧话语转化的创生机制及其教育意蕴——基于话语实践的审思视角》,《内蒙古社会科学》2022年第1期。
④ 张曙光:《权力话语与文化自觉——关于文化与权力关系问题的哲学思考》,《社会科学战线》2008年第5期。
⑤ 李宪伦、朱小翠、章兵:《论思想政治教育的话语逻辑、话语功能与哲学思维》,《思想教育研究》2009年第2期。

行为,通过话语表达以实现教育目的和育人需要,其实效性一定程度上受话语表达有效性的影响。

当前学界出于不同研究目的和需要,对思想政治教育话语(包含高校思想政治教育话语)的界定不尽一致,但总体上,认识已经比较全面、科学。例如,洪波在《思想政治教育话语范式转换研究》中提出,"思想政治教育话语是思想政治教育工作者在思想政治教育实践中,遵循一定的话语规范、规则和规律,并通过一定的方式表达出来的指向一定思想政治教育目的的言语符号系统"[①]。吴琼在《思想政治教育话语发展研究》中基于对话语的静态角度和动态角度两方面理解的基础上指出,思想政治教育话语"是指思想政治教育主体承载一定社会主导意识形态支配下的思想观念、政治观点和道德规范并遵循一定的语言规范和规律,用来向教育客体施加意识形态影响以改变人们思想和指导人们行为的言语符号系统,它反映了思想政治教育语言在具体运用过程中与语境之间构成的一种建制性关系"。[②]

从目前学界的总体趋向看,普遍认为思想政治教育话语应从静态和动态两个层面理解,不仅关注静态意义上运用语言表达思想内容的概念符号体系和作为言说行为产物的文本或作品,也从动态角度,关注主流意识形态思想表达的过程和进行意义交往的言说实践活动。本书对思想政治教育话语的认识也倾向于动静态结合的理解,基于对话语内涵的把握和思想政治教育话语表达的特殊属性,认为思想政治教育话语指向特定的意识形态目的(主题),是在一定语境下,教育者遵循一定话语规范和话语规律,经过内容选择、加工和设计,通过一定的话语表达方式,将主流思想价值观念等教育内容传递给受教育者的言说符号体系和表征这一过程的言说实践活动,通常表现为多个话语事件的集合体。

明确了思想政治教育话语的内涵,就不难理解高校思想政治教育话语,高校为话语限定了言说的主要对象和主体范围,除了适用上述定义外,还可以从以下两个方面展开对高校思想政治教育话语的补充理解:

一方面,作为承载意识形态意义的言说符号系统,高校思想政治教育话语表现为多种话语类型和形式。从类型上看,既有理论话语和实践话语,也有教材话语和教学话语、官方权威话语和生活话语、文本话语和非文本话语等,这些话语往往根据不同研究需求使用,涉及高校思想政治教育话语的不同类型,根据不同标准,话语类型还可以进一步细分。高校思想政治教育话语也体现为多种具体形式,既包括马克思主义经典文本话语、党和国家关于思政教育的政策

---

① 洪波:《思想政治教育话语范式转换研究》,浙江大学出版社2012年版,第47页。
② 吴琼:《思想政治教育话语发展研究》,中国社会科学出版社2017年版,第33页。

文本话语，也包括教育教学设计文本话语、思政课课堂话语、思政教育实践活动话语、思政教育者经验叙述话语等，各种形式的话语都可以成为高校思想政治教育话语的组成部分。不管哪一种形式，都是主流意识形态的载体，是语言符号与思想价值观念的统一体，不同形式的话语具有不同的"所指"意义，蕴含着高校思想政治教育话语的不同价值。各类型和形式话语之间往往交叉联系，共同构成了高校思想政治教育整体意义的话语体系，体现了高校思想政治教育的系统性和特殊性，并成为高校思想政治教育话语发展和话语实践的基础。

另一方面，作为一定语境下的言语行为与言说实践，高校思想政治教育话语表现为动态的结构关系。高校思想政治教育话语构成主要涉及五个基本要素：(1)话语主体。即"谁在说"和"谁在听"，指参与高校思想政治教育言说实践的各类组织和个人，包括高校思政教育言说活动的各级组织机构、教育者和受教育者、其他参与者。在高校思想政治教育话语交往实践中，教育者和受教育者是显性主体，他们既是听者也是说者。(2)话语语境。即"在什么环境和背景下说"，是言说发生的宏观和微观环境状态，既包括时间、空间、场景、身份关系、语态、交往媒介、议题范围等构成的情景语境，也包括社会、历史、政治、文化状况等背景语境。话语内容和方式受语境影响，话语意义的生成要依赖语境才可能得到实现。(3)话语内容。即"说什么"，是话语主体之间传递的由教育主题所规定的承载意义的信息范围，主要涉及思想、政治、历史、道德、法治、文化等各类教育内容和细化信息，体现了高校思政教育要向受教育者传达和阐明的符合主流意识形态的观点与立场。(4)话语方式。即"怎么说"，指话语内容的表达方式，包括阐释内容所使用的平台、载体、媒介以及表达形式、方法、结构等特征因素，话语方式会影响受教育者对话语内容的理解。(5)话语效果。即"说的结果"，指话语意义的生成情况，与教育目标相联系，涉及高校思政教育话语表达的内容、观点、主张被受教育者认同和接受的程度。从结构关系看，高校思想政治教育话语是以上各要素相互作用、协调统一的动态过程。只有话语各要素之间形成有效的联动关系才能实现理想的话语活动效果。

二、高校思想政治教育话语实践的内涵与基本形态

高校思想政治教育话语不仅是静态的语言符号系统，而且是动态的言说实践活动，对话语实践层面的关注，有助于加强话语研究的应用导向，对推动高校思想政治教育话语发展具有重要价值。本部分在论述话语的实践维度的基础上，重点探讨高校思想政治教育话语实践的内涵与基本形态。

(一)话语的实践维度

马克思主义理论中蕴含着丰富的语言哲学思想,马克思主义语言观是实践的语言观,为我们从实践维度理解话语奠定了基础。马克思主义认为,物质决定意识,语言具有物质性,"'精神'从一开始就很倒霉,受到物质的'纠缠',物质在这里表现为振动着的空气层、声音,简言之,即语言"①。语言是实践的产物,是人的劳动、人的社会实践活动创造了语言,语言并不独立于现实世界,而是一种现实的具有实践性的存在。语言是一种实践的、现实的意识,语言和思想都不能独立于社会之外,不能脱离实践,它们都是现实生活的反映,是由实践决定的。随着人类生产、交往等实践活动的发展,语言也不断发展变革。

语言作为现实的意识,不仅是实践的需要,具有实践性,也是人与人之间进行社会交往的需要,具有社会性。马克思主义认为,语言是基于人们交往需要而产生的。"语言和意识具有同样长久的历史;语言是一种实践的、既为别人存在因而也为我自身而存在的、现实的意识。语言也和意识一样,只是由于需要,由于和他人交往的迫切需要才产生的。"②交往在本质上是"人们在社会实践中以语言为中介,就相互之间所拥有的思想观念、语言信息、情感倾向、价值取向等信息进行交流与沟通的社会活动方式"③。意识变成思想和行动现实要通过社会实践推动,同时,语言作为社会交往的中介和工具,又反作用于并服务于社会实践的需要,帮助人类认识自身和把握现实。

总之,马克思主义语言观从唯物主义立场出发认识语言与社会实践之间的关系,揭示了实践对话语生成、发展的决定作用,为我们审视并理解话语的实践性和话语建构提供了理论依据。

随着话语研究跨学科发展,人文社会科学领域的学者开始探讨话语问题,从关注文本到关注语境,关注话语实践的重要性,将语言使用作为一种社会实践形式,而非单纯的个体行为,考察社会实践中话语生产、分配和消费的过程。西方话语研究代表性人物福柯、费尔克拉夫等学者对话语的实践性和话语实践给予密切关注。

针对结构主义语言学对语言实践性的忽略,福柯强调话语是一种社会实践,通过对不同历史时期各种话语规则和实践的考察,认为话语应该被视为人类重要的实践活动,基于话语的实践性,"不再把——话语当做符号的总体来研究(把能指成分归结于内容或者表达),而是把话语作为系统地形成这些话语所

---

① 《马克思恩格斯文集》第 1 卷,人民出版社 2009 年版,第 533 页。
② 《马克思恩格斯文集》第 1 卷,人民出版社 2009 年版,第 533 页。
③ 向绪伟:《现代思想政治教育话语研究》,南昌大学博士学位论文,2015 年,第 56 页。

言及的对象的实践来研究"①。福柯看到了话语的社会功能,关注知识与话语之间的关系,认为"不具有确定的话语实践的知识是不存在的,而每一个话语实践都可以由它所形成的知识来确定"②。从福柯的话语理论看,知识的存在依赖于话语实践,话语不仅反映了某种权力关系和意识形态,而且具有建构的力量,"在 M.福柯的作品中,话语涉及用来建构知识领域和社会实践领域的不同方式"③,是话语实践形成了知识的社会建构。

关于话语的实践性,费尔克拉夫的研究比较典型。他肯定了福柯话语思想在突破语言学局限、认识到话语的社会功能等方面的贡献,但也指出福柯思想缺乏对语言学方向的文本的关注,更加抽象。为了发展一种兼顾理论与实践的方法,费尔克拉夫试图将更具社会—理论意义的话语与具有"文本和相互作用"意义的话语结合起来,他认为话语"事件"既是一个文本,也是一个话语实践和社会实践的实例,提出了文本—话语实践—社会实践三个向度的话语研究框架:"文本"向度关注文本的语言分析;"话语实践"向度特别说明了文本生产过程和解释过程的性质,例如,什么类型的话语(包括更具有社会—理论意义的话语)被利用了,它们又是怎样得到结合的;"社会实践"向度倾向于关注社会分析方面的问题,诸如话语事件的机构和组织环境,话语事件如何构成话语实践的本质,如何构成话语的建设性或建构性效果。④

本书借鉴这一研究框架,由于话语实践离不开文本,也与社会实践密切关联,基于研究目的和需要,本书中的"话语实践"并不专指作为话语研究框架三向度之一的"话语实践",而是将话语实践作为一个有机整体来理解。由此,可以这样认为,话语从实践维度讲,包含相互联系和相互作用的三个方面:(1)具有社会功能的语言符号系统(包括文本内容、结构和话语表达等);(2)话语的生产、传播和接受的过程;(3)宏观社会语境中话语的意识形态意义建构及社会实践效果。这三个方面并非截然分开,而是交叉融合在一起的。正如费尔克拉夫对三向度所作的"图解说明"⑤,三个方面是互动地结合在一起,对于话语的实践维度即话语实践的研究而言,是不可或缺的。

总之,在马克思主义语言观指导下,借鉴福柯、费尔克拉夫等学者观点,本

---

① 米歇尔·福柯:《知识考古学》,谢强、马月译,生活·读书·新知三联书店 2003 年版,第 53 页。
② 米歇尔·福柯:《知识考古学》,谢强、马月译,生活·读书·新知三联书店 2003 年版,第 203 页。
③ 诺曼·费尔克拉夫:《话语与社会变迁》,殷晓蓉译,华夏出版社 2003 年版,第 3 页。
④ 参见诺曼·费尔克拉夫:《话语与社会变迁》,殷晓蓉译,华夏出版社 2003 年版,第 4 页。
⑤ 参见诺曼·费尔克拉夫:《话语与社会变迁》,殷晓蓉译,华夏出版社 2003 年版,第 67~68 页。

书认为,话语实践指的是运用具有社会功能的语言符号系统,通过话语生产、传播和接受的运作过程,实现意识形态意义建构和社会实践效果的言说实践活动。

(二)高校思想政治教育话语实践的内涵

高校思想政治教育的形成和发展是一个理论与实践共同演进的过程。高校思想政治教育在社会实践中形成并在社会实践中发挥作用,它以话语为交往工具,既是运用语言和非语言符号进行思想理论阐释的活动,也是通过这一阐释活动参与社会主流意识形态建构的社会实践活动,既是话语实践,也是一种社会实践。在高校思想政治教育言说实践中,既形成了自身的话语理论体系,也通过思想理论阐释的话语实践活动与社会实践形成互动关系,既受社会实践制约,也服务于社会实践。由此可以这样认为,高校思想政治话语实践是运用话语符号资源进行有目的言说的社会实践活动,这种实践活动对社会主流思想意识的形成具有一定的建构作用。

本书指涉的高校思想政治教育话语实践与高校思想政治教育话语具有同质性,之所以使用话语实践概念,主要是强调话语的实践性、过程性、社会性和互动性。高校思想政治教育话语实践是涵盖与社会语境相联系的目标或主题、意义建构、运作机制、言说策略等的动态的言说实践体系,它既涉及话语的生产、传播与接受过程,也关注话语背后的思想意义如何生成和实现的问题。也就是说,本书关注的重点不在于静态的文本,而是动态的实践,不仅研究话语行为和话语表达,主流思想教育是通过什么样的话语形式实现的,而且探究话语表达与意识形态(目标、主题等)的关系以及达到意识形态教育目的的话语策略。

由此,本书认为,"高校思想政治教育话语实践"是指在特定的语境下,围绕特定的目标或主题,以承载主流意识形态信息的符号化形式,建构思想政治教育活动的知识、理念、意义和精神价值的言说实践体系,是融合文本、言说方式和意识形态意义的有机整体。

基于对话语的实践性和社会性的强调,这里我们重点从以下三个方面做一些拓展理解:

第一,从符号系统看,文本承载话语内容,是言语符号系统所构成的意义生成的载体,文本有口头、书面文字等语言符号形式,也包括图片、音频、视频等非语言符号形式。当今社会,文本借助新媒体应用呈现出多样化的特征,同时各种文本形式不断融合,为话语运用与表达提供了多样化路径。就高校思想政治教育而言,文本作为一个话语实例或多个话语实例的集合,其内容和形式受政治、经济、文化、技术等社会语境的影响和制约,具有意识形态教育的目的性和功能性,对文本进行合目的、合规范、合规律的设计是构成话语实践的基础。

第二，从实践过程看,高校思想政治教育话语实践是根据一定的话语规范和规律,对话语进行结构化组织和实施的过程,要考虑为什么说、说什么、怎么说,要阐明什么样的主题,达到什么样的效果。高校思想政治教育话语实践过程不仅包括话语的设计和表达策略,而且涉及话语的传播和接受的语境,也需要针对话语的反馈情况对话语策略进行调整,是一个动态的、发展着的意义生成过程。这一过程需要发挥话语实践主体的能动性,将话语主体、语境、内容、方式等要素统合起来,推动话语生产、传播和接受的实践运作,以形成良性循环,从而产生最佳育人效果。

第三,从社会目的看,高校思想政治教育话语实践是有目的性、导向性的社会实践过程,能产生一定的社会效果,是建构社会主流思想意识的重要机制。要达到目的,需要对话语运作过程进行有效调控,需要关注在复杂变化的社会语境中话语如何呈现,意义如何生成,话语实践活动的效果和社会影响效应等涉及话语实效性的一系列现实问题,把握好话语的实际运作与意识形态话语权的关系。

此外,为了进一步明确话语实践的界定,有必要澄清话语实践和实践话语的区别。思想政治教育话语实践和思想政治教育实践话语之间并非界限分明,经常看到有学者将它们作为同义概念来谈论,虽然两者有一定关联,话语实践可以形成实践话语,也离不开实践话语的作用和影响,但实际上这两个概念具有不同的意义所指。区别是"话语的实践"和"实践的话语",落点不同,前者偏向实践的过程性、动态性,关涉话语的实践性和社会性,后者则更多是指经验性的话语或以实践行动为表征的话语,如对思想政治教育经验的表述文本、教师言传身教的示范话语等。本书根据研究目标,主要使用"话语实践"这一概念,以此意指有特定目的的动态言说活动。

(三)高校思想政治教育话语实践的基本形态

从话语使用、话语方式和话语目的角度,高校思想政治教育话语实践表现为话语阐释的实践,通过阐述、解释进行知识理论和道理的意义传递。话语阐释贯穿于话语运作实践的全过程,无论作为文本、话语实践还是社会实践,都以承载知识理论的话语阐释为基本特征。话语阐释是对话语内容精神实质的呈现,话语阐释的说服力和有效性与话语效果实现情况直接相关。话语阐释总是以某种方式或形式来组织,考察高校思想政治教育话语实践可以发现,说理、叙事和对话是话语阐释的基本形态或表现形式。在高校思想政治教育话语实践过程中,话语信息通过说理和叙事的形式在交往主体之间传递。思想政治教育者通过说理和叙事建立主体间的交往关系,并在交往中通过交流对话对话语意义进行沟通,以争取受教育者理解和接受,实现意义阐释目的。

1. 说理

说理是一种以理论说教为主的话语实践形态,是运用话语阐释思想政治理论和品德规范等话语内容与言说行为的有机统一体。高校思想政治教育的基本任务是对受教育者进行马克思主义理论知识传授,为受教育者提供理论指导和思想指引,对思想政治教育过程中涉及的相关理论内容进行阐释、描述和说明,对错误理论和社会思潮进行批判,对受教育者的思想困惑进行澄清,增强受教育者对理论的认识、理解和认同。"理论一经掌握群众,也会变成物质力量。理论只要说服人,就能掌握群众;而理论只要彻底,就能说服人。"[①]说理就是教育者摆事实、讲道理、传播理论知识、说服受教育者的话语,是课堂讲授、专题报告和理论讲座中常用的话语方式,是比较直接的、显性的说教形态,对构建受教育者的理论认知和思想信仰具有重要作用。

对高校思想政治教育来说,准确、深刻和科学地说理才能以理服人,达到说服效果。理论要说服人,让受教育者接受,教育者必须读懂悟透理论话语,运用可靠的数据、材料,掌握说理的方法,需要遵循话语规范,具有清晰的理论话语逻辑,掌握话语表达艺术。比如,对社会主义核心价值观的阐释,要讲清楚内涵,提出的背景、意义,社会主义核心价值体系与社会主义核心价值观的关系,三层次内容之间的关系,社会主义核心价值观的显著特征等,要以理服人,需要注重话语逻辑,进行理论论证,通过分析、说明、比较、列举、研讨等各种方法对其进行解读、阐释,使抽象的理论容易被理解,需要运用说理的方法,把道理讲深、讲透、讲活。说理运用科学的思维和严谨的逻辑对理论知识进行阐释和说明,表明立场、观点和方法,与叙事比较起来,一般是直接地说明道理,相对抽象地揭示言说内容的本质。

2. 叙事

叙事是一种以故事叙述为主要形式的话语实践形态。叙事与说理一样也具有阐释功能,是通过讲故事和叙述事例来进行话语表达的方法,但相比说理对道理的直接阐释,叙事较为内隐,往往借助意象表达意义,即"借助有意味的表象的选择,在暗示和联想中把意义蕴含其间"[②],通过呈现生动具象的故事和事件来阐释理论,说明道理,增强吸引力,通过故事潜移默化地影响受教育者的思想情感,使其加深认识。正如杰姆逊对马克思在《路易·波拿巴的雾月十八日》中精彩的叙事所做的评价那样,叙述过程传达出某种意识形态或哲学思想,但并不是以思想或观点的形式出现的,技巧在于:一方面是讲故事的方式,另一

---

① 《马克思恩格斯选集》第 1 卷,人民出版社 2012 年版,第 9~10 页。
② 杨义:《中国叙事学》,商务印书馆 2019 年版,第 372 页。

方面是对这些故事进行解构。① 叙事通过故事化叙述对理论和道理进行画面化的转化,通俗易懂,有助于深化人的感知,引发思考和共鸣,通过更直观、更生动的方式,增强阐释效果,易于被受教育者接受,促进对理论知识的认知和认同。

理论的言说,比较抽象,阐明道理离不开具体事例。叙事能提供具有丰富的时间、空间、人物和生活建议等方面的丰富多彩的画面,由于故事是超越时空的生命经验的凝练,而叙事是对故事中一连串事件的叙述,包含了故事的情境、目的、因果联系等要素,能使听众产生共鸣,促进其对他人、世界和自己的认识,可以说,叙事是在阐释、理解、意义建构中实现教育功能的。② 在叙事中,道理通过故事或事件的展开得以呈现,通过人物和事件中展现的事实、精神或品格,使受教育者受到强烈的感染。说理要取得理想效果和发挥教育功能,需要结合一定的叙事技巧。同样对于社会主义核心价值观的言说,如果结合国家和社会发展中的史实讲述,结合现实中关于爱国、奋斗、奉献、友善、诚信等生动人物事例的叙述,更容易被受教育者理解和接受。故事化叙事是受教育者喜欢的一种话语表达,通过生动故事、鲜活人物事例,运用故事话语中与思想理论知识相契合的道理感化受教育者,更有亲近感,通过情理结合,能更好地实现阐释效果和目的。

3. 对话

话语可以理解为主体间的交往行动,是"一种社会交往的特定形式"③。高校思想政治教育话语实践也体现为话语交往的过程,即教育者与受教育者之间在特定社会语境中通过话语运用而展开的沟通活动。哈贝马斯的"交往行为理论"认为,交往通过主体间的对话来实现共同认知。"对话是人类特有的认知方式和思维方式,是思想的碰撞,是主体间情感的交流和意义的共鸣。通过对话,主体间达到情感的交流,思想的融通,认识的升华。"④无论说理还是叙事,本质上都是以对话为特征的交往行动。

对话也是话语实践的基本形态,是主体间信息传递和情感交流的重要方式。如果说理和叙事是话语实践的外在形式,对话则是话语实践的内在机制。没有对话交往,就无法达成共识。高校思想政治教育话语实践涉及主体间相互交往中的话语使用、话语理解和话语反馈,无论采用说理还是叙事形式,道理阐释的过程都不应是独白,而是需要通过对话,在话语实践过程中通过与对方进

---

① 参见弗雷德里克·杰姆逊:《后现代主义与文化理论——杰姆逊教授讲演录》,唐小兵译,陕西师范大学出版社1987年版,第4页。
② 参见马忠:《思想政治教育叙事话语研究》,人民出版社2021年版,第43页。
③ 冯·戴伊克:《话语 心理 社会》,施旭、冯冰编译,中华书局1993年版,第208页。
④ 刘炎欣、王晶:《论"对话—理解"向度的课堂生成及其建构策略》,《湖南第一师范学院学报》2018年第6期。

行互动来传递信息和意义,这是一个双向阐释和理解的过程。对话是一种参与式的话语表达,是主体间相互交流、相互影响的过程,"没有对话,就没有交流;没有交流,也就没有真正的教育"①。通过对话交往,以说理或叙事等形式,受教育者获得信息并理解信息,教育者和受教育者都会对对方的话语进行理解,对话的目的是通过交流互动达成意义理解上的共识,产生意义共享。对话中可能存在思想价值观碰撞,也能生成对话语内容和方式等的反馈,对话机制可以使话语主体从中受益,获得发展,并能根据反馈信息对话语实践活动进行及时总结和修正,形成话语实践建构话语认同的良性循环。

综上所述,说理、叙事、对话,构成了高校思想政治教育话语实践的基本形态,三者并不独立于彼此,体现为相互交织的融合关系。高校思想政治教育话语实践要取得实效,需要将这些基本形态以某种方式聚合在一起综合运用,形成一个意义表达的话语实践网络。当然,根据实践需要,某一次话语实践活动可以以说理为主,也可以以叙事为主,而说理和叙事都离不开对话的互动作用,共同为意义阐释目的服务。

三、高校思想政治教育话语实践的建构本质

根据马克思主义实践的语言观,话语是实践的产物,又反作用于实践。思想政治教育话语实践是一种建构性的社会实践。在特定的社会语境下,高校思想政治教育话语实践不仅传递思想政治信息,而且表达价值、观念、立场,同时,在话语交往过程中,话语主体、语境、内容、方式、效果等要素之间的联动关系也被建构起来。话语实践作为现实的社会实践,对话语的生产、传播和接受起到建设性作用,通过这种建设性作用,进而影响社会政治观念和价值信仰的形成。从这一意义上讲,话语建构是高校思想政治教育话语实践的基本功能。高校思想政治教育话语实践也具有建构本质。这里的建构,更具有建设性意味,既包括话语实践对意义表达的建构,也指话语实践对话语自身发展和社会实践的建设性作用。

(一)话语意义建构

在福柯看来,"'意义和意义的实践'都是在话语的范围内被建构的"②,这一

---

① 保罗·弗莱雷:《被压迫者教育学》,顾建新、张屹译,华东师范大学出版社2020年版,第38页。
② 陈帅:《个体的自我拯救——福柯生存美学理论研究》,武汉大学出版社2021年版,第106页。

论述揭示了话语实践的意义建构本质。话语实践既涉及话语内容的生产、传播与接受，也指向话语意义的建构与生成。话语的意义既包括话语所表达出来的内容（思想、观点等），也是主体需要去理解的内容，是"表达"和"理解"的有机统一，"话语的意义来自话语主体叙述中的事实、观点和知识等，是促进对话沟通与理解的前提和内容对象"[①]。意义是在话语实践所关涉的动态关系中产生的，"是主体的价值视域与文本的价值视域之间互动建构过程的产物，是在视域交融中动态生成之物"[②]。高校思想政治教育话语交往主体间达成共识的过程就是思想政治教育话语意义建构的过程，即教育者通过话语的实践运作将话语所蕴含的内容、理念和意义表达呈现出来，并促成受教育者接受，通过塑造认同来建构和实现话语意义。

话语具有行动的力量，"在社会意义上，话语是建构性的，建构社会主体，建构社会关系，建构知识和信仰体系"[③]。对高校思想政治教育而言，意义建构是话语实践过程中的各要素相互作用，并转化为有意义的教育力量的过程。后现代主义意义观认为，"意义是认知主体互动建构的结果，不靠系统内部的相互关系来确定和获得。意义并非静态存在，而是动态构建"[④]。话语意义建构不是单方面的，不仅需要通过话语运作过程将思想内容信息传递给受教育者，而且需要通过话语主体之间互动和理解，受教育者自身对话语内容信息进行建构，将其吸收到已有的认知结构之中，也就是说，话语的意义建构是话语主体间的双向建构。

话语实践能建构话语主体间关系，促成话语理解和接受，完成意义建构过程。高校思想政治教育话语的功能是由思想政治教育的特殊性决定的，不管是哪种形态的话语实践都会引发一定的后果，是建构性的。话语实践对话语意义的建构是话语发挥功能作用的过程。话语实践的建构价值依托思想政治教育话语功能得到发挥，在意义建构过程中，话语发挥自身功能，产生话语实践效果。高校思想政治教育话语实践活动受自身属性和社会语境制约，蕴含着一定目的、规范和策略，也决定了话语需要实现的功能，即通过话语传递意义，表达立场、看法，进行政治动员与价值引导、激励感召和思想行为规范，影响并改变受教育者的思想认知和行为。话语实践通过有组织的言说活动，设定实践目的、运用实践方式，将受教育者纳入话语实践之中，促成主体间的相互作用，形成实践关系和价值关系。教育者通过话语实践将话语的力量作用于受教育者，

---

① 陈刚：《共识的焦虑：争议性议题传播的话语变迁与冲突性知识生产》，人民出版社2016年版，第77页。
② 李西顺：《视域交融——探寻深入心灵的德育叙事》，人民出版社2017年版，第114页。
③ 诺曼·费尔克拉夫：《话语与社会变迁》，殷晓蓉译，华夏出版社2003年版，第35页。
④ 周志培、赵蔚：《语篇理论与教学应用》，华东理工大学出版社2020年版，第201页。

使其思想观念发生所期望的变化,这是话语实践建设性作用发挥的结果,使话语意义生成得以可能。

话语意义建构贯穿于话语生产、传播和接受全过程,也就是说,话语意义建构不仅存在于话语生产的预置中,而且涉及话语的传播和接受问题,需要根据人所处的社会背景环境和人的认知情况等这一整体的意义系统来进行表达,必须考虑话语的适当性,并随着语境的改变而改变。"一方面,语言维持了主体间性,并因此将施动性、结构和过程以一种具有社会意义的方式联系起来;另一方面,语言不仅仅是传播意义的渠道,也不仅仅使行动具有社会意义,它本身也是一种行动。尽管实践依赖知识和物质性的客体,但是以一种具有社会意义的方式做某件事情也通常依赖对话语的使用。"[1]话语实践的意义建构功能不仅是将话语要素联结起来形成互动,通过话语运用、活动、策略等,构建话语主体、语境、内容、方式、效果等构成要素关系,形成系统要素联结,更体现为话语意义生成的过程和路径,话语实践在语境作用下,经过话语生产、传播到接受的运作,通过意义阐释、主体互动和话语功能的发挥,形成话语要素的关联机制,推动存在于文本中的话语意义在实践中得以生发,达成话语主体间的共识,这一过程是个连续动态的意义建构过程,不断创新价值和意义,实现主体认同和观念培育。

(二)话语体系建构

话语体系一般指各类话语构成的有机联系的结构体系,话语是话语体系构成的基础。从前文对话语的理解看,高校思想政治教育话语体系由相互联系的话语和话语要素构成,不仅包括思想理论(说什么),也包括话语表达的实践(怎么说)。

从话语生成来看,话语结构要素连接互动和话语运作的实践推动,是话语体系得以形成和发展的建构性因素。根据阿尔都塞提出的"深层结构"概念,"每一个明确见诸文字的文本实际上都可看作是一个双重结构体,它包括表层结构和深层结构",深层结构潜藏于表层结构背后。[2] 就高校思想政治教育话语实践而言,如果说话语主体、语境、内容、方式、效果等要素结构是浅层结构,那么深藏于浅层结构背后的则是话语在生产、传播和接受过程中的决定性因素和规律性的东西,这是居于深层的建构性力量,话语"为何""如何生成""怎样传达",这涉及话语生成的背景结构和实践机制。高校思想政治教育话语体系不

---

[1] 赵洋:《话语实践与新时代中国负责任大国身份内涵的建构》,《世界经济与政治》2023年第9期。
[2] 参见陈佳怡、张涛甫:《"以人民为中心"的意义生成:延安时期马克思主义新闻观的实践逻辑》,《新闻大学》2023年第8期。

是自发形成的,而是产生于言说的实践活动,是话语实践建构的产物,并在话语实践中获得发展。"仅靠思想理论体系的完善,话语体系并不能自动完善,需要积极主动地构建一套话语体系,通过提高话语体系的解释力和说服力来赢得话语的社会主导力,从而推动思想理论体系的建立和发展。"①

高校思想政治教育话语实践具有能动性,在高校思想政治教育发展史上,话语实践主体根据思想政治教育要求,遵循教育规律,通过言说阐释,积极与社会互动,根据党提出的创新理论和教育号召,话语实践主题适时更新,与时俱进,随着社会发展和话语语境变化,更新话语内容,调整话语方式,经过实践反思,建构意义体系。通过话语实践的不断发展、创新、演进,积累话语经验,进行理论提升,丰富和完善话语体系。高校思想政治教育话语经验的积累和理论完善离不开丰富的话语实践,可以说是通过话语实践推动和发展的结果,话语实践是建构话语体系的重要路径。高校思想政治教育话语实践的一个重要功能是从整体性、有序性和可控性出发,动态把握话语各结构要素和话语运作环节的内在逻辑关联,把其作为一个整体来进行建设,通过各要素在动态中的相互协调和配合,思想政治教育话语生成和创新的联动机制达到最优化。话语实践通过协调话语构成要素和实践过程的环节要素关系,形成系统有效的运作整体。话语要素内部耦合联动,话语主体之间、话语主体与话语内容、话语内容与话语方式、话语与语境,以及话语与政治、经济、文化等其他社会实践互动,一起进行话语的生产与再生产,推动话语体系的建设进程。就整体而言,高校思想政治教育话语体系是建立在话语实践活动和话语实践结果基础上的发展现实。

(三)话语权建构

话语权是与话语实践密切关联的一个概念,是对"话语实践过程的控制能力的表现。话语权的本质是一种操控能力,反映了话语互动双方或是多方之间的权力关系"②。话语权本质上是一种话语实践能力,关涉话语的影响力,话语实践的过程就是权力运用和建构的过程。话语"由谁说""说什么""怎么说""说的效果"等"话语状态"实际上都是权力关系的表现。③ 话语权是主导话语实践过程的控制力量,如果没有话语实践在话语生产、传播和接受中的运作,权力关系就无法确立和维护。拥有话语权,就可以在意义表述上占据主导地位,更容易实现引导和塑造人的思想和行为的目的。

---

① 袁芳:《思想政治教育话语创新论的马克思主义审视》,中央编译出版社2018年版,第25页。
② 苗兴伟主编:《"中国梦"的话语建构与传播》,南开大学出版社2018年版,第154页。
③ 参见方爱东等:《当代中国主流价值观话语权生成机制研究》,光明日报出版社2021年版,第34页。

高校思想政治教育承担着主流意识形态教育任务,根据马克思主义观点,"意识形态话语权,就是为了统治阶级及其社会集团维护自身的利益而在现实性的实践活动中不断地生成和拓展的。不具有其政治目标和社会意义的意识形态及其话语权,以及毫无现实性内容和行动价值取向要求的意识形态是根本不可能存在的"①。从性质意义上看,高校思想政治教育有掌握意识形态话语权的需要,也具有满足意识形态建设需求的功能,其话语权的实现,一方面体现为话语内容承载的主流意识形态思想理论的影响力,另一方面则在于话语实践过程的解释力、说服力和实践效力,需要正确传达信息,要对政策和理论有准确的理解把握,要有良好的话语表达能力,能正确引导受教育者。通过有效的话语实践掌握话语权,实质就是对话语权的建构。

高校思想政治教育话语实践中话语权的建构一般不通过强制方式,而是遵循话语规律和教育规范,采用说理、叙事、对话等柔性方式,以理服人,通过议题设置,传播主流意识形态的话语内容,主导话语实践过程,引领受教育者思考和行动的方向,争取理解和认同。"在我国,坚持思想政治教育的意识形态性,就是坚持社会主义意识形态的主导地位,发挥社会主义意识形态的主导作用。"②作为社会实践,高校思想政治教育话语实践具有服务于社会主义意识形态话语权建构的价值,通过话语运作,化解思想困惑,干预人的思想观念的选择,削弱其他非主流思潮影响,确保主流意识形态的弘扬。此外,话语实践对话语意义和话语体系的建构作用也为话语权建构提供了基础,意义建构和话语体系建构是话语权建构的表达机制,有助于增强话语权建构效果。

四、高校思想政治教育话语实践的原则性特征

高校思想政治教育的意识形态属性和规律性决定了其话语实践区别于一般的话语实践形态,具有特殊性。在对高校思想政治教育话语实践要义进行把握时,需要对体现其特征的原则取向进行细致解读。对高校思想政治教育话语实践而言,守正、创新、人本和整合构成了其原则性的特征,理解和把握这些特征是高校思想政治教育话语实践可持续发展的基础。

---

① 张国臣、邵发军等:《多元文化场域下马克思主义意识形态话语权建设论》,人民出版社2021年版,第24页。
② 张耀灿、郑永廷、吴潜涛、骆郁廷等:《现代思想政治教育学》,人民出版社2006年版,第118页。

(一)守正:坚守特定的政治文化立场

"话语分析方法认为'立场'就是利用话语传达认识和处理特定问题时的看法、态度或观点。"[①]高校思想政治教育话语实践的"立场",指的是教育者在话语生产、传播、接受过程中所表达的主题思想,以及体现出来的政治态度和价值取向。高校思想政治教育话语实践不是纯粹的言语交往活动,具有特殊的意识形态价值属性,通过特定的方式融入主流意识形态信息内容,具有鲜明的政治导向,需要坚定的政治文化立场,服从和维护社会主义意识形态的主导地位。

高校思想政治教育话语实践的政治立场,指涉中国共产党的领导、马克思主义信仰和中国特色社会主义信念。对政治立场的坚守,意味着高校思想政治教育在话语实践中必须坚决拥护中国共产党的领导,坚定马克思主义信仰和中国特色社会主义信念,坚持习近平新时代中国特色社会主义思想指导,深刻领悟"两个确立"的决定性意义,增强"四个意识"、坚定"四个自信"、做到"两个维护",提高政治站位、强化政治引领。用马克思主义中国化最新理论成果指导话语实践,在话语内容上选取符合国家政治导向的信息,深刻阐释中国共产党为什么"能"、马克思主义为什么"行"、中国特色社会主义为什么"好"的道理,讲好中国共产党和中国发展过程中的故事,话语表达要传播正能量,要有中国特色和中国气派,增强话语说服力和感染力,引导受教育者拥护党的领导、坚定理想信念,自觉将个人梦想融入"中国梦"之中,激发受教育者爱国奉献的行动,使其始终与党和祖国同向同行。

高校思想政治教育话语实践的文化立场,指涉社会主义文化和主流价值观念。对文化立场的坚守,意味着高校思想政治教育在话语实践中要遵循社会主义文化立场和价值视角,对内含一定文化价值观念的话语内容进行阐释和说明,将社会主义核心价值观的内涵、逻辑和重要性讲深、讲透、讲活,以社会主义核心价值观为价值引领,讲好中华优秀传统文化、革命文化、社会主义先进文化故事,运用符合主导价值观要求的准确、恰当的话语表达,以"文"化人。特定的文化性和价值性是高校思想政治教育话语实践的重要特征,这一特征决定了话语内容选择、话语表达与运用,都必须坚持社会主流文化价值观的方向。

坚守特定的政治文化立场,还意味着高校思想政治教育话语实践要增强问题意识,积极回应复杂多变的现实语境的挑战,运用好话语工具,客观分析现实问题,对错误思潮进行立场鲜明的批判,用深刻的学理表达,帮助受教育者澄清思想困惑。当今世界,意识形态斗争比较复杂,多元文化激烈碰撞,"历史虚无主义""新自由主义"等错误思潮沉渣泛起,西方"普世价值"迷惑犹存,如何进行

---

① 杨波:《思想政治教育话语有效性研究》,东北财经大学出版社2022年版,第104页。

有效的思想政治教育话语传达,讲好中国故事,维护好主流意识形态安全,需要深研把握理论,巧用话语策略,综合使用传统和新式媒介载体,传递"真善美"、揭露"假恶丑",提升主流话语的传播力、解释力和说服力,彰显政治文化导向性,掌控话语主动权。

(二)创新:立足时代语境坚持发展性

"任何时代的话语建构,都包含着时代的特征,表征社会心理,不同历史时期的话语范畴和话语体系是不同的。时代的变迁意味着固有的话语方式被新的话语方式所取代,这个过程就是话语转向。"[①]高校思想政治教育话语建构也具有时代特征,反映了不同时期高校思想政治教育话语实践的发展状况。从纵向看,高校思想政治教育话语实践是一个动态发展的历程,是在对以往话语实践进行总结、反思、修正和改革创新的过程,既有继承性,又体现为发展性。习近平总书记指出:"守正就不能偏离马克思主义、社会主义,但不是刻舟求剑,还要往前发展、与时俱进,否则就是僵化的、陈旧的、过时的。"[②]党的十九大报告宣告中国特色社会主义进入了新时代,这是高校思想政治教育话语实践所处的最大的时代语境。新时代有机遇,也有挑战,为高校思想政治教育话语实践提出了新的任务和要求。高校思想政治教育话语实践在守正的同时,也要立足时代语境,顺应时代发展要求,坚持发展性,进行与时俱进的创新。

首先,根据时代主题特征,建设话语实践体系。"一个国家某一时代的主题,是该国在那一特定历史时期基本国情、人民愿望、主流意识形态等各种因素交互作用使时代所呈现的基本态势、鲜明特征。"[③]时代主题反映了一个时代的基本特征和使命任务。中国共产党领导人民在经历中国革命、社会主义建设和改革发展阶段后,迎来了中华民族从站起来、富起来到强起来的伟大飞跃,实现中华民族伟大复兴成为当代中国的最大梦想。"复兴强国"是中国特色社会主义新时代的发展任务和鲜明主题,也是各领域开展社会实践的任务和主题。只有认清时代主题,聚焦时代主题,做好话语实践顶层设计和实际规划,才能把握好高校思想政治教育话语发展的大方向和规律。只有融入时代主题的思想内容,建设符合时代主题的话语实践体系,发挥宣传动员的引领作用,让时代主题深入人心,才能构筑推动强国复兴梦想实现的精神动力。

其次,把握时代发展机遇,推动话语实践创新。新时代,中国共产党形成了一系列治国理政的新理念、新思想和新战略,中国在各个领域取得了巨大的新

---

① 冯刚、邢斐:《新时代数字思政的哲学反思》,《学校党建与思想教育》2023年第19期。
② 习近平:《思政课是落实立德树人根本任务的关键课程》,《求是》2020年第17期。
③ 贾立政:《关于新时代主题及其本质特征的思考》,《人民论坛》2019年第29期。

发展和新成就,党高度重视意识形态建设,积极探索思想政治教育发展路径,社会主义意识形态话语权不断加强,新媒介新技术高速发展,信息传播渠道和空间空前拓展。新时代新发展为高校思想政治教育话语实践创新提供了有力支持和新的机遇,也提出了新的要求,充分利用时代发展创造的丰厚思想资源和良好的场域氛围,积极探索和推进话语实践创新,是高校思想政治教育话语实践发展的必然选择。应围绕新思想新理念创新话语实践主题、丰富话语实践内容,借助新媒介的共享性、开放性、动态性、即时性等优势,赋予话语内容更加多样生动的表达形式,创新传播方式,推动话语实践朝着符合时代发展需要和潮流的方向发展,增强时代感和吸引力。

最后,应对时代多重挑战,提升话语实践实效。新时代有新机遇也面临诸多挑战,世界格局的发展变动,意识形态领域斗争激烈,在西方意识形态渗透下,各种文化思潮交织传播,同时,新科技革命带来了信息传播方式的变革,个体自我表达的主体意识空前增强,消解了单向度传播的实际效果,这些都深刻影响着受教育者的视听,给高校思想政治教育话语实践带来冲击和挑战,各种噪声干扰下,受教育者容易产生思想困惑和认同危机,影响思想政治教育话语的有效性。面对多重挑战,高校思想政治教育话语实践需要针对新情况,调整话语实践策略,优化内容供给,针对困惑及时回应、重点阐释,改进话语方式方法,创新载体形式,贴近实际,增强互动和反馈,提升说服力和感染力,加强网络等新媒体空间的话语引导,多元拓宽话语传播路径,扩大覆盖面和影响力,提升实效性,更好服务于党的意识形态教育事业。

(三)人本:秉承立德树人的初心使命

习近平总书记在全国高校思想政治工作会议上指出:"高校思想政治工作关系高校培养什么样的人、如何培养人以及为谁培养人这个根本问题。要坚持把立德树人作为中心环节,把思想政治工作贯穿教育教学全过程,实现全程育人、全方位育人。"[①]立德树人是高校思想政治教育的重要使命和责任担当,落实立德树人任务,需要坚持以人为本,把培养人放在核心地位,充分发挥高校思想政治教育话语实践的育人功能,系统解决"培养什么人""如何培养人""为谁培养人"的根本问题。

首先,高校思想政治教育话语实践必须始终围绕育人目标实施。"培养什么人"是教育的首要问题。党的二十大报告强调:"育人的根本在于立德。全面贯彻党的教育方针,落实立德树人根本任务,培养德智体美劳全面发展的社会

---

① 《习近平谈治国理政》第2卷,外文出版社2017年版,第376页。

主义建设者和接班人。"①高校思想政治教育话语实践作为培育人、塑造人的言说实践活动,根本任务是立德树人,培养德才兼备、全面发展的社会主义建设者和接班人,其中,立德是根本,以德育人是高校思想政治教育话语实践的主要功能,树人是目标,就是要为社会主义事业培养建设者和接班人,在新时代,就是要培养担当民族复兴大任的时代新人,不仅要有品德,还要"有理想、敢担当、能吃苦、肯奋斗",具备爱国、奋斗、奉献精神和优秀的综合素质。高校思想政治教育话语实践应聚焦新时代人才培养目标,围绕立德树人的素质要求设计话语实践的主题和思路,使话语运作全过程始终围绕育人目标,有目的、有计划地加以落实,使言说活动始终以引领受教育者立大志、明大德、成大才、担大任为方向,为培育中国特色社会主义发展需要的时代新人服务。

其次,高校思想政治教育话语实践要坚持以人为本的优化路径。"如何培养人"的问题是育人取得成效的关键,对高校思想政治教育话语实践来说,就是要处理好"如何有效地说"的问题,这事关育人目标能否真正实现。高校思想政治教育话语实践要遵循受教育者成长发展规律,全面了解受教育者个性特点、认知状况、心理需求等,特别是新时代社会发展变迁对受教育者的影响和带来的思想行为变化,结合受教育者的现实需求和思想状况,设计话语内容、选择话语方式,探索话语实践的有效路径。教育者要加强自身话语能力和综合素质建设,处理好话语实践中教育主体之间的身份关系,尊重受教育者的主体地位,关注不同受教育者的个性发展需求,加强对话,回归生活世界,用科学有效的话语语态滋养受教育者的品格,影响受教育者的言行,发挥好话语引导、规范等功能,激发受教育者追求真善美的内在动力,引领受教育者精神成长。

最后,高校思想政治教育话语实践要以"为党育人、为国育才"为落脚点。"为谁培养人"涉及育人的宗旨问题。高校思想政治教育的特殊属性决定了其话语实践活动必须坚持"为党育人、为国育才"的宗旨和使命,用党的创新理论铸魂育人,培养一代又一代拥护中国共产党领导和我国社会主义制度、立志为中国特色社会主义奋斗终身的有用人才。强调"以人为本"是以守正为前提的,教育者可以探索更通俗易懂的话语内容转换,更活泼更接地气的话语表达方式,更轻松活跃的话语氛围,但不能为了迎合受教育者的兴趣而放弃政治和价值导向功能,背离应有的价值和意义。在话语实践全过程中,教育者要坚持发挥话语引导作用,把握好话语主导权,密切关注异质话语对受教育者的影响,积极回应受教育者思想上的困惑和问题,始终引导受教育者听党话、跟党走,服务人民、奉献社会。

---

① 习近平:《高举中国特色社会主义伟大旗帜 为全面建设社会主义现代化国家而团结奋斗——在中国共产党第二十次全国代表大会上的报告》,人民出版社2022年版,第34页。

（四）整合：基于整体性构建话语实践体系

习近平总书记指出："学校思想政治工作不是单纯一条线的工作，而应该是全方位的。"①高校思想政治教育话语实践是一个多方面相互联系并发展变化的整体，需要坚持整体性原则，加强体系化建设。近年来，党在加强高校思想政治教育工作过程中，提出了"大思政"理念，积极部署"大思政"工作格局，体现了从整体上推动思想政治教育工作的大视野和大作为，为高校思想政治教育话语实践提供了思维方法和发展条件。高校思想政治教育话语实践要形成系统思维，从顶层设计、资源供给、整合机制等方面聚合力量，构建具有大格局的言说实践体系，使高校思想政治教育话语实践既有惊涛拍岸的声势，也有润物无声的效果。

首先，发挥顶层设计对话语实践的指导和组织作用。构建高校思想政治教育话语实践体系，是一项系统工程，需要发挥顶层设计作用，统筹规划和落实，为高校思想政治教育话语实践的有效运作提供有力支撑。顶层设计涉及将党和国家对思想政治教育战略部署具体化的问题，党的十八大以来，习近平总书记就思想政治教育工作多次作出重要指示，国家先后出台多个关于改进和创新思想政治教育工作的部署文件，需要各级党委、教育部门和高校贯彻落实相关要求，上级为下级提供指导、管理和保障，打造上下话语实践目标理念一致、育人资源充分共享、平台空间互动开放的言说实践大体系、大格局。

其次，建设话语实践内容供给的共享资源库。在各级政府和教育部门支持下，各高校应充分挖掘校内校外、线上线下各种优质资源、特色资源，开发建设丰富多样且足以支撑话语实践内容供给的立体化资源库，整合相关理论资源、案例资源、实践资源等各类可供师生学习和使用的资源。理论资源可以具体包括党的创新理论和专家解读，中共中央、国务院关于教育和思想政治教育的相关文件与指示批示，与高校思想政治教育内容相关的理论著述和精品课程，思想政治教育经验总结的文章和材料等，为话语实践有效运作提供理论指导和内容支持。案例资源可以包括历史和现实中各类典型故事、事例、图书报刊资料等。实践资源主要是可供受教育者体验的各种实践形式、平台基地资料以及师生以往实践的优秀成果等，也包括纪念馆、博物馆等各类实践基地的现场资源。各类资源相互配合使用，可以借助网络平台采用文图、视听等多种形式呈现。高校之间可以联合共建、共享资源库，形成可以随时学习、随地调用和组织使用的话语资源体系，为全方位育人提供丰富多样的话语内容供给和形式参考。

最后，推动话语实践相关方面的互动整合。高校思想政治教育话语实践具

---

① 习近平：《思政课是落实立德树人根本任务的关键课程》，《求是》2020年第17期。

有开放性，处于复杂的关系网络中，应依托"大思政"格局，加强与相关方面的联结互动，激活各相关方面的话语作用，形成协同整合关系，构建更大视野、更具有效性的话语实践体系。一是思政课内和思政课外的话语引导整合。思政课任务是旗帜鲜明地讲好马克思主义，讲好习近平新时代中国特色社会主义思想等基本内容，把道理讲深、讲透、讲活，发挥思想政治教育话语引导的主渠道作用，其他各类课程也要在知识教育中融入爱国责任担当等精神培育和价值引领的话语内容，思政课程和课程思政交流互动、资源共享，在话语导向上同向同行。同时，发挥校园文化和社会实践活动等第二课堂的思想政治教育话语载体价值，通过课内与课外结合，显性话语与隐性话语互补，形成协同育人效果。二是校内与校外的话语力量整合。高校思想政治教育话语实践仅靠学校的力量效果有限，还需要借助社会的力量，加强与社会的联系与互动，调动和发挥更多社会主体的话语力量，获取更丰富生动的话语资源，拓展更广阔的话语实践空间，让受教育者接触社会、走进社会，在更大的话语场域中学习、成长、锻炼。三是线下与线上的话语传播整合。互联网的发展为高校思想政治教育话语传播提供了新的载体，思想政治教育话语实践空间的拓展还包括线上的数字网络空间，即借助网络云平台，实现话语跨时空的即时传播，将线下与线上优势结合，打造混合教育与表达渠道，构建话语传播新生态，为受教育者提供更加全面深刻的学习体验。通过课堂、校园、社会、网络相关范围的话语互动整合，形成言说实践的一体化协同格局。

第二章
高校思想政治教育话语实践的主题性

高校思想政治教育话语实践具有鲜明的主题性,基于一定主题开展教育实践活动是高校思想政治教育话语实践的重要组织形式。高校思想政治教育主题性话语实践是指按照上级教育管理部门的要求或思想政治教育教学计划,围绕预设的教育主题进行言说实践活动,有针对性地传播某一核心思想观念。主流思想观念传导始终是高校思想政治教育话语实践的最本质性意义,特别是党的十八大以来,高校思想政治教育话语实践关注和强调主题价值的发挥,主题性特征日益凸显。如何把握高校思想政治教育话语实践的主题和主题性,是本书的研究基础和前提,对这一问题的回答,本章主要从主题的内涵、特性、变迁以及凸显主题性的意义几个方面展开。

一、高校思想政治教育话语实践的主题概念

(一)主题及相关概念

"主题"一词源于德国的音乐术语,原意是指完整乐曲的核心,即"主旋律",能表达一定的思想情感,构成独立乐曲的结构基础,后来,这一术语被广泛应用于文学艺术创作中,成为一个较为通用的概念。在中国古代文论中,有从主题角度进行写作研究的传统,也形成了许多关于主题的论述,如"文以意为主""卒章显其志""文所以载道也"等,其中的"意""志""道",都与主题的含义相近,表达了对文章思想立意和主旨的重视。《现代汉语词典》对主题的解释有三种:一是指文学、艺术作品中所表现的中心思想,是作品思想内容的核心;二是泛指谈

话、文件、会议等的主要内容;三是指主标题。① 可见,主题的通常意义往往与中心思想和核心内容的表达相关。

如果从一般的社会实践意义上理解,主题是一个应用十分广泛的概念。由于人们的实践活动具有一定的目的性,需要蕴涵思想和观点的精神主旨的指引,主题广泛存在于日常生活、文学写作、新闻播报、文艺表演、谈话、评论、调研、教育教学等各个实践领域。可以说,人类的实践活动总是围绕着主题并以表达主题思想观点为目的。在文艺作品中,主题是创作者通过作品内容呈现的基本观点和中心思想,是作品的灵魂和主要意图。而教育教学活动和调研活动中的主题,往往更明确、更具体,是由要解决的问题和活动目的决定的。

学术研究中也常常涉及主题的概念,一般有特指含义,比如,从故事和传说研究基础上形成的主题学将主题作为重要研究对象,美国学者尤金·H.福尔克认为,主题可以指从诸如表现人物心态、感情、姿态的行为和言辞或寓意深刻的背景等作品成分的特别结构中出现的观点,作品的这种成分称为母题,而以抽象的途径从母题中产生的观点,则称为主题。② 主题学主要从文学视角,将主题视为对事件的抽象和归纳,是在母题归纳基础上进行的具有主观性的价值判断。此外,话语语言学以连贯性话语作为研究对象,运用"句子实际切分法"将句子切分为主题和述题,"主题指叙述的对象,表示已知的信息或不重要的内容;述题指对叙述对象的说明,表示新的信息或重要的内容"③。可见,作为学科研究对象或分析方法的主题概念不尽一致,相对而言主要属于根据研究对象所作的狭义角度的界定。

根据研究的实际情况,本书主要从通用意义上使用主题这一概念,即主题是由一定目的决定的,由文本或社会实践活动所表现出来的中心思想和核心内容。

(二)高校思想政治教育话语实践中的主题

高校思想政治教育话语实践是运用话语实现特定教育目的的言说实践,其实质是以立德树人为目的的教育性社会实践。理解高校思想政治教育话语实践中的主题,可以从教育实践和话语实践两个方面展开。

一方面,从教育实践角度看,高校思想政治教育话语实践是高校思想政治教育工作者根据国家和社会发展对人才培养的要求,遵循思想政治教育规律,

---

① 参见中国社会科学院语言研究所词典编辑室:《现代汉语词典》,商务印书馆2016年版,第1712页。
② 参见弗朗西斯·约斯特:《比较文学导论》,廖鸿钧等译,湖南文艺出版社1988年版,第235页。
③ 童之侠:《当代应用语言学》,中国传媒大学出版社2016年版,第259页。

以思想、政治和品德等为主要内容,针对受教育者实施的有目的、有计划、有组织的社会实践活动,其意识形态目的性决定了育人内容的主题性,一定意义上说,主题就是高校思想政治教育话语实践的目的所在。为了增强教育的针对性和实效性,实现培育目的,高校思想政治教育话语实践通常表现为主题教育的形式特征。所谓主题教育,是指把具有一定特征的某种主题思想作为核心内容,通过特定的思想政治教育方式,把预设的主题思想作用于教育对象,使其形成教育者希望的思想政治素质的教育实践活动。① 主题教育以主题性设计和构思呈现思想政治教育话语内容,由于主题鲜明、目标集中,在思想政治教育有效育人实践中发挥越来越重要的作用。主题教育具有突出的教育主题,"教育主题是整个教育活动的主线,贯穿于教育活动始终,集中表达了教育活动的核心思想,也是教育者向受教育者传递的核心价值理念"②。

另一方面,从话语实践角度看,高校思想政治教育话语实践是有目的、有计划地建构教育主题意义的言说实践,其话语内容总是关联特定教育主题,通过话语运作对特定主题的叙说,来呈现主题意旨,引导受教育者,实现教育目的。高校思想政治教育话语实践中的主题,体现了思想政治教育的本质特征,是具有意识形态目的和属性的主题。主题作为话语实践中的重要因素,是思想政治教育话语实践活动要表达和传递的内容的思想主旨、核心观点,主题贯穿在整个话语实践过程中,关系到话语实践的内容范围和承载的思想意义。如果把话语实践活动视为一个动态的过程性的文本或作品的话,那么主题就是这个作品的根基、主线,体现了作品的中心思想和基本立场。主题作为蕴含知识/权力的意识形态意义系统,隐含在具体的话语内容之中,在话语交往和运作实践中,通过具体的言说行为,以说理、叙事等方式表达和呈现出来。

本书主要从宽泛意义上理解主题,而且思想政治教育的教育实践与话语实践是一体两面的关系,高校思想政治教育的主题也是高校思政教育话语实践要表达的主题,话语实践主题是教育主题在言说层面的体现。因此,本书在论述时不做具体区分,可以将二者视为是同质同向的概念。

基于上述理解,本书认为高校思想政治教育话语实践中的主题是思想政治教育工作者依据国家意识形态教育要求和受教育者全面发展的素质培养要求,围绕思想、政治、品德等方面教育目标设定的核心教育内容,蕴含着特定的立场观点,体现了教育主旨,是引领思想政治教育话语实践活动的一定的观念集合和重要载体。比如,"社会主义核心价值观"主题是对社会主义核心价值目标的集中凝练和话语表达,具有社会主义意识形态的属性,其具体要求规定了该主

---

① 参见江沈红:《大学生主题教育路径选择的辩证法》,《湖北社会科学》2012年第12期。
② 王火利:《大学生主题教育研究》,武汉大学博士学位论文,2019年,第21~22页。

题话语实践的内容主线,决定了话语实践中要向受教育者传达的核心价值内容和价值观立场。

此外,在谈论主题时,有必要澄清几个概念的区别。(1)"主题"与"议题"。在思想政治教育话语研究中,也经常出现"议题"这一概念,"议题"指主题之下讨论、议论的内容或问题。通常认为,主题是围绕一个或多个特定议题的观念集合,一个主题可能涉及多个议题,可以通过多个议题阐明和呈现。比如,爱国主义主题,涉及"促进民族团结""维护国家安全"等多个议题,理想信念主题,涉及"为什么要信仰马克思主义""理想与现实的关系""个人理想与社会理想的关系"等具体议题。议题中蕴含主题内涵,传递某一层面的主题意义,对主题起支撑作用。(2)"主题"和"话题"。话题一般指谈话的主题或题目,主题有时与话题同义,但一般来说,主题的范围比话题大,一个主题下可以有多个话题,共同为建构主题意义服务。(3)"主题"也不同于"标题"(题目)。主题在思想政治教育话语实践中,往往以标题的形式呈现,标题是根据主题的内容和特点设定的,是主题的可见的载体以及可感的符号,有时标题就是主题,有时标题蕴含和暗示主题思想,好的标题能起到点明主题的作用。

二、高校思想政治教育话语实践的主题特性

高校思想政治教育话语实践的主题有别于一般实践活动的主题,从目的、功能、内容、形式、发展等角度看,高校思想政治教育话语实践的主题具有预设性、针对性、时代性、多样性、实践性等显著特征,认识这些主题特性,是在高校思想政治教育话语实践中把握和运用好主题的前提。

(一)预设性

高校思想政治教育具有鲜明的政治性或意识形态属性,"思想政治教育的本质就在于是按照一定阶级或集团的意识形态影响和改变人们的思想与行为的社会实践活动"[①],需要有目的地发挥思想政治引领作用。这意味着高校思想政治教育话语实践活动要遵守一定的规范,不能像有感而发的写作那样随意而为。主题与话语实践的目的相关联,是目的的思想符号载体,而主题预设是确保话语实践立场正确、话语内容精准传达、表达意图不偏离思想政治方向的重要举措。因此,高校思想政治教育话语实践的主题区别于其他话语实践主题十分重要的一点是预设主题,即通过赋意话语进行目的嵌入。

---

① 骆郁廷:《思想政治教育原理与方法》,高等教育出版社2010年版,第39页。

文学写作和影视创作中的主题,既可以主题预设即主题先行,也可以一开始不清楚主题、动机是什么,在创作过程中,通过对材料或情节的取舍逐渐寻找、发现和提炼主题。高校思想政治教育话语实践的主题与此不同,是教育者进行话语实践的目的,先于话语实践,具有预设性,是指在话语实践实施前预设将要表达的主旨思想和基本观点,在话语实践运作过程中紧紧围绕预先设置的主题思想对内容进行取舍、选择,对结构、逻辑和表达方式进行组织,以达到呈现主题的目的。高校思想政治教育的每一次话语实践,无论是系统的规模化的教育实践活动还是日常细微的思想政治教育教学言说,都有明确的目的以及与这一目的相关联的主题思想,教育目的决定了主题的类型和方向,不管有无详细策划,主题在言说开始前就已明确,话语实践过程是围绕主题展开的言说过程,在实践实施之前就考虑主题意义实现的过程与结果,以达到预期效果和目的。

当然,在高校思想政治教育话语实践过程中也有这样一种情况,就是没有事先的预设行为,但包含在话语内容中的,以及话语实践过程中因变化情况或互动过程中临时进入的意义衍生而成的主题,这种主题一般为隐含主题或衍生主题,与核心主题往往有着密切关联。这里强调的预设性特征,主要是指核心主题的预设,即高校思想政治教育主体发挥主观能动作用,在话语实践运作一开始就设置了主题,这是高校思想政治教育话语实践取得成效的关键前提。也就是说,一些隐含主题不一定经过提前预设,但核心主题必须先行设置,以确保话语实践的效果落地。

(二)针对性

针对性就是在明确教育目标的基础上聚焦问题、满足需要,是有目的、有计划地针对特定对象、特定需要或特定问题的一种原则、策略。高校思想政治教育话语实践主题具有鲜明的针对性,是针对具体目的、问题、需要而设定的。针对性与有效性紧密相关,是解决问题、实现目的、提升有效性的必要手段。

首先,从宏观层面看,高校思想政治教育话语实践中重大主题的设定,都是基于现实语境的考量,是面对现实挑战、解决现实问题的需要,是对国家政策精神的积极响应。例如,"社会主义核心价值观"主题的提出,是回答中国特色社会主义价值取向的需要,也与我国新世纪以来国内国际面临的复杂形势和挑战有关。在我国改革开放深入推进和传统文化向现代文化转型过程中,多元文化价值交织并存,冲击人们的思想观念,一定程度上出现了信仰危机、价值危机和道德危机;当今世界,国家之间竞争激烈,核心价值观作为文化软实力的灵魂处于重要地位,而文化软实力竞争的核心是意识形态竞争、意识形态话语权争夺。因此,用什么样的话语体系讲好中国故事,是国家发展中的重要任务。为了在全社会达成社会共识并聚合磅礴力量,确立共同价值信仰,也为了应对国际上的各种挑战,掌握话语主动权,党在提出社会主义核心价值体系的基础上,进一步凝练并提出社会主义核心价值观。社会主义核心价值观是国家有目的设置的宏大主题,具有意识形态的话语功能,并自上而下推动实施,高校是培育和践行社会主义核心价值观的重要场域,设定相关主题开展教育活动是高校思想政治教育话语实践的重要任务,体现了积极回应现实语境、参与社会主义核心价值观认同构建的针对性。

其次,从微观层面看,高校在思想政治教育话语实践活动中往往是从教育目标和受教育者发展实际需求出发,"针对特定的时间点,面向特定的群体。组织者在考虑空间、可操作性等各方面的因素之后,因地制宜地设计教育活动的主题"[①]。高校思想政治教育话语实践的主题多种多样,每一个主题在育人方面都是必要的,但不分时间、场合、对象和实际语境,无差别或随意设置,难以取得理想效果。高校思想政治教育话语实践对效果的追求,决定了对主题的选择和设定必须具有针对性。具体教育目标是什么,受教育者的需求和思想实际如何,时间和空间条件限制等,都对主题设定提出了针对性要求,为主题设定规定了方向。为了提升教育实效,现实中,高校思想政治教育话语实践活动通常会在主题选择的针对性上给予关注,分阶段、分层次并结合实际灵活设置主题类别和主题内容,例如,针对党员和普通学生设置理想信念不同层次的主题内容,针对大一新生侧重人生观主题教育,针对毕业生侧重职业道德主题教育,校庆期间设置大学精神教育主题,军训期间进行国防和国家安全主题教育,针对《爱国主义教育法》颁布实施开展爱国主义主题教育,针对青年学生法治素养提升需要设置法治教育主题……通过对差异化和适应性的关注,话语实践主题贴近受教育者的认知情况、情感需求和成长实际,通过有针对性施教,实现话语实践效果的优化。

(三)时代性

高校思想政治教育话语实践随着时代的发展而发展,其主题既受时代影响,也反映时代主题和时代要求。主题与所提出的时代密不可分,任何时期思想政治教育话语实践的主题都受制于当时的时代条件,体现了所处时代的特征,既有继承,也有发展和创新。时代的发展、马克思主义和中国特色社会主义理论话语的时代化创新,决定了高校思想政治教育话语实践的主题方向,构成了不同时期高校思想政治教育话语实践主题的逻辑基点。

纵观历史上不同阶段高校思想政治教育话语实践的主题,无不是紧跟时代

---

① 许玫:《大学生主题教育案例解析》,立信会计出版社2020年版,第32页。

发展主题,服务国家发展大局,积极响应党和国家的政策号召与战略部署,围绕党和国家重大理论创新、重大活动与重大事件设计主题,具有因时代而变的回应能力。近年来,高校思想政治教育话语实践的主题无论是内容还是形式,都体现了鲜明的时代性。社会主义核心价值观、党史学习教育、中国精神、中国梦、学习新思想等每一个主题的确立,都是根据时代发展特点,把紧扣时代主题作为主题设置的根本原则,与时代同频共振,通过各种形式向高校青年学生阐释党和国家发展历史、新时期重要发展战略、社会主义的核心价值追求,引导青年学生的价值取向和政治认同,为培育时代新人汇聚教育力量。同时,高校思想政治教育话语实践主题的设定也把握时代节点,紧扣形势政策热点,凝聚时代共识。例如,在中国共产党成立一百周年时,高校纷纷推出多种形式的党史学习教育主题活动,形成了文章、宣讲、视频等各类主题作品。在党的二十大召开之际,各高校抓住"学习党的二十大精神""中国式现代化"等热点主题开展解读和学习宣传活动,反映了时代发展的最新需要,体现了在价值和精神引领方面的导向作用。此外,高校思想政治教育话语实践主题在语言表达上,也与时代发展的特征相契合,例如,"强国有我""传承有我""让青春绽放绚丽之花"等主题词设计,形式更加活泼多样,以小见大,体现了与时代的互动,用时代性赋予主题更强的吸引力、引导力和传播力。

(四)多样性

高校思想政治教育话语实践的主题几乎涉及高校思想政治教育的所有内容领域,在话语实践中充分地体现了丰富多样性。高校思想政治教育话语实践的主题具有多样形态,就主题类型而言,可以从不同角度划分为不同的主题。例如,从教育目的或话语意图角度,可以分为政治认同类主题、思想培育类主题、规范养成类主题;根据主题的核心内容,可以分为人生观主题、马克思主义信仰主题、爱国主义主题、党史主题、文化自信主题、道德修养主题、诚信主题、责任担当主题、社会主义核心价值观主题、生态文明主题、国家安全主题、民族团结主题、法治素养主题等;从主题立意看,既有体现家国情怀的宏大主题,如"四史"、习近平新时代中国特色社会主义思想、中华优秀传统文化、中国梦、中国精神等,也有贴近生活和成长成才的微小主题,例如,诚信、友善、青春成长等;从内在层次关系看,主题可以分层级,体现为包含关系的多级性,例如,社会主义核心价值观主题是涉及国家(富强、民主、文明、和谐)、社会(自由、平等、公正、法治)和公民(爱国、敬业、诚信、友善)三个层次的主题体系,每个层次主题下又包含若干具体主题,比如,爱国主题又可以具化为维护祖国统一、铸牢中华民族共同体意识、维护国家安全等主题。一个大主题可以包含多个具体主题或小主题,这些不同层次主题相互联系,构成统一的整体。

高校思想政治教育话语实践的主题多种多样,无法完全展示或穷尽列举。主题在话语实践中往往呈现出多样交叉、多元融合的形态,一个话语实践(话语事件或活动实例)可能涉及多个主题。通常,高校思想政治教育话语实践以一个或两个主题为核心,核心主题是显性主题,也是预设的聚焦主题,其他多是与聚焦主题相关联的隐含主题。比如,在党史学习教育中,可能会涉及一些个人作风、道德修养的主题,在中国梦主题教育中常常会涉及政治认同、职业道德等主题。显性主题与隐含主题相互映照、相辅相成、相互联系,多样化主题融合互补,共同发挥全面育人作用。

(五)实践性

高校思想政治教育话语实践的主题既具有思想理论内涵,也具有鲜明的实践性。

从主题思想的形成看,高校思想政治教育话语实践的主题来源于实践,不是主观的臆想,主题作为一种思想观念集合,是在社会和生活实践经验中产生的,是对对象事物的本质和客观规律的认识与把握。正如马克思在《资本论》中指明的,"理论的方案需要通过实际经验的大量积累才臻于完善"[①]。邓小平同志也曾指出:"一个新的科学理论的提出,都是总结、概括实践经验的结果。"[②] 主题是从历史的经验和现实的实践之中总结、概括出来的,是实践的产物,在实践中发展,也为实践服务。比如,中国梦主题有对过去历史经验和教训的总结,也源于对中国特色社会主义伟大实践的探索和理论提升,一旦形成,便指引着中华民族实现伟大复兴的奋斗实践,具有鲜明的实践特色。

从主题的具体设定看,高校思想政治教育话语实践的主题是教育者根据特定的教育目的,在以往话语实践经验基础上思考和酝酿产生的。教育者的话语实践思维通常是从国家要求和社会需要再到具体主题设定的思路,主题设定是否有效,依赖于教育者对主题相关理论、信息和材料的掌握,是在实践过程中提炼和设计的。设定主题的教育者对主题是有认识和相关实践经验的,主题的设定和表达受教育者主体话语实践能力的影响,具体话语实践活动主题的设定受前期话语实践的启发。例如,同一宏大主题下的系列活动,后期主题的设定往往受前期主题话语实践的启发,根据前期活动中发现的或未解决的问题而设定。

从主题的价值实现看,高校思想政治教育话语实践的主题需要与实践保持互动,并服务和作用于实践,才能生成意义、实现目的和价值。主题价值的实现

---

① 《资本论》第1卷,人民出版社1975年版,第417页。
② 《邓小平文选》第2卷,人民出版社1994年版,第57~58页。

是以话语实践中主题的意义生成与实现为表征的。一方面,主题意义需要通过教育者主体的话语实践运作去建构和传播,推动主题意义在实践过程中流动,导向和影响受教育者,教育者对话语的设计和表达等实践因素影响着受教育者对主题内容和意义的认识与理解,教育者的话语行为是否恰当切实影响着主题意义的实现。另一方面,主题意义的生成最终取决于受教育者的理解、认同和将其思想转化为实践行动,在具体的话语活动中,离开受教育者的认同和实践,主题意义只能是停留于原始抽象状态的符号而已,无法达及主题设定的目的和宗旨要求,也就无法实现主题设定的价值,无法完成一次成功的话语实践。

三、高校思想政治教育话语实践的主题变迁

思想政治教育的主题是国家和社会发展现实中的思想观念要求向核心表现形式的提炼和演化。不同时期的演化,形成了特定的主题内容。同一时期各主题构成了映射时代主题的相互关联的系统性存在。随着时代主题的变迁,高校思想政治教育话语实践的主题内容也在演进,关注和梳理高校思想政治教育话语实践的主题变迁情况,把握主题发展特征和趋势,有利于总结主题演进的规律,思考主题变迁与高校思想政治教育话语实践价值实现之间的关系,是有效推动新时代主题性话语实践实施的认识前提。

(一)主题的历史演进

随着高校思想政治教育的发展,基于主题的话语实践活动也在发生深刻变化,主题变迁与话语实践的发展相伴而生。"中国共产党领导人民进行革命、改革和发展的历史进程中,围绕不同时代主题、服务经济社会发展,形成了独具特色、彰显政党特性、符合时代要求的思想政治教育话语主题。"[①]中国共产党成立一百多年来,在不同历史阶段,思想政治教育工作的时代主题经历了从"革命解放—改造建设—改革发展—复兴强国"的演变。高校思想政治教育话语实践的主题与党的思想政治教育主题轨迹一致,伴随着党的思想政治教育发展,高校思想政治教育话语实践的主题也在演进、变化。聚焦时代主题,高校思想政治教育话语实践的主题,在不同时期有不同侧重。

1. 新民主主义革命时期的话语实践主题

1919年五四运动爆发,这一以青年学生为先锋、工人阶级为主力军的反帝

---

① 刘爱玲、袁峰龙:《中国共产党思想政治教育话语主题的发展历程、经验及启示》,《思想理论教育导刊》2023年第12期。

反封建的革命运动,成为新民主主义革命的开端,形成了以爱国主义为核心的五四精神。马克思主义在中国广泛深入传播,逐步成为中国革命的指导思想。1921年中国共产党成立,成为新民主主义革命的领导核心,中国新民主主义革命的目标是在无产阶级及其政党即中国共产党领导下,彻底完成反帝反封建的革命任务,在中国实现民族独立和人民解放,实现社会主义的革命理想。中国共产党围绕这样的总路线和总目标,运用宣讲、标语、画报、传单等思想政治教育话语形式,宣传马克思主义,阐释革命任务和政治主张,号召和动员群众特别是青年,同帝国主义、封建主义和官僚资本主义作斗争,为革命和解放事业而奋斗,引领进步青年做革命宣传和斗争实践的先锋。高校进步青年积极响应号召,发扬革命精神,加入党团组织,在校内外开展革命斗争,许多青年学子走上革命道路,为革命和解放事业立下功绩。这一时期,高校思想政治教育话语实践的主题集中于革命和解放的中心任务,发挥了凝聚革命斗争力量的作用。

2. 社会主义建设时期的话语实践主题

随着新民主主义革命胜利和新中国的成立,党的中心任务发生转移,由革命解放转向改造建设。面临巩固政权、建设新中国的任务,中国共产党团结带领全国人民转向社会主义改造和推动新中国建设。中华人民共和国成立后,1949年12月召开的第一次全国教育工作会议确定了新中国的教育工作方针,会议所作的决定指出,教育必须为国家建设服务,强调要在教师和青年学生中有计划地进行政治思想教育,使他们逐步建立革命的人生观。1957年,毛泽东发表的《关于正确处理人民内部矛盾的问题》,确立了思想政治工作方针,明确了思想政治工作的主要内容和基本要求,提出了培养德智体等全面发展的社会主义建设合格人才的要求,指出了思想政治工作要解决人们的政治立场、观点、行为和世界观、人生观、道德观等问题。1961年中共中央原则批准的《中华人民共和国教育部直属高等学校暂行工作条例(草案)》,提出了高校加强学生思想政治教育的要求。同时,这一时期,雷锋、焦裕禄、王进喜等英雄模范人物不断涌现,党和国家号召群众特别是青年学习模范人物,加强学习,投身建设事业。

社会主义建设时期,随着党和国家工作重心的转移,高校思想政治教育主题也发生转变,高校思想政治教育话语实践主要服务于政权巩固和国家建设需要,重视和加强共产主义思想教育,从马克思主义理论、革命人生观、理想信念、共产主义道德、集体主义、爱国主义、新中国建设等主题内容展开,强化青年学生的政治认同,激发了青年学生建设社会主义国家的爱国情怀。不过,"文革"十年,指导思想上的混乱导致高校思想政治教育话语主题出现异化,高校思想政治教育话语实践遭遇曲折。

3. 改革开放和社会主义现代化建设时期的话语实践主题

党的十一届三中全会后,党和国家的工作重心转移到社会主义现代化建设上来，面对全新的事业，改革开放与发展经济成了思想政治教育的时代主题。在拨乱反正后，中国共产党坚持以正确思想路线指引思想政治教育工作，重视和推进思想政治教育的理论与实践。这一时期，党和国家陆续出台了一系列有关加强社会主义精神文明建设、加强思想政治工作的决议和文件，制定了关于学校思想政治教育、高校思想政治理论课的一系列政策并进行相关部署，围绕着改革发展主题，对加强和改进思想政治教育工作提出一系列要求，思想政治教育进入学科化、系统化发展时期，逐步构建了新时期的思政教育话语体系。

这一时期，高校思想政治教育话语实践的主题主要围绕有理想、有道德、有文化、有纪律的"四有"新人的培育目标来确立，主题表现更加丰富多样，适应了不同阶段改革发展的要求。比如，恢复调整阶段在全国开展的"五讲四美三热爱"活动，以通俗化、生活化的话语表达方式，明确提出政治、道德、纪律和文明礼貌等方面的要求，高校积极响应，开展相关主题教育，是突出政治教育和道德教育的主题形式之一。在党中央提出"三个代表"重要思想、科学发展观以及社会主义荣辱观等思想理论后，高校积极组织师生开展形式多样的主题活动，引导学习和践行。总之，这一时期高校思想政治教育话语实践的主题范围不断拓展，逐渐形成了涵盖思想、政治、道德、法治、纪律、劳动、文化、历史、国情等比较全面的主题体系，多方位引导青年学生思想政治素质和品德素养提升。

4. 中国特色社会主义新时代的话语实践主题

党的十八大以来，党和国家事业取得了历史性成就，发生了根本性变革，中国特色社会主义进入了新时代。新时代党和国家事业面对社会深刻变革以及世界百年未有之大变局的考验，发展目标指向实现中华民族伟大复兴的中国梦，复兴与强国成为最大的时代主题。党的思想政治教育话语实践主题重点围绕"复兴强国"展开。这一时期，党确立了习近平新时代中国特色社会主义思想的理论指导地位，习近平新时代中国特色社会主义思想成为党和国家事业发展的根本指南，也为思想政治教育理论和实践发展提供了主题内容和基本遵循。

新时代，党和国家自上而下持续部署和开展主题教育，推动主题教育常态化制度化。在复兴强国的时代主题和新思想指引下，高校思想政治教育话语实践的主题性凸显，主题目标明确，内容形式丰富多样，呈现出系统化、整体化的结构性特征。这一结构特征主要表现为三个主题板块，每一主题板块又包含多个相关细化主题，形成了多板块多层次的逻辑结构体系。其中，理想信念主题板块，主要涉及中国梦、马克思主义理论信仰、习近平新时代中国特色社会主义思想、"四个自信"、"四史"等主题；社会主义核心价值观主题板块，主要涉及爱国、法治、生态文明、敬业、诚信、友善、社会责任、国家安全、民族团结、文化传承等主题；青春奋斗主题板块，主要涉及人生观、成才、责任担当、创新创业精神、劳动、奋斗、奉献、品德修养等综合素质教育主题。三个板块主题内容形成关联性内在逻辑,理想信念主题直接指向中华民族伟大复兴中国梦的奋斗目标,青春奋斗主题主要是结合个人梦层面提出的对青年成长成才的要求,社会主义核心价值观主题既包含对中国梦的价值追求,也包含对青春成长和奋斗奉献等个人价值实现的追求,是联结中国梦和青春奋斗的价值层面的主题要求。

新时代高校思想政治教育话语实践的主题结构更为合理,通过包含传统主题和新增主题的多样主题结构,适应时代主题和社会新语境的变化,突出中国梦、爱国主义、党史学习教育、学习贯彻习近平新时代中国特色社会主义思想等重大主题,确保广泛覆盖思想、政治、品德类主题的基础上,根据现实语境有所侧重,也遵循人本原则,关注青年个体发展相关主题,全面发挥立德树人的重要作用,引领青年学生为实现中华民族伟大复兴的中国梦接续奋斗。同时,这一时期的高校思想政治教育话语实践也十分注意紧跟党的话语创新、时事政治和社会热点,利用重要时节,借助新媒体新技术和互联网平台开展多种形式的主题教育,创新主题内容和表达形式。总之,新时代,高校思想政治教育话语实践主题仍在变化和调适之中,其结构也朝着更加科学完善的方向发展,为高校思想政治教育话语实践的全面有效实施提供了前提和基础。

(二)主题发展中的"变"与"不变"

在不同时期,高校思想政治教育话语实践主题呈现出一些变动性特征,对主题的梳理,也许难以穷尽,但总有规律可循,这就是对"变"与"不变"辩证关系的把握。"变"指的是主题发展表现出的特殊性,是回应时代要求和解决现实问题的方法策略,"不变"指主题发展所具有的共性特征和遵循的基本原则。在坚持原则"不变"的基础上随现实语境做出"变"的适应和调整,是高校思想政治教育话语实践主题变迁和发展的重要规律。运用好"变"与"不变"的规律,有助于把握新时代高校思想政治教育话语实践的主题发展趋向,提升话语实践实效。

1. 主题发展中的"变"

主题发展中的"变"与时代特征、形势与环境变化、教育发展和主体需求有着密切关联。这些内外动因决定了主题设定的变化取向,主题的选择与确定需要从主题动因的关联逻辑着眼,做到因"时"而变、因"势"而变、因"需"而变,才能实现适应性发展。

第一,因"时"而变。主题具有与时俱进的时代性特征,主题的发展变化总是与时代背景紧密相连,服务于时代更迭提出的发展要求。党和国家根本任务和工作重点变化、党的理论创新、国家政策调整等,都反映了时代发展的新要求,是时代的产物。新时代,中国社会主要矛盾的变化是时代发展的特征和基本国情,社会主要矛盾由人民日益增长的物质文化需要同落后的社会生产之间的矛盾转化为人民日益增长的美好生活需要和不平衡不充分的发展之间的矛盾，这意味着党和国家的工作重点是要着力解决发展不平衡不充分问题，这也是实现中华民族伟大复兴中国梦的关键路径。中国梦、强国、中国式现代化、青春奋斗等主题设定，都契合了人们对美好生活的向往与追求，具有引领性的时代特征。高校思想政治教育话语实践只有顺应时代变化，围绕国家和时代发展主题提出的实践要求，自觉调整并呈现出与其相适应的主题特征，才能实现创新性发展并确保活动的有效性。

第二，因"势"而变。主题的存在不能脱离一定的环境和语境，否则主题会失去存在的意义。主题的变化与高校思想政治教育话语实践所处的环境形势的变化直接相关。习近平总书记多次提到中国当前面对的"两个大局"，即实现中华民族伟大复兴战略全局和世界百年未有之大变局，这是党和国家谋划工作的出发点。"两个大局"交织在一起，相互影响，复兴全局是推动大变局的重要因素，大变局为复兴全局提供了机遇，也带来了不利因素的严峻挑战。"两个大局"成为当前中国发展内部和外部环境的现实写照，也是高校思政教育话语实践所处的社会语境。高校思想政治教育话语实践主题的设定，应从实际出发，把握环境形势的大局，在关注中国梦主题同时，也要关注形势环境中存在的风险和挑战，加强爱国、党史和国家安全等主题教育，基于时事变化，对主题内容和形式进行调整，以最大限度地发挥作用。

第三，因"需"而变。除了时代发展的需要，主题的变化也是高校思想政治教育话语实践发展的内在需要。高校思想政治教育话语实践的主题设定与育人目的的实现密切相关，要取得实效，必须处理好主题供给与需求之间的关系。随着社会主要矛盾的变化，受教育者对美好生活的需求有多种表现，其中精神层面的需求涉及法治、公平、安全、民主等多个方面。受教育者需求的增长和变化，也为话语实践主题的设定提出新的要求。高校思想政治教育话语实践应有发展理念，着眼于受教育者成长发展需要和素质全面提高需要，合理布设主题，在主题内容和形式上有所创新，关注学生所关注，通过主题介入，引导其形成与历史同向、与祖国同行、与人民同在的正向思考。

此外，从历时性发展看，"变"不仅体现在聚焦主题的变化上，还体现在传统主题在继承以往主题内容基础上所进行的内涵方面的调整。例如，传统的道德修养主题，因网络新媒体的发展，出现了向网络道德、数字道德、智能道德、媒介素养等具有时代特征的主题拓展。对传统主题范围的拓展也正是体现了因"时"而变、因"势"而变、因"需"而变的需要。

2. 主题发展中的"不变"

主题发展是有原则和方向的。梳理不同历史阶段的主题变迁，有变化，也有不变，不变的共同特征就是始终突出思想性和政治性，坚定与党和国家利益一致的立场方向，同时，积极回应和解决现实问题，防范意识形态方面的风险挑战。这两个共同特征也构成了主题发展科学有效的基本原则。

一方面,始终突出思想性和政治性。高校思想政治教育话语实践需要正确的方向引领,主题发展中的"不变"首先是立场方向问题,即坚持由基本立场确立的思想政治路线,坚持主题的思想政治导向。一是始终坚持马克思主义科学理论的指导,用马克思主义的立场、观点和方法准确分析时代特征,把握主题与时代、主题与主题、旧主题与新主题之间的联系,遵循主题发展规律,坚持与时俱进与实践性,以人为本,科学合理地确立符合党和国家发展要求的主题体系。二是始终坚持党的领导,这是当前和未来时期把握主题发展不能改变的根本性原则。"党政军民学,东西南北中,党是领导一切的"①,党的领导是党和国家各项事业协调推进的根本保证。主题的设定与发展必须把握党的方针政策和创新理论,在思想上和政治上同党中央保持高度一致,有利于维护党的领导和权威。三是始终保持与党和国家利益一致的育人原则,坚持为党育人、为国育才,将党和国家发展战略对人的思想政治素质的要求融入主题当中,保持主题培育目标与党和国家发展需求一致,发挥出强大的政治引领力和思想感召力,为社会主义事业培养合格的建设者和接班人。

另一方面,积极回应现实问题。高校思想政治教育话语实践主题的设定与发展需要同现实中的"问题"结合起来,才能产生符合实际的实践效应。不同时期的主题变迁凸显了问题意识。"中国共产党百年来持续推进思想政治教育话语主题发展的关键之处,在于对社会现实问题的准确把握和积极回应,着力解决必须直面的现实课题。"②通过对不同时期主题演进的梳理可以看出,思想政治教育话语实践主题源于现实的诉求,回应了党和国家发展中需要解决的现实问题,这也是主题的重要功能和意义。比如,改革开放后,随着社会主义市场经济的发展,社会中出现道德失范危机,经济全球化背景下,文化多元化发展带来了现代人的精神信仰危机,面对这些问题,高校有针对性地开展诚信教育、社会主义核心价值观教育和文化自信教育,起到规范性的导向作用;非典疫情期间在高校开展的抗击"非典"精神主题教育和新冠疫情期间伟大抗疫精神的主题教育,为疫情期间共克时艰提供了强大的精神力量,起到共同守护校园安全的团结凝聚作用;世界百年未有之大变局中,西方敌对势力渗透和破坏活动加剧,网络政治谣言和有害信息传播,各高校每年利用国家安全日,开展各种形式的国家安全教育活动,学习贯彻总体国家安全观,回应了维护国家安全的迫切需要,在提升国家安全意识、维护国家安全事业发展方面发挥了重要教育引导作

---

① 《习近平谈治国理政》第 3 卷,外文出版社 2020 年版,第 16 页。
② 刘爱玲、袁峰龙:《中国共产党思想政治教育话语主题的发展历程、经验及启示》,《思想理论教育导刊》2023 年第 12 期。

用。主题只有与现实问题保持互动,才能产生说服力和感召力,才能发挥为现实服务的作用。

总之,高校思想政治教育话语实践主题的发展有章可循,只有在变化的主题和不变的原则宗旨之间建立好平衡关系,既坚持原则,又紧跟时代发展、现实需求,求新求变,弘扬时代主旋律,才能实现应有的意识形态教育价值。

四、高校思想政治教育话语实践凸显主题性的意义

高校思想政治教育话语实践无论以何种形式展开,都具有特定的目的性,主题性则关联着目的性,这种目的性也可以说就是主题性。高校思想政治教育话语实践在长期发展中,一个重要特征在于以我国主流意识形态的思想观念为内容,集中于各类教育主题,重视主题对话语内容的统摄,基于主题呈现思想政治教育意义价值,围绕主题发展话语体系,通过预设主题规定话语范围、明确实践方向。

在高校思想政治教育话语实践中,对主题性的理解通常与教育过程中的话语内容协调或统合有关,也就是将话语内容不同部分协调统一起来。主要表现为,话语实践的主题思想是话语文本内容框架的核心支撑,文字、图片、视频等各种话语表达形式都主题化,由主题统合起来,对话语环境等进行主题式布设等。增强主题性,是高校思想政治教育话语实践取得实效的密码之一。凸显主题性,重点不在主题本身,而是强调对主题价值的重视和运用,以实现其教育目的和社会意义。从价值角度分析,高校思想政治教育话语实践凸显主题性具有统摄话语建构和建立社会联结的重要意义。

(一)统摄话语建构

主题具有明确的导向作用,能够传递话语实践活动的核心思想和主旨要义,引导话语实践活动的走向。在高校思想政治教育话语实践中凸显主题性,有助于明确并聚焦主要的目的和方向,有针对性地设计话语内容,把控话语实践过程。虽然话语实践活动的内容意义通常是多元而复杂的,但通过明确主题,将话语内容贯通起来,指向同一目标,从而体系化地构建这一主题的意识形态教育话语,使某一主题思想通过话语实践的教育引领,内化融入为人的知识和价值信仰体系。由于主题是根据教育目的预先设定的,主题是主线,是教育者实施话语实践的线索,这就为话语实践活动预设了方向,指明了话语实践活动以主题为引领的原则,规约着说话者的立场、所持的观点,也预设了受教育者对主题话语的认同和接受的结果。凸显主题性的话语导向意义体现在高校思

想政治教育话语实践的全过程中,要求通过主题设置,强化话语内容和表达生成意义的指向性,提升话语引导功能。

主题是高校思想政治教育话语实践的思想主线和精神内核,对话语内容、形式等具有统摄引领的作用,在话语建构方面起着关键性作用。在思想政治教育话语实践中,主题能使话语内容有序组织起来,形成一个有机整体,内容取舍、结构组织以及话语表达方式等均受到主题的制约,明确的主题能形成话语导向,统领话语实践全过程。对思政教育者来说,活动标题的拟定、话语内容的取舍(什么能说、什么不能说),还有结构的组织、逻辑的搭建、话语的使用、表达方式的选择等,都要依据主题的指引,以主题为标准。主题具有统摄性的制约力量,以意义载体的形式,构成了建立话语结构要素关联的逻辑起点,对话语实践具有组织协调作用,不同的话语实践要素通过主题联结起来,是话语实践有序运行的重要前提和基础。凸显主题性,将主题贯穿于话语生产、传播和接受的全过程,通过主题规范话语内容、确定话语策略、架构意义网络、导引话语实践过程,有利于构建指向明确、协调统一的话语秩序。

此外,主题对话语实践效果具有评价作用,主题的导向作用意味着主题也是评价话语实践效果的重要依据。话语实践实施后,对话语效果的评估,涉及主题设定是否恰当,话语实践是否紧扣主题、是否清晰地呈现主题,受教育者对主题的理解、认同和接受程度,主题意义的话语呈现和生成效果等多个方面。主题是评价话语实践有效性的重要标准,关涉思想政治教育价值是否实现的问题,如果脱离主题,话语缺乏聚合力,话语实践效果和影响力就会受到影响,同时,也会引导教育者调整后续的话语实践,根据主题进行话语重构。

(二)建立社会联结

高校思想政治教育话语实践的主题与社会语境相关联,从社会意义角度看,主题是思想政治教育话语实践与社会语境相联结的纽带,也决定着话语实践活动的社会价值,即意识形态价值、文化传承价值和育人价值。主题不仅是构建思想政治教育话语场域的关键因素,而且是参与意识形态建构、社会文化建设以及培育时代新人的重要意义符号。通过主题,我们可以窥见思想政治教育话语实践与社会现实的意义联动关系。主题作为话语实践的核心引领,其思想内涵和意指同时代与社会形成一定联结,主题意义折射出建构政治认同、国家认同、价值认同等目标取向,主题通过话语实践运作过程,构建意识形态、传承思想文化,能形成一种形塑力量,塑造受教育者的理想人格,发挥建设性的社会价值。

1. 在思想政治意义上,主题承载意识形态的核心要求

习近平总书记多次强调意识形态工作的重要性,指出"意识形态工作是为国家立心、为民族立魂的工作"①,事关党的前途命运,事关国家长治久安,事关民族凝聚力和向心力。社会主义意识形态是由党和国家有目的地建构并推行的反映社会主义制度和文化的思想价值观念体系,是我国意识形态的主流和核心主导。社会主义意识形态体现为政治、道德、法律等思想意识形式,涉及文化自信、政治信仰,坚持党的领导,坚持社会主义核心价值观,弘扬中国精神,关乎道路、方向、国家命运和政治安全等重要方面。社会主义意识形态建设旨在通过宣传教育和组织工作等手段,发挥主流意识形态功能,使社会成员认同党的领导、维护国家和社会各项制度。高校思想政治教育话语实践主题包括思想教育、政治教育、道德教育、法治教育等内容,这些主题内容也是我国意识形态建设的重要内容,是社会主义意识形态的存在形式,体现了社会主义意识形态建设的核心要求。

从话语实践的结构看,主题与其他话语要素共同构成意识形态话语权的构建因素。主题的意识形态引导性体现在主题蕴含的思想方向和政治立场上,主题将思想、政治、道德、法治等意识形态内容带入话语实践中,为话语确定思想政治方向。通过主题化的话语实践,经由主题嵌入,将党和国家意志融入高校思想政治教育话语内容,赋予话语以思想政治等意识形态意义,确保话语表达的核心思想符合主流意识形态要求,有组织地推动意识形态内容融进受教育者头脑,影响受教育者对党和国家的政治认同、思想认同。高校思想政治教育主题性话语实践是国家意识形态建设的重要路径,通过主题话语建构,对新时代青年进行思想政治引领,有助于党和国家的意识形态要求在青年学生中传播,引导青年学生坚决维护党的领导地位和政治权威,坚定"四个自信",听党话、跟党走,与党和国家的立场保持一致,这对维护和巩固社会主义意识形态话语权具有重要的社会政治意义。

2. 在社会文化意义上,主题具有精神文化的传播功能

"思想政治教育具有综合性和整体性的教育实践特征,它是以深厚的文化内涵作为支撑点的"②,从文化传播维度讲,培育文化自信是高校思想政治教育的重要主题任务,同时,高校思想政治教育主题性话语实践本身也是重要的社会文化实践活动。社会文化是一定社会通过文化传承表现出来的文化发展形态,精神文化是社会文化的核心内容,内涵丰富,涵盖了一个社会的道德体系、价值观念、思想信仰、行为规范等多个方面,社会主流精神文化的内容构成了高校思想政治教育的主要内容。高校思想政治教育在本质上是对人的精神塑造,

---

① 习近平:《高举中国特色社会主义伟大旗帜 为全面建设社会主义现代化国家而团结奋斗——在中国共产党第二十次全国代表大会上的报告》,人民出版社2022年版,第43页。
② 杨希:《论思想政治教育的文化内涵》,《教学与研究》2018年第6期。

是一种精神文化的教育,"思想政治教育与社会实践构成的是一个互动的文化生态综合体"①,其内容涉及社会文化特别是精神文化的方方面面。高校思想政治教育话语实践的主题具有社会文化属性,是对社会倡导的精神文化的提炼、表达和转化,直接或间接反映了精神文化的内容和核心要求,承载着社会文化价值理念的传播功能,是精神文化传播的载体和切入点,主题蕴含的思想观念和内容能够起到对人的精神、心灵和人格进行形塑的作用,具有以文化人的培育意义,体现了主题传播过程中的建设性的文化价值。

从横向的共时性看,高校思想政治教育话语实践多样化主题的思想内容涉及政治文化、道德文化、价值文化、历史文化、法治文化等多元社会文化样态,同一时期多样化主题的设定,反映了所处时代的文化形态,展现了社会文化的方方面面。各类主题共同承载社会文化价值理念,通过主题向受教育者传达各类文化信息和价值观,担负文化教育和文化传播使命,塑造文化自信力量。

从纵向的历时性看,高校思想政治教育话语实践的主题内容不仅涉及现实的社会主义先进文化,而且涵盖了中华优秀传统文化和革命文化的内容。文化自信的主题传播功能,既来自整体精神、仁爱和谐、与人为善等优秀传统文化的丰厚滋养,也来自理想崇高、信念坚定、不畏牺牲、情操高尚等革命道德和革命文化的熏陶,更有以社会主义核心价值观为精髓的社会主义先进文化的引领,内蕴着文化一脉相承的传承因素和系统完整的文化价值导向。

总的来说,高校思想政治教育话语实践主题既承载文化,又反映了文化传承,具有文化传播功能和文化建设价值。高校思想政治教育话语实践中对主题的关注和彰显,有利于满足受教育者多方面的精神文化需求,推动受教育者对主流文化价值的认同,也有助于引导受教育者对异质文化价值的识别,对社会主义文化发展和传播具有重要的建设作用。

3. 在教育实践意义上,主题契合全面育人的社会需求

"培养全面发展的人"是高校思想政治教育的最根本目的。社会对时代新人全面发展的要求是德才兼备,德是引领人才发展方向的灵魂,以德为先,重视青年学生的国家意识、社会责任感、价值追求和品行素养,是全方位育人的重中之重。主题具有思想内容针对性和聚焦性等特点,意指政治原则、价值标准和思想品德规范。在高校思想政治教育话语实践中凸显主题性,通过设计和组织架构,教育者可以向受教育者准确传递特定的核心思想理念,使话语表达聚焦于主题思想的传达,始终围绕主题实施,使受教育者能获得清晰明确的观点指引。主题对受教育者的导向作用,包括人才培养的各个方面,既有思想政治指

---

① 温小平:《新文化史视域下思想政治教育叙事研究》,光明日报出版社2022年版,序言第6页。

引,也有价值观念引导,还包括道德行为和法制规范等。各类主题蕴含着方方面面的思想要求和社会规范,涉及受教育者的全面素质培养,通过系统合理的主题结构布设和对应的围绕主题的系统化的话语阐释,这些系列主题的思想理论可以起到体系化的全面育人作用,使受教育者明确社会的倡导和要求,坚持正确的政治立场,形成积极向上的思想认知,明晰是非善恶界限,自觉规范言行,从精神和人格塑造层面为社会培育高素质人才,回应了中国式现代化发展对人才素质的基本要求。

高校思想政治教育主题以其丰富多样的内涵和与社会倡导的一致性,在受教育者思想行为培养、人格全面发展上发挥重要的育人价值。不仅各个主题之间形成的互补关系体现了育人的全面性,而且某些宏大主题内在的结构关系也体现了系统育人的功能价值。比如,社会主义核心价值观教育主题具有丰富的层次性,将国家层面、社会层面和公民个人层面的价值目标融为一体,体现了多方面的育人内容和实践要求,是立德树人的价值标准。这些丰富的主题话语构成相互联系的整体关系,既关切国家和社会发展目标,也关注个人发展需要,可以全面培养青年学生爱国报国的家国情怀、维护社会公平正义的社会责任感和敬业友善尊法守法的品德意识,彰显了系统育人的价值追求,对培养德智体美劳全面发展的社会主义建设者和接班人,具有十分突出的实践意义。

总之,从主题在话语建构和社会联结方面的价值看,主题是一种社会性建构力量,承载国家、社会和个人发展的多维诉求,参与高校思想政治教育话语的建构实践中,以其核心思想意义统摄话语生产、传播与接受的全过程。高校思想政治教育话语实践凸显主题性,通过主题的设定与基于主题的实践运作,生成以主题为导向的话语来建构意义体系,连接话语与现实社会。各类主题共同塑造了高校思想政治教育话语体系的实践框架,构建了话语与语境、话语与权力之间的联结方式,为受教育者提供了精神素养全面提升的认知图式。经由主题联结并发挥功效,高校思想政治教育话语实践与现实社会要求实现高度统一。

第三章

高校思想政治教育话语实践的叙事视角

叙事是广泛存在的社会现象，人类社会无时无处不充满着叙事。正如法国思想家罗兰·巴特在《叙事作品结构分析导论》中所说，以"几乎无限的形式出现的叙事遍存于一切时代、一切地方、一切社会"①。叙事是人类社会实践活动不可或缺的表述方式，叙事的承载物可以是语言，也可以是小说、电影、绘画、音乐、幻灯片、新闻、交际、会话等各种形式。美国学者沃特·费希尔指出，"世上一切事，无论是实际发生的，还是内心体验，都以某种叙事形式展现而存在，并通过叙事形式传播某种观念"②。叙事是人类理解、阐释世界的工具和手段，只要人类存在就有叙事的呈现。

高校思想政治教育作为话语交往和言说互动的实践活动，不仅运用语言来讲述，而且需要借助叙事这种表述形式作为阐释工具，叙事是高校思想政治教育话语实践中普遍存在的一种现象，从这一意义看，我们有必要从叙事视角观照高校思想政治教育话语实践活动，研究高校思想政治教育话语实践中的叙事问题，以揭示其阐释活动的叙事形态。

一、叙事与话语实践

（一）叙事的界定

叙事，从字面意义理解，就是叙说故事、叙述事情。一般认为，叙事"起源于

---

① 张寅德编选：《叙述学研究》，中国社会科学出版社1989年版，第2页。
② 转引自陈伟：《科学文化故事化叙事的学理逻辑、旨意与价值》，《河南师范大学学报（哲学社会科学版）》2023年第4期。

人类追求传递信息和故事的本能和需求"①,叙事就是"讲故事"。故事是人类分享体验、认识和理解世界的重要方式,从古至今,讲故事是一种广泛存在的社会现象与文化活动,"'讲故事'是'叙事'这种文化活动的一个核心功能。古往今来的不少批评家都注意到了讲故事作为人类生活中一项必不可少的文化活动的意义,不讲故事则不成其为人"。② 可以说,叙事是对人类知识、经验的再现与传播,作为一种文化表达和传承方式,伴随人类历史和文化发展的全过程。

叙事既是一种普遍的文化现象,也是叙事学研究中的一个核心术语。对于叙事是什么的理解,理论界有不同的说法。法国著名叙事学家热拉尔·热奈特指出了常见的叙事定义,即"用语言,尤其是书面语言表现一件或一系列真实或虚构的事件"③。在修辞理论家那里,叙事是指"某人在某个场合为某个目的向某个人讲述发生了某事"④。叙事心理学家则将叙事视为对事件或人类行为的组织原则,认为人类的思维、知觉、想象以及道德选择都是依据叙事结构,作为组织原则的叙事,"是一种组织情节、行动和行动原因的方式,也是一项将日常事实与奇异创造结合到一起的成果"⑤。可见,学者对叙事的界定并不统一,但都与事件的叙述和表达有关。

关于叙事的层次,西方叙事学家一般采用"故事"(story)与"话语"(discourse)的二分法,用以"区分所表达的对象和表达的方式"⑥。为了强调对叙述行为的重视,热拉尔·热奈特对二分法做了修正,认为叙事包含三个层次含义:(1)"故事",即真实或虚构的、作为话语对象的接连发生的事件以及事件之间的关系。(2)"叙述话语",即讲述一个或一系列事件的口头或书面的话语或文本。(3)"叙述行为",即讲述某事的事件,就是产生叙述话语或文本的行为或过程。⑦ 热奈特将二分法中的"话语"又细分为"叙述话语"和"叙述行为"两个层次,指出各个层次含义之间的密切关系并特别强调了叙述行为的重要性,认为故事和叙述行为通过叙述话语而存在,反之,叙述话语正是因为讲述故事的叙述行为才成为具有叙述性的话语,叙述话语(叙述文本)是叙述行为的产品,没有生产性的叙述行为就没有叙述话语,有时甚至没有叙述内容(故事)。

---

① 夏兴宇:《媒介融合视域下我国微纪录片叙事策略研究》,《传媒论坛》2023年第24期。
② 浦安迪:《中国叙事学》,北京大学出版社2018年版,第3页。
③ 张寅德编选:《叙述学研究》,中国社会科学出版社1989年版,第279页。
④ 傅修延主编:《叙事丛刊》第1辑,中国社会科学出版社2008年版,第118页。
⑤ 西奥多·R.萨宾:《叙事心理学:人类行为的故事性》,何吴明、舒跃育、李继波译,北京师范大学出版社2020年版,第21页。
⑥ 申丹、王丽亚:《西方叙事学:经典与后经典》,北京大学出版社2010年版,第13页。
⑦ 参见热拉尔·热奈特:《叙事话语 新叙事话语》,王文融译,中国社会科学出版社1990年版,第6~7页。

对于三分法,申丹、王丽亚在《西方叙事学:经典与后经典》中认为,在区分叙事层次时,需要特别注意笔头和口头的不同,就书面叙事而言,所谓"文本"即叙述"话语",而叙述技巧是叙述话语的组成部分,只有采用"故事"和"话语"的二分法才能避免混乱;若为口头讲述,叙述者和受话者面对面,后者可直接观察到前者的叙述过程,叙述者的声音、表情、动作等对于叙述的效果往往有重要影响,在这种情况下需要采用三分法。①

美国叙事理论家杰拉德·普林斯对热奈特的三分法做了一些完善,他在《叙事学:叙事的形式与功能》中指出,"叙事是可以分为各种类组的信号之集合",同时采用传统的二分法将叙事的层次分为"叙述"(narrating)和"被叙"(narrated)两个类组:某些因素与组成叙事的语言信号组合,构成了叙述信号(或者简单说:叙述),它们呈现叙述行为、其缘起与目标;其他一些因素与组合则构成被叙信号(或者简单说:被叙),它们呈现所讲述的事件与状态。② 在这里,"叙述"与叙述者、受述者、叙述行为、被叙的呈现等相关,是叙事的形式层面,"被叙"与事件和组织结构(涉及时间关系、空间关系、因果关系、环境、主题、功能关系等)相关,是叙事的内容层面。普林斯的研究不仅拓展了叙事的构成要素,而且拓宽了叙事的组织性视野,让"我们借此洞察我们如何组织叙事以达到加工它们的目的"③。

虽然学者对叙事的内涵众说纷纭,但通常认为叙事是包含"故事"和"话语"(叙述话语和叙述行为)两大层面并涉及对叙事过程有影响意义的各种因素的一个概念。无论二分法还是三分法,对于叙事层次的区分主要是对叙事作品进行结构主义分析的需要,虽然本书研究目的并不在于语言学意义上的结构分析,但上述观点对本书认识故事、叙事与话语之间的关联提供了启发。

从历时性看,叙事学经历了经典叙事学和后经典叙事学两个阶段,经典叙事学以文本为中心将叙事作品视为与社会历史文化语境隔断的独立结构体系,用结构主义方法分析文本内部结构和规律。后经典叙事学则关注文本与叙述语境和受述者接受语境的关系,视叙事作品为社会历史语境的产物,关注语境的作用和受述者的能动性,同时,越来越关注经典叙事学无法涵盖的视听、数字化叙事等媒介叙事的新叙事现象。

由于语境作用下,叙事往往复杂多变,叙述话语与叙述行为很难截然分开,本书主要采用"故事+话语"的二分法为认识基础来界定叙事。鉴于以上理解

---

① 参见申丹、王丽亚:《西方叙事学:经典与后经典》,北京大学出版社2010年版,第19~20页。
② 参见杰拉德·普林斯:《叙事学:叙事的形式与功能》,徐强译,中国人民大学出版社2013年版,第7页。
③ 杰拉德·普林斯:《叙事学:叙事的形式与功能》,徐强译,中国人民大学出版社2013年版,第77页。

和叙事学发展趋向,本书认为:叙事是在一定语境下叙述者运用各种话语形式和技巧对故事进行组织以达成特定目的的叙述活动,既包括作为叙述内容的故事本身,也包括讲故事的叙述话语和行为实践。

(二)叙事作为一种话语实践

对叙事内涵的探讨为我们厘清故事与话语之间的关系奠定了基础,也为揭示叙事作为一种话语实践的本质提供了前提。

从能指看,叙事表现为一种有组织的话语实践模式。在结构主义经典叙事学看来,叙事主要由故事和话语组成,故事属于叙事内容层面,话语则属于表达层面,主要表现为叙述话语和叙述行为,叙述话语是故事化的话语或以故事为内容的话语,话语是符号表征,叙述行为通过故事化讲述建构叙述话语,故事的叙述需要通过叙述话语建构来实现,叙述行为总在建构着叙述话语并通过这些叙述话语来传播故事的价值意义。经过叙述话语呈现出来的故事,不是最原始的事件形态,而是经过重新排列组合形成的合乎逻辑的话语结构组织。叙事就是指这样一种话语实践模式,它将特定的故事事件按一定序列"纳入一个能为人理解和把握的语言结构,从而赋予其意义"[1],也就是说,叙事中的话语建构是有组织性的,是将叙事的故事内容组织成可理解的故事序列的话语实践模式,一方面,故事"呈现出别样的言语和话语特质",另一方面,故事也"化身为一个更大的言语建构和结构系统的组成部分"[2]。

从所指看,叙事意指意义阐释与表达的话语实践活动。进行叙事这种话语活动的目的"不仅仅是传达一个事件,而是要通过对一个或一系列事件的叙述和阐释而表达某种意义"[3]。根据后经典叙事学观点,叙事是社会文化语境的产物,具有意识形态意义,是有意识有目的的实践行动。故事是由叙述行为而生成的,隐含叙述者的意图,叙事的话语建构不只是为了呈现符号化、组织化的故事,关键在于阐释和表达故事的隐含意义,是指向一定目的的社会实践,因此,要放在更大的社会文化语境中对其予以理解。正如普林斯在《叙述学词典》中指出的,叙事"不仅仅简单地反映所发生的事情,还能够探索并设想可能发生的事情。它不仅仅表述状态的变化,还能把它作为意指整体(情境、实践、人物、社会)中的意指部分而加以建构和阐释"[4]。这样看来,叙事内容结构与包括文化、

---

[1] 彭刚:《叙事、虚构与历史——海登·怀特与当代西方历史哲学的转型》,《历史研究》2006年第3期。
[2] 魏春春:《新世纪藏族汉语文学"中国故事"话语实践研究》,中山大学出版社2021年版,第28页。
[3] 高小康:《中国古代叙事观念与意识形态》,北京大学出版社2005年版,第17页。
[4] 杰拉德·普林斯:《叙述学词典》,乔国强、李孝弟译,上海译文出版社2016年版,第140页。

社会、权力等因素在内的话语实践难以分开,相互依存,叙事是使故事意义化的过程,是通过结构化的故事叙述阐释和呈现某种意识形态意义的话语实践活动。

综上所述,叙事是能指与所指的统一,真正的叙事既需要在故事(内容)层面呈现出叙述行为所形成的具有组织性的故事结构,"更需要在话语层面揭示出叙事活动所包含的各种'讲故事的方式'及其背后的意识形态诉求"[①]。叙事意指实践的过程与话语实践的过程具有同构性,叙事在其本质上是一种以故事叙述为特征、以意义阐释为目的的话语实践活动。只不过叙事是将讲故事作为核心活动,而话语实践不仅讲故事一种表述形式,如何言说有多种形态、方式,叙事作为故事化叙述是言说最常用的实践方式之一。也可以说,叙事是话语实践的一种基本形态,是通过叙述即讲故事的方式来阐释和传达意义的话语实践。从这个意义上讲,叙事也可称为叙事话语实践,叙事为我们提供了一种确证自身、理解他人以及认知、表述特定意义的方法论或话语实践策略。

二、高校思想政治教育叙事的内涵与价值意蕴

高校思想政治教育与叙事的结合源于二者都是特定语境下的话语交往行为,都是指向意义阐释的话语实践活动,对高校思想政治教育来说,无论是动之以情,还是晓之以理,都离不开叙事。虽然本书将叙事视为话语实践的一种基本形态,但毕竟叙事是相对独立的表达形式,因此有必要对高校思想政治教育叙事的内涵、要素构成和独特价值等相关问题做一些梳理,为后续研究奠定理论基础。

(一)高校思想政治教育叙事的内涵

历史和现实经验表明,叙事是一种十分有效的话语实践方式。就阐释功能而言,高校思想政治教育叙事是把道理讲清楚、讲透彻,能够让受教育者认同和接受的叙述活动,是高校思想政治教育实现阐释目的的一种具体方法和实践形式,即以讲故事为主要手段的阐释形式。简单地说,本书中高校思想政治教育叙事主要指为实现特定的意识形态教育目的,教育主体运用故事化的叙事方式建构话语意义和实现话语权的话语实践活动,是体现为"故事+讲述故事(话语和行为)"的一种综合实践形态。具体而言,高校思想政治教育叙事可以从叙事

---

① 李健:《形象及其隐喻:当代大众文化的视觉建构》,生活·读书·新知三联书店2022年版,第57页。

的层次、形式、目的三个方面来界定。

其一,从叙事的层次看,高校思想政治教育叙事包含最基本的两层含义:一是故事本身,即承载思想政治教育内容的故事,包括人物事迹、人生经历、历史和现实事件、背景知识、心路历程、分享的经验、所见所闻、思想感悟等外延形式,涉及思想政治教育叙事"讲什么故事"的问题;二是讲故事的活动,即讲故事的方式方法,指运用语言、文字、图像等符号媒介表达故事内容的叙述话语和行为实践过程,涉及思想政治教育叙事"如何讲故事"的问题。两个层面紧密相关,缺一不可。从这一角度看,高校思想政治教育叙事实际就是讲思想政治教育故事以及如何讲思想政治教育故事的话语实践活动,"如何选择故事"和"如何讲好故事"是重要方面,也是高校思想政治教育叙事要解决的核心问题。

其二,从叙事的形式看,高校思想政治教育叙事不是单纯的叙事,而是融合于思想政治教育的元叙事(大叙事)概念之中。也就是说,高校思想政治教育叙事是讲道理这一具有主题性、目的性、统一性和连贯性的大叙事本质的重要实践形式,要为讲清楚道理的叙事目的服务。"'叙事'并非简单地以故事代替道理,而是事理的高度统一"[①],在高校思想政治教育实践活动中,叙事不仅是讲故事的话语活动,而且与说理互相作用,也就是说会穿插一些说明、论述等说理形式以帮助叙事,是一种"故事+说理"的融合讲述模式。高校思想政治教育叙事除了讲故事,还需要对故事做出一些相应的解释和说明,讲出故事的思想性和知识性,以更好实现故事的教育意义,这是高校思想政治教育叙事内涵的特殊性所在。

其三,从叙事的目的看,高校思想政治教育叙事不同于一般的叙事,是有明确目的的叙事,本质上是主流思想意识的传递,指向意识形态教育目的的实现。叙事作为高校思想政治教育话语实践的基本形态同样是一个建构本质,通过叙事建构话语意义和话语权力。高校思想政治教育叙事涵盖于一种意义生成的话语实践机制之中,通过讲述承载主流意识形态意义的故事(能指),以实现叙事的"所指"即故事意义的表达效果。故事的意义,也可以说就是故事的主题,通过讲故事的方式阐释和建构主题意义,争取受教育者对意义的理解和接受,最终目的指向故事隐含的意识形态意义的实现。

(二)高校思想政治教育叙事的关联要素

高校思想政治教育叙事是动态的叙说活动,是叙述者在一定时空环境下,运用叙事媒介,采用一定的视角,向受述者讲述故事,以实现叙事目的的过程,这一过程涉及叙事主体(叙述者、受述者)、叙事内容、叙事媒介、叙事视角、叙事

---

① 马忠:《思想政治教育叙事话语研究》,人民出版社2021年版,第37页。

情境等关联要素,这些要素对叙事过程有重要影响,是叙事话语实践必须关注的重要方面。

1. 叙事主体

叙事是叙述者与受述者之间通过故事信息传递进行交往的过程,在这一过程中,叙事主体是叙事过程的组织者和实践者,包括叙述者和受述者两个方面。叙述者就是故事的讲述者,是与叙事效果呈现相关的所有人、事和物。受述者是接收叙述者所传递的故事信息的受众,可以是个人,也可以是群体。从高校思想政治教育话语实践角度讲,叙事主体同话语主体具有一定的重合关系,但在外延上,也就是涉及具体叙事文本和叙事实践时,叙事主体的情况会比话语主体更为复杂,不仅指人,也可以是事物,比如人民英雄纪念碑也可以成为叙事主体,即使不发声,也能够传递故事意义。由于本书将叙事作为话语实践的基本形态,叙事者通常也是言说者,本书在提到叙事主体时,一般在宽泛意义上使用。在高校思想政治教育话语实践范围内,叙事主体与话语主体基本一致,主要包括教育者、受教育者、其他叙事话语实践的参与者。此外,高校思想政治教育叙事也包括一些隐含的叙事主体,比如作为故事来源的文本、视频等,其制作者和创作者是叙事主体,只不过这些是隐含在故事背后的叙事主体,而讲述者是显性叙事主体。当然在谈论叙事时,也不排除景物这些特殊的叙事主体情况。各种叙事主体在叙事过程中承担不同角色,发挥不同作用,都会影响叙事活动的效果。由于叙事话语实践是交往的社会实践,就直接交往的过程看,高校思想政治教育叙事主体主要包括教育者叙事主体和受教育者叙事主体,基于交往关系,教育者和受教育者均为叙事主体,既是叙述者,也是受述者,而教育者在叙事中居于主导地位,对叙事起主导作用。

2. 叙事内容

高校思想政治教育叙事的内容是符合思想政治教育内容要求、承载思想政治教育意义的各类故事,是叙事过程中在叙述者和受述者之间传递的各类内容信息,蕴含思想、政治、道德、法治、价值观、文化等多方面意义。作为叙事内容的故事信息可以有多种类型和表现形式,比如,中国革命、建设和改革过程中的历史故事,革命先辈、杰出科学家、英雄劳模等榜样人物的事迹,人物或事件的背景知识,现实热点事件,教师或学生的人生经历、所见所闻,理论和实践学习的思想感悟,实践经验分享和心路历程,时事新闻报道,主旋律电影片段等。叙事内容能传达思想政治教育主题、观点和价值观等信息,具有涵养主体精神品格的教化功能。对高校思想政治教育话语实践来说,各种类型的内容信息可以根据需要灵活组合,构成完整有效的故事文本,叙事内容必须根据教育主题和目的筛选加工后才能进入叙事进程,故事内容的质量直接影响故事传递和教育叙事的效果。

3. 叙事媒介

媒介是信息传播扩散的工具和载体,高校思想政治教育叙事媒介是在叙事过程中叙事内容信息得以传递和流转的中介。没有叙事媒介,叙述者与受述者之间无法联系和交流,叙事内容也无法实现其意义。高校思想政治教育叙事媒介有多种形式,传统的叙事媒介主要有口头叙事媒介、文字叙事媒介、报纸和杂志等纸质媒介、广播电视等电子媒介,随着新兴科学技术的发展,网络、图像、视频、动画、游戏、VR、全息影像等新兴媒介蓬勃兴起,为叙事带来更多的可能性,提供更多的体验。每种媒介都有独有的特点,不同的媒介可以构成不同的叙事形式,帮助主体构建不同的意义理解,文字偏抽象,图像更直观。叙事媒介不能被简单看作是工具和载体,媒介本身也具有文化意义,使用什么样的媒介传递信息,体现了一种文化方式,媒介文化影响叙事思维和叙事方式。叙事媒介不仅具有多样性,而且具有交互性,通常是复合状态,采用何种媒介和媒介如何组合,都会影响主体对叙事的理解和接受,影响叙事过程和叙事效果。

4. 叙事视角

叙事视角是叙述者讲述故事的特定的角度。关于叙事视角,有不同分类:(1)内视角和外视角。内视角是指以当事人的角度讲述自己所见所闻或经历的故事,以第一人称表达自身的想法、观点和感受,比如思想政治教育者将自身的经验和经历讲给受教育者听,外视角是以旁观者的角度,通常以第三人称讲述别人的经历和故事。(2)全知视角和限知视角。全知视角是指叙述者处于叙述故事之外,不参与故事之中,能比较全面地了解整个故事背景和发展等状况,能进行比较客观的讲述,比如思想政治教育领域专家讲述革命历史,这是全知视角,限知视角是指叙述者本身处于故事之中,是故事的参与者,例如,英雄模范人物作事迹报告。(3)一元视角和多元视角。一元视角指一个叙述者的视角,多元视角是多个主体参与叙述形成多元视角。高校思想政治教育叙事视角的选用情况,会影响故事意义表达和呈现的效果。单一视角往往存在一定局限,根据实际情况,灵活转换、复合使用往往效果更好。

5. 叙事情境

叙事活动处于一定的情境中,叙事情境也是影响叙事活动的重要因素。叙事情境是指在一定时空条件下各种因素相结合构成的情景语境。构成情景语境的因素有很多,比较重要的有以下几个方面:一是叙事主体关系,即教育者和受教育者主体之间的叙事关系是否融洽,能否形成良好的对话互动关系;二是叙事时空环境,即叙事的时间、地点、场所的选择,是在课堂空间、校园场所,还是校外空间、网络平台,是否具备符合叙事需要的条件和氛围;三是叙事结构,即如何组织故事事件之间的序列关系,是顺序的线性结构还是复合的非线性结构,是单一结构还是多层次立体结构,叙事结构是否合理;四是叙事形式,即采用何种形式叙事,是文字叙事、图像叙事,还是视听叙事、网络叙事,或者是组合形式,这关系到叙事的情境生成方式。以上因素的各种情况结合在一起,将影响整个叙事过程的情境效果,良好的叙事情境能让叙事过程顺利推进并取得预期成效。

(三)高校思想政治教育叙事的价值意蕴

高校思想政治教育内容以叙事的方式呈现,对提升话语实效具有重要价值。相较于纯粹的说理形式,叙事具有具象、生动、直观、互动、情境化、易于传播等特点,能激发情感,形成启发性阐释效果。从思想价值、社会价值和审美价值等多角度审视高校思想政治教育叙事的价值意蕴,是充分发挥叙事对高校思政教育话语实践作用的认识基础。

1. 思想价值:启发式明理

叙事不直接讲理论、讲道理,而是将思想理论蕴含在所叙故事之中或是在讲故事的同时结合说理点明故事的意义,使故事具有思想性,形成启发和教育作用。叙事通过讲故事的方式将抽象的思想理论转化为生动的人物形象,将复杂的问题化为通俗易懂的具象化事件,通过故事化叙事,借予隐喻的陈述空间为主体提供具有启发性的认知和理解模式,以一种浅入深出的方式揭示故事内涵的思想价值意义,主体更直观、形象地感受故事背后的思想价值和魅力,建立认知和认同,达到明理的目的。故事化叙事是大众化、生活化的方式,能缩小认知差异,从易理解性看有助于推动互动对话的展开,从形象直观性看,容易引发情感共鸣,激发能动的思考,在通过自己讲述或听他人讲述的过程中进行理解和感悟。

叙事符合个体思想道德形成和发展的知情意行过程规律,利用青年学生喜欢听故事的心理,以讲故事作为说理的手段,发挥隐性教育功能,将抽象转化为具体,赋予思想理论以情感和温度,以一种可理解和易接受的方式传递思想价值。通过故事的中介,以接地气的叙事表达聚合受教育者的关注,拉近人与抽象思想理论的心理距离,不易引发受教育者的抵触和排斥情绪。通过既有思想又有温度的故事,受教育者提升认知、激发情感,跟随故事中人物的经历和事件的发展,感受人物的精神信仰,发现事件的价值导向,学习人生经验和感悟思想价值,启发人的想象和对故事背后思想意义的思考,在对故事的体验和关注过程中产生积极的理解,提升分析和解决问题的能力,分清是非、善恶等道理,由感性认识上升为理性认识。相较于灌输式说理,讲故事这种表达方式能够起到较好的认知和说理作用,即通过讲故事阐发道理,将需要领悟的道理、价值意义投射到故事当中,伴随故事的展开将故事中传达的零散经验信息结合自身加以整合,进而建构起受教育者内心对知识道理的深刻理解。①

2. 社会价值:记忆化建构

叙事有助于记忆留存和文化传承。从古代起,人们就通过故事的形式传播知识、经验与道德观念,延续民族的历史和文化,用美国写作教授罗伊·彼得·克拉克的话说:"人总是通过描述去获知、去理解、去记忆、去寻找意义。"②故事承载民族文化基因、生活印记、历史回忆,是历史与文化的传承载体,接受故事能唤醒人的认知和记忆。在故事叙述和接受的建构过程中,"存在着一个所谓的集体记忆和记忆的社会框架;从而,我们的个体思想将自身置于这些框架内,并汇入到能够进行回忆的记忆中去"③。叙事产生代入感,通过故事化叙事传达一定的思想理念,人在故事创设的情境中建立与自己的关联记忆,听故事的人会将自己代入故事情境,听故事的过程就像是自己在经历一样。讲故事和听故事的叙事过程也是记忆建构的过程,叙事借助场景、仪式等记忆空间,能唤醒关于国家、民族、历史、文化、生活等集体记忆。

集体记忆,又称社会记忆,指"同属某一范畴内的社会群体分享过往经历的过程与结果,无论该事件是否为亲身经历,即通过他人的故事唤起'我们'的回忆的过程,即使'我们'只参与了该事件或看见了与之相关的事物"④。故事借助文本、图像、视频、展示物、景观等媒介存储形式和空间可以生成记忆符号,传递意义价值,叙事意象再现历史或生活场景,唤起对过往学习认知、自身经历、情感历程等的记忆,建立起个人与他人、个人与集体的共感联结,通过听故事者接收信息,形成社会历史文化等的认知和集体记忆。集体记忆虽然在一定程度上是过去发生的事情,却蕴含着改变现实社会实践的力量。此外,集体记忆不可避免地掺杂着"无意识"与"有意识",并得以存在在建筑、雕塑、图片、文字和影像的媒介形式中,为建构思想政治教育叙事打开"记忆之门"。⑤

叙事对记忆的建构,不仅唤醒记忆,而且重构记忆,通过提供体验和共享,引发对自我和集体的思考,对接自身与集体、与社会的关系,将自身融入其中反观自身,思考理想信仰和价值选择、社会规范、权利和义务关系等,通过唤醒记忆和重构记忆,深化认知,形成认同和行动的动力。就像德国社会心理学家哈

---

① 参见王强:《高校思想政治教育叙事研究》,中国社会科学出版社 2019 年版,第 118 页。
② 潘知常、孔德明:《讲"好故事"与"讲好"故事:从电视叙事看电视节目的策划》,中国广播电视出版社 2007 年版,第 68 页。
③ 莫里斯·哈布瓦赫:《论集体记忆》,毕然、郭金华译,上海人民出版社 2002 年版,第 69 页。
④ 转引自邹润琪、孙佼佼、陈盛伟、郭英之:《红色博物馆的时空叙事与记忆场域建构——以上海淞沪抗战纪念馆为例》,《旅游学刊》2023 年第 7 期。
⑤ 参见温小平:《新文化史视域下思想政治教育叙事研究》,光明日报出版社 2022 年版,第 13 页。

拉尔德·韦尔策所言:"对自己的过去和对自己所属的大我群体的过去的感知和诠释,乃是个人和集体赖以设计自我认同的出发点,而且也是人们当前——着眼于未来——决定采取何种行动的出发点。"①

3. 审美价值:精神性塑造

审美是人们理解世界的一种情感体验活动,反映了人与对象事物之间的情感关系状态,叙事具有提供审美感受、满足人的精神需要的价值属性。高校思想政治教育叙事具有一定的审美价值,能通过美的内容与美的形式,让受教育者在的美的熏陶中,品性得到塑造,人格走向完善。对思想政治教育叙事而言,审美价值主要体现为叙述的故事内容中蕴含的精神品格之美和叙事话语表达的形式之美所带来的审美情感体验以及对受教育者的精神塑造作用。

从叙事的内容之美看,高校思想政治教育叙事总是弘扬真善美的时代主旋律,主张内容讲述的正能量,讴歌先进优秀人物、倡导爱国情怀、引导崇德向善。通过叙事,高校思想政治教育建构奋斗奉献的美好品格和崇高的精神追求,具有极高的审美价值,用美的精神力量影响受教育者精神世界,激励和感染受教育者的思想行为、道德情感,培养正确的审美观、净化心灵、陶冶情操,反思人生意义、坚定理想信念、提升精神境界。故事的感性直观特点和情感感染力,引导人们获得认知和道德的审美体验,用符合主流思想意识的道理和内容塑造主体的精神,引导主体人格的形成和发展。

从叙事的形式之美看,高校思想政治教育叙事通常采用艺术化形式,将人物故事和事件等内容以图像、视频、绘画、音乐、文艺、建筑等媒介再现,各种媒介应用形成的多样化叙事艺术增强了叙事的直观性和形象性,特别是新媒介手段的叙事更具有丰富的表现力,视听形式的审美空间营造了更加动感的、富有冲击力的、现代性的艺术美感,能带给人震撼、愉悦的审美体验和心理感受。通过故事内容的意象化表达,美的内容通过美的形式获得更广泛和深刻的传递,美好的叙事艺术能够深化故事中人物的形象,深刻表达事件的精神实质,从而发挥审美教育价值。

叙事的审美特征具有移情作用,美的叙事内容与美的形式结合,形成审美的情感力量。正能量的故事与多样化叙事艺术能带动和升华人的情感,丰富人的精神世界,符合受教育者的审美心理,满足人的追求美好事物的需求,在情感共鸣中获得愉悦的审美体验。"审美快感的特征就在于此:它是对于一个对象的欣赏,这个对象就其为欣赏的对象来说,却不是一个对象,而是我自己。"②在

---

① 哈拉尔德·韦尔策:《社会记忆:历史、回忆、传承》,季斌、王立君、白锡堃译,北京大学出版社2007年版,代序第3页。
② 转引自朱光潜:《西方美学史(下)》,中国友谊出版公司2019年版,第645页。

共享故事的叙事过程中,主体理解和感受美的存在,也会将自身投射于其中,是人的本质力量对象化的过程。叙事审美价值的体现就在于其故事化和艺术化表现功能带来的情感价值与精神价值的发挥,使主体能够获得心灵上的滋养和精神上的激励。叙事的审美引领,可以缓解高校思想政治教育意识形态属性带来的严肃性,增强真善美的体验性和感受力,在美的人物品质和美的思想意境的熏陶下,引导主体对真善美的追求,树立正确的审美观,能辨别善恶美丑,愿意完善自身,形成健全高尚的人格,这是人的精神性的成长过程,符合思想政治教育话语实践的育人目的。

三、高校思想政治教育叙事话语实践的实质表征

高校思想政治教育叙事话语实践有多元实质表征,它既具有意识形态叙事的核心功能,也承载着激发心灵的育人诉求,同时,处于中国叙事话语体系建设的价值链条中,在表达上又受到讲好中国故事的规约。

(一)核心功能:意识形态叙事

叙事不是单纯的故事讲述,而是与意识形态相关联的话语表达和阐释模式。西方马克思主义理论家詹姆逊在《政治无意识》中将政治视角视为一切阅读和阐释的绝对视域,指出"一切事物都是社会的和历史的,事实上,一切事物'说到底'都是政治的"[①],为我们认识叙事与意识形态的关系提供了一些启示。由此,可以这样理解,一切叙事都是意识形态叙事,都可以从意识形态视角去理解和阐释。从意识形态出发,詹姆逊将叙事定义为"一种社会象征行为",认为"审美或叙事形式的生产将被看作是自身独立的意识形态行为",叙事存在的可能性就是表现意识形态,在詹姆逊看来,"意识形态叙事"不仅是社会批判的重要材料,而且是人们认识自身并最终达到社会目的的一种举措。[②]

从某种意义上说,叙事本身就体现为意识形态叙事,是叙事话语在特定社会语境中参与社会实践的基本方式,同时,意识形态也是"'叙事'活动的结果"[③]。叙事通过隐含道理的渗透方式进行思想价值传递,其直观性和隐蔽性能产生独特的启发性与感染力,可以弥补直接说教模式的缺陷,因而,通过叙事方

---

① 弗雷德里克·詹姆逊:《政治无意识》,王逢振、陈永国译,中国人民大学出版社 2018 年版,第 4 页。
② 参见马忠:《思想政治教育叙事话语研究》,人民出版社 2021 年版,第 83~86 页。
③ 李健:《形象及其隐喻:当代大众文化的视觉建构》,生活·读书·新知三联书店 2022 年版,第 55 页。

式传播意识形态成为一种普遍的话语现象和言说模式。正如美国历史哲学家海登·怀特所指明的:"对于20世纪60年代的结构主义者和后结构主义者来说,叙事不仅仅是意识形态的工具,叙事恰恰是普遍的意识形态话语的范式。"①

高校思想政治教育的本质属性是意识形态性,这决定了其采用的叙事方式必然指向特定的意识形态目的,涉及特殊的价值立场和原则性问题。高校思想政治教育叙事通过故事化叙事手段影响或干预人们的思想和价值观走向,通过叙事话语介入,引导受教育者将个人与国家、与他人、与社会联系起来,满足个体发展的精神和文化需求,形塑受教育者的思想认知和行为模式,是传播主流思想意识、建构意识形态话语权的重要且有效的话语实践范式。高校思想政治教育叙事具有明显的意识形态导向性,其话语实践的过程机制体现为由具有马克思主义理论信仰的教育者有目的、有意识地将特定的思想理论、价值观念、社会规范要求融入故事的组织之中,通过形象化的故事话语影响受教育者的认知和情感,推动受教育者在想象和感知的场景空间中建立故事世界与自身的关联,重构个体的知识和信仰,使故事产生特定的意识形态教育意义。由于高校思想政治教育叙事作为思想政治教育话语实践的特殊属性和独特的价值特征,从核心功能看,其实质是主流意识形态信息的话语呈现,以实现特定的意识形态效果为目的,在主流意识形态维护和传播方面发挥着重要的工具和载体作用。

(二)育人诉求:激活内生力量

高校思想政治教育对叙事话语方式的重视,是变革言说方式、实现有效育人的内在要求,反映了以人为本,满足受教育者情感心理需求,激发受教育者内在力量的实践追求。从育人宗旨层面讲,高校思想政治教育叙事的实质是通过叙事影响受教育者个体的心理和情感,激活内在认同力量,使其形成发自内心的自觉自愿,实现非强制下的服从。这源于叙事独特的人本价值属性,通过启发式明理、记忆化建构、精神性塑造的价值作用,在叙事话语的呈现过程中激发受教育者的主体性力量。

无论自我叙事还是他者叙事,叙事都是实现认知的一种有效方式,故事中的人、事、物及其承载的观念、经验、价值,能为人们认识自我,思考自我与他者之间关系以及自我与社会之间关系提供感知和理解的视域。高校思想政治教育归根结底,是关于价值的教育,而不是工具的教育,就普遍性的意义而言,就

---

① 转引自袁芳:《思政教育话语创新论的马克思主义审视》,中央编译出版社2018年版,第65页。

是要培养具有真善美、具有理想人格的人。①受教育者有知、情、意、行等多方面的需求，单纯的灌输说理不能解决全部问题，不能满足其人格全面发展的需要。"叙事具备天然的知情意行的内在统合性"②，通过叙事，发现意义、理解意义，有助于推动知行合一。叙事的过程也是主体之间相互沟通和理解的过程，理想的思想政治教育话语实践效果就是实现教育者和受教育者之间达成理解、形成共识，促成受教育者向具有真善美的理想人格转变。高校思想政治教育叙事以受教育者的知行合一为育人的价值目标，通过对故事和事件展开描述、阐释，"让故事弥散出深层的教育意蕴"③。随着故事描述、展开和阐释过程的推进，在理解、感受和体验中，唤醒受教育者的情感和记忆，使受教育者的认知、情感、意志和行为逐渐发生转化。

高校思想政治教育叙事不同于说教式的话语方式，叙事话语以情感互动和体验反思为基本特征，不仅能传递思想价值观念，而且能够形成相互的情感关联，具有潜移默化、触动人心的力量。通过教育者叙事、教育者与受教育者共同叙事或受教育者叙事，建立主体之间的信任关系，在故事的情境中经由对自身和自身与外部世界关系的审视，受教育者启动内生力量，对正确的思想行为模式进行价值确认，进而生发出与故事意义同向的意愿和动机，形成思想认知和行为取向上的一致。高校思想政治教育由主要注重政治性、意识形态性，开始转向既注重政治性和知识性，也注重叙事性，正是因为叙事一定程度上能满足受教育者的心理需求，以"动之以情，晓之以理"的独特方式，深入内心构建"心灵秩序"，激发主体内心深处的自驱动力，形成精神世界的有序统一，这也是高校思想政治教育叙事话语实践取得实效的关键因素。

（三）表达规约：讲好中国故事

中国故事"是中华民族这个多民族共同体生活中的事件及其过程的记录形式"④，体现在中华民族历史发展和社会现实的方方面面，"具有多层次的、立体的生长与建构特性"⑤，展现了包括民族精神和时代精神在内的中国精神风貌。近年来，世界局势变动加剧，国际舞台上的话语权争夺十分激烈，中国的崛起引发美西方国家的焦虑，西方国家持续对我国进行打压，使我国所处的国际环境夹杂着风险和挑战，而国内改革深入推进，面临着化解社会矛盾、凝聚社会共识

---

① 参见潘晴雯：《论教育话语维度的重设》，《江西社会科学》2012年第12期。
② 李西顺：《视域交融——探寻深入心灵的德育叙事》，人民出版社2017年版，第36页。
③ 谢登斌：《教育叙事的价值向度》，《教育导刊》2006年第3期。
④ 王一川等：《中国故事的文化软实力》，江苏人民出版社2016年版，第9页。
⑤ 魏春春：《新世纪藏族汉语文学"中国故事"话语实践研究》，中山大学出版社2021年版，第30页。

等现实问题。面对严峻的国内外形势,如何讲好中国故事,充分展现中国故事及其背后的思想和精神力量,建立有利的内部和外部话语环境,对外树立中国形象、展现文化魅力,对内凝聚力量、培育共识和自信,是新时代提出的重要实践命题。

党的十八大以来,习近平总书记多次发表有关"讲好中国故事"的重要论述,对讲好中国故事做出部署、提出要求。党的二十大报告指出,要"增强中华文明传播力影响力。坚守中华文化立场,提炼展示中华文明的精神标识和文化精髓,加快构建中国话语和中国叙事体系,讲好中国故事、传播好中国声音,展现可信、可爱、可敬的中国形象"[①]。高校思想政治教育是讲好中国故事的重要渠道,是参与构建中国话语体系和叙事体系的重要组成部分,在讲好中国故事方面具有不可或缺的重要作用。

一方面,讲好中国故事是高校思想政治教育话语实践的内在要求和时代使命。高校思想政治教育是党的意识形态工作的主渠道之一,内含着讲好中国故事的话语实践要求。通过故事化叙事的方式,"讲好中国特色社会主义的故事,讲好中国梦的故事,讲好中国人的故事,讲好中华优秀文化的故事,讲好中国和平发展的故事"[②]。借由丰富多彩的中国故事传播科学的思想理论、中国实践、红色历史、中国文化和中国精神,为受教育者呈现一个全面、真实、立体的中国,是高校思想政治教育话语实践发挥意识形态教育功能的应有之义,也是高校思想政治教育话语实践服务于国家战略需要所承担的重要课题。高校思想政治教育话语实践需要以积极的态度应对时代挑战,统筹安排,在叙事话语方面精耕细作,切实肩负起讲好中国故事、传播好中国声音的时代使命。

另一方面,高校思想政治教育需要积极探索讲好中国故事的叙事话语路径。对高校思想政治教育而言,如何讲好中国故事最终需要落实到话语实施和表达的实践行动上来。梳理习近平总书记有关"讲好中国故事"的重要论述,可以看到,在话语体系方面,"多元与大众化构成话语主体,讲好五类中国故事成为话语体系的内容要素,既陈情又说理形成话语阐释的主要特征,加强能力建

---

① 习近平:《高举中国特色社会主义伟大旗帜 为全面建设社会主义现代化国家而团结奋斗——在中国共产党第二十次全国代表大会上的报告》,人民出版社2022年版,第45~46页。
② 中共中央文献研究室:《习近平关于社会主义文化建设论述摘编》,中央文献出版社2017年版,第212页。

设成为提升话语传播效能的重要指向"①,"更注重讲好中国故事的认识论和方法论"②,相关论述的精神内涵为高校思想政治教育从话语主体、话语内容、话语阐释和话语传播方面讲好中国故事提出了明确要求、提供了重要指引。高校思想政治教育需要在多元主体合作叙事、各类故事资源挖掘、情理结合的阐释方式、话语传播效能建设和提升等方面下功夫,积极探索讲好中国故事的话语实践路径,多维度综合创新,构建合理有效的叙事话语实践体系。

四、高校思想政治教育叙事话语实践的三重向度

叙事话语实践的向度,就是高校思想政治教育话语实践为实现特定目标而采取的叙事角度、维度,也可以理解为叙事话语的实践特征或取向。高校思想政治教育讲好中国故事的话语实践有多重叙事向度,在具体语境和实践中,多种叙事向度往往不是孤立的,而是以交叉融合的形式内在于思想政治教育话语实践之中。对叙事向度的把握有助于我们理解话语实践中的叙事模式和表现形态,这里主要从内容、形式和价值角度进行一些探讨。

(一)内容向度:以家国观念为主线的综合性叙事

家是国的基础,国是家的延伸,个人之于家国,是个体与共同体的关系,家国共同体是无数个体的集合,舍小家为大家、舍个体为共同体的家国情怀是中华儿女传承的精神财富③,是中华民族的精神基因,是增强民族团结、凝聚社会共识、推动国家发展的重要精神力量,也始终是高校思想政治教育叙事必须着力弘扬的主旋律。家国向度的综合性叙事,是指叙事内容以家国观念为顶层主题和核心主线,将家国情怀有机融入具体内容的叙事,是兼容宏大叙事与微观叙事特点的叙事。

一般而言,"处于某种特有文化背景下的宏大叙事话语总有某种一贯的主题叙事,且常常与特定时代的意识形态联系在一起,体现出总体性、宏观性、共识性、普遍性等独特的外在特征和精神内涵"④,宏大叙事属于具有鲜明的意识

---

① 余双好、郭维:《习近平讲好中国故事的三重维度:话语体系、思想逻辑和价值意蕴》,《南昌大学学报(人文社会科学版)》2022年第3期。
② 王雯:《互动影视如何讲好中国故事——多元叙事策略的深耕与融合》,《文化与传播》2023年第3期。
③ 参见范晨琦:《家国同构·共情共思:新时代抗美援朝题材电影的家国叙事》,《声屏世界》2023年第11期。
④ 苗兴伟主编:《"中国梦"的话语建构与传播》,南开大学出版社2018年版,第134页。

形态导向的叙事。新时代、中国梦、中国精神、党史、新中国史、改革开放史、中华优秀传统文化、社会主义核心价值观、国家安全等都是家国向度的宏大叙事主题。家国向度的叙事通过向受教育者阐释国家的政治观点和发展道路、民族的历史和文化、社会价值目标、形势与政策、社会规范等,使受教育者坚定理想信念、树立爱国情怀、养成国家和社会需要的综合素质、与国家和民族同呼吸共命运。

家国叙事与国家意识形态建设目标相契合,是高校思想政治教育话语实践中的主要叙事维度,具有维护国家意识形态、引领政治方向、弘扬主旋律、铸牢中华民族共同体意识、增进集体身份认同的功能,是引导受教育者处理好家与国、社会与个体、民族与人类的辩证关系,树立和坚持正确的历史观、民族观、国家观、文化观、道德观、法治观的重要叙事模式。家国叙事的内容和形式丰富多样,比如,讲述雷锋、袁隆平、南仁东等英雄人物故事,英雄是代表国家和民族精神的象征符号,讲述英雄人物的崇高理想和价值追求,聚焦"牺牲""奉献""担当""奋斗"等家国话语表达,引导受教育者崇尚英雄,以此传承中国人的精神气节。又如,在抗击新冠疫情过程中,一些摄影作品、短视频,发挥了"家国叙事"的精神支撑作用,通过传播团结一心的伟大抗疫精神,催生共克时艰的强大合力。

家国叙事一般有两种模式。(1)从家国到个体。从宏观视角突出家国共同体与个体的统一关系。这是一种比较传统的叙事模式,更注重从宏观和全局的高度上展开叙事,立足宏观历史背景,叙事多呈现比较宏大的场景,属于比较宏大的系统性的叙述,强调个体是在家国共同体之中,涉及个体和生活叙事时主要是围绕着国家和社会发展规范的大主题展开,是放在宏观大主题下来讨论的,目的在于建构国家和民族的整体形象认同。这种叙事模式有助于主体从全局高度对宏大主题进行理性思考,透过现象把握本质,但也容易忽略个人的需要和价值。(2)从个体到家国。从微观内容切入,强调个人命运与国家命运紧密相连。新时代,高校思想政治教育不断探索和创新家国叙事的内容表达方式,逐渐突破传统的说教模式,将宏大的家国叙事与微观话语表达对接,采用更人性化、多样化的叙事方式,在把握宏大主题原则、强调家国观念的同时,更关注受教育者的需求和心理,从微观的个人情感视角切入,注重叙事技巧,经由"小我"升华到"大我"的路径来凸显家国观念的宏大主题,让受教育者在情感共鸣、思想共振中,建构出个体离不开共同体、个体与家国命运与共的家国情怀。个体化、生活化的微观叙事表达与家国立场并不矛盾,在家国共同体中有着内在的一致性,用更具温度的大众化方式展现宏大的历史、伟大的精神和社会主义道德法治意识,使家国观念更鲜活和真实,更具穿透性的感染力。因此,在现实话语实践中,高校无论是思政课还是主题活动开展,越来越倾向于采用这样一种相对亲和的综合性叙事模式和路径。

(二)形式向度:以空间体验为路径的场景化叙事

高校思想政治教育话语实践离不开一定的场景元素。"场景"通常用于泛指场所或情境,龙迪勇在《空间叙事学》中认为:场所不只是一个纯粹的地方,场所是各种事件发生于其中的一种特殊的地方(空间),是容纳某类主题的话语或思想于其中的框架性的容器。① 从这一意义上理解,场景就是同一空间内表达某类主题的一系列故事或话语及其思想的组合形态。

美国著名传播学者梅罗维茨继承和发展了戈夫曼的拟剧理论和麦克卢汉的媒介理论,在《消失的地域:电子媒介对社会行为的影响》中提出了"媒介场景理论",用以探讨"媒介场景"对大众行为及价值观等的影响。② 媒介语境下的场景概念与传统意义上主要作为空间概念的场所、景观等场景有所不同,更关注其情境传播意义,强调由媒介环境所营造的情感意义和心理氛围,既具有空间性,也具有感知性。21世纪初,以美国学者特里·尼克尔斯·克拉克等人为代表的新芝加哥学派提出了场景环境理论,该理论"在以往的社会物理空间基础上添加了人文文化和艺术要素,进而促使环境建设发展成为承载人类意识、彰显人文精神、反映人文科学内涵的新社会空间"③,视"场景"为一种软实力,强调文化和美学的融入,"以特色、故事、情感、差异、分享等象征意义进行场景化的表达和运营","以真、善、美的现实意义去关注场景的构成方式、空间设计以及创意和氛围,可以让人在更强的情感体验中获得愉悦感和动力"④。概而言之,场景就是景观、场所、媒介载体等与人之间的关系所构成的时空环境和情境氛围,是物理空间和意义空间相统一的整体存在,能带给人以参与感和在场感,是思想观点和文化价值表达的空间路径。

高校思想政治教育话语实践中的场景虽然包括社会空间中的物化环境,但主要是为提升情境体验而人为构设的空间叙事场景。空间向度的场景化叙事多借助文字、图像、声音等多种媒介载体的空间形式表达,创造可感、可知的体验情境。借助空间表达信息的场景化叙事是一个非常重要的叙事形式取向。场景化叙事是场景与叙事的结合,场景是手段,人的活动、故事和媒介物都是重要的信息载体元素,目的是通过叙事场景呈现、传达意义,功能是建立人与环境

---

① 参见龙迪勇:《空间叙事学》,生活·读书·新知三联书店2015年版,第204~205页。
② 参见约书亚·梅罗维茨:《消失的地域:电子媒介对社会行为的影响》,肖志军译,清华大学出版社2002年版,第2~7页。
③ 马海龙、杨桂:《基于场景理论的大学校园党建文化景观更新设计——以昌吉学院为例》,《大众文艺》2024年第6期。
④ 楚晓红:《场景理论视域下高职院校校园环境景观空间建构》,《美与时代(城市版)》2023年第12期。

之间情感共鸣的连接,争取主体对叙事的理解和认同。

根据叙事场景所依赖的时空环境的不同,场景化叙事有多种表现形式,这里主要从实体化场景和数字化场景两种情况进行探讨。在现实实践中,实体化场景叙事和数字化场景叙事通常互为补充。

一是实体化场景叙事。实体化场景是指以真实空间的场所、景物为主要环境背景构成的场景。就高校思想政治教育叙事环境而言,实体化场景主要包括校园空间的场景和校园外社会空间的场景,相应形成了这些实体空间下的场景化叙事形式。其一,校园空间的场景叙事。主要体现为借助课堂或校园文化等空间环境,运用文字、图片、影像、雕像、演说、音乐、戏剧、表演等媒介和叙事策略,对人物、故事、事件和景物等承载的思想政治教育信息内容进行精心设计、编排和表达呈现,形成丰富生动的画面感和体验感,以此营造场景意境,展示叙事文本蕴含的思想内涵,传播历史知识、励志故事、红色文化、道德规训、人文精神等,以达到育人目的。其二,社会空间的场景叙事。例如,红色旧址、革命史馆、改革开放展馆等纪念性场所一般采用场景复原的方式建构受众的历史记忆,"场景中的图片、影像、历史物件等元素看似与时间脱离,但通过空间中的排列组合,本质上仍遵循着时间轨迹,具备叙事的功能"[1]。又如,城乡各类场所空间和景物的背后都承载着人与社会发展的故事,具有叙事演绎的载体作用。参与其中的人与叙事文本、场景景观等进行交互,一起参与情境营造,形成时空的代入感,获得强烈的场景叙事体验,激发情感共鸣和认同效果。借助校外社会空间实施场景化叙事是高校思想政治教育第二课堂经常采用的叙事实践形式。

二是数字化场景叙事。随着移动互联网技术发展,美国学者罗伯特·斯考伯和谢尔·伊斯雷尔在《即将到来的场景时代》中预言了"场景时代"的到来,他们从传播学视角提出了构成场景的五种技术力量(原力)——移动设备、社交媒体、大数据、传感器和定位系统,合称为"场景五力",正在改变人们在不同生活领域的体验。[2] 各类数字技术的发展"助推了新的叙事逻辑的生成"[3],"数字媒介技术通过对场景的激活、配置与再造,使场景作为一种重要的叙事要素,深度参与文本的叙事进程"[4]。移动互联时代,数字化空间的场景叙事越来越受到重

---

[1] 转引自邹润琪、孙佼佼、陈盛伟、郭英之:《红色博物馆的时空叙事与记忆场域建构——以上海淞沪抗战纪念馆为例》,《旅游学刊》2023年第7期。

[2] 参见罗伯特·斯考伯、谢尔·伊斯雷尔:《即将到来的场景时代》,赵乾坤、周宝曜译,北京联合出版公司2014年版,第11页。

[3] 王瑞芳、徐艳玲:《数字时代思想政治教育叙事的模式创新与实践策略》,《理论导刊》2024年第1期。

[4] 刘涛、高明哲:《现实何以"增强":传统文化"双创"的AR景观生成及其场景叙事》,《现代出版》2024年第4期。

视。有别于实体化空间,数字化传播的场景叙事中,场景已彻底突破物理边界,不再仅仅作为一种时空情境被考量,它更多的是作为一种思维方式、一种体验空间甚至是虚拟空间从而被受众感知。[1] 数字化场景叙事逐渐成为高校思想政治教育话语创新的有效选择。目前,高校思想政治教育对数字化形式运用较多也比较受欢迎的是依托直播、短视频和虚拟仿真等技术的场景化叙事,利用数字化技术,可以将文字、图像、语音、视频等多种传播形式进行组合,将多种内容资源整合起来,通过营造传播场景,激发受教育者参与互动的积极性和主动性。

(三)价值向度:以人学思想为指引的主体性叙事

"现实的人"始终是马克思主义人学思想的观照对象。马克思指出,人"不是处在某种虚幻的离群索居和固定不变状态中的人,而是处在现实的、可以通过经验观察到的、在一定条件下进行的发展过程中的人"[2]。叙事的人学取向,是对主体的现实存在的审视。人学向度作为高校思想政治教育叙事的重要维度,关注人的本质、需要、发展和价值实现等问题,从人的主体性角度出发,思考如何通过更好的叙事促进人的全面发展。人学向度的叙事是面向现实中个体发展需要、价值实现和素质提升的主体性叙事,属于微观叙事的范畴。

马克思主义从"现实的人"出发,建构以"现实的人"为主体的美好生活,"现实的人"才是人类社会实践活动真正的原动力和主体,这种立足于"现实的人"的主体性叙事无疑是对人的本质的深刻体认,是人的主体地位的充分彰显,体现了对人的终极关怀。[3] 对高校思想政治教育主体特别是作为教育对象的受教育者来说,成长发展需要的满足和人生价值的实现是最主要的生活内容,也是实现美好生活的应有之义。高校思想政治教育话语实践作为交往的社会实践行为,不仅具有意识形态特性,而且具有人学基础。立足马克思主义人学视域,"现实的人"是思想政治教育话语实践的逻辑起点,人学向度的叙事是基于人本取向的叙事,要求以人为核心优化叙事,赋予叙事人文关怀和人学底蕴,使人的主体性受到重视,叙事内容和形式符合人的文化心理需求和价值实现的发展诉求,能触动人的心灵。具体而言,高校思想政治教育话语实践的人学取向从主体的需要、实践和发展几个方面为叙事提出了发展要求。

其一,主体的需要是叙事的现实导向。"现实的人"的需要,既有物质需要,也有精神需要。根据马斯洛人的需求层次理论,人除了低层次的生存需求,也

---

[1] 汪宏升:《基于数字化传播的场景叙事探析》,《视听》2021年第5期。
[2] 《马克思恩格斯文集》第1卷,人民出版社2009年版,第525页。
[3] 参见汪沛:《新时代美好生活叙事的三重向度》,《安庆师范大学学报(社会科学版)》2023年第2期。

有被尊重、审美、交往和情感方面的需要,还有更高层次的个体发展和价值实现的需要。高校思想政治教育叙事话语实践应以人的需求为现实导向,关注受教育者的精神生活和多样化的个性发展需要,重视叙事的生动性和话语表达的艺术性,以情感人,尊重受教育者的言说表达需求,加强交流和对话。人的需要不是一成不变的,而是变化发展的,在新的时代下,人的需要除了现实空间的生存和发展需要,也因技术进步体现出新的内涵,在作为第二生存空间的虚拟空间中,人还有数字化生存和发展的需要,高校思想政治教育叙事实践不仅要关注现实空间受教育者的各方面需要,而且理应对数字化空间中受教育者的需要给予密切关注,需要具有叙事的创新思维,以数字化叙事的新形式给予相应的回应和引导。

其二,主体的实践是叙事的实现方式。马克思在说明人的生命活动与动物的区别时指出:"动物不把自己同自己的生命活动区别开来。它就是自己的生命活动。人则使自己的生命活动本身变成自己意志的和自己意识的对象。"在马克思主义人学视域中,主体性体现了人的自觉能动的本质性力量,"人不仅像在意识中那样在精神上使自己二重化,而且能动地、现实地使自己二重化,从而在他所创造的世界中直观自身"①。现实的人是在社会关系中从事社会实践活动的人,人的主体性是在实践中实现的,人通过实践将意识转化为现实,实现自身的目的,由此确认自身的主体地位,同时也在实践中直观和反思自身,调整自身行为以适应社会发展要求,由此发展了自身的主体性。在高校思想政治教育话语实践中,人是叙事的主体力量,通过实践对人的主体价值的确认是叙事实现的重要方式。一方面,要发挥教育者的主体性和能动性,不断探索科学的叙事方法,把握叙事技巧,磨炼叙事技能,提升叙事话语能力,以推动叙事话语实践的有效运行。另一方面,也要立足主体的交往实践,在叙事中激发受教育者的主体性和参与性,通过受教育者自身的叙事实践,强化主体意识,使其在实践的思考和行动中,确认自身的价值,调整自身言行,达成叙事影响人和改变人的目的。

其三,主体的发展是叙事的价值旨归。人的自由全面发展是马克思主义人学思想的目标追求。"人的发展主要表现在物质、行为和精神三个层面上,人的发展是一种自觉、自为、进步的状态,也是一种文化的进步状态。"②从高校思想政治教育角度讲,主体的发展主要涉及思想政治素质、品德素养等精神发展及行为层面的进步,尊重主体的发展性,通过促进人的精神道德素质方面的提升来推动人的全面发展是高校思想政治教育叙事话语实践的价值体现。一方面,

---

① 《马克思恩格斯全集》第 3 卷,人民出版社 2002 年版,第 273、274 页。
② 叶晓宣:《马克思交往理论的人学向度》,《河西学院学报》2023 年第 6 期。

教育者要注重自身在思想政治品德素质上的发展和提升,要成为塑造学生品格、品行、品位的"大先生",做学生为学、为事、为人的示范,教育者的叙事只有在言传身教的情况下才能发挥功用价值,有效引领受教育者爱国奉献、崇德向善,促进受教育者成长为全面发展的人。另一方面,教育者要关注受教育者的思想道德、政治素养的发展状态,遵循人的思想品德发展规律,以体现真善美的叙事内容和话语表达,关怀受教育者的精神成长和言行发展,以循序渐进的生活化、柔性化的叙事话语方式,浸润受教育者心灵,实现人在自觉自愿状态下的全面发展。

第四章

基于主题叙事的高校思想政治教育话语实践范式

根据对高校思想政治教育话语实践发展的观察,基于主题叙事是一种有效模式,被赋予了重要意义。本书前三章对高校思想政治教育话语实践的要义、主题性和叙事视角的理论梳理及相关阐释,为从基于主题叙事的话语实践现象探讨到范式确立奠定了研究的论述基础。本章尝试提出基于主题叙事的高校思想政治教育话语实践范式,在明确研究范畴的基础上,主要从基本逻辑、目标指向、建构过程、效应形成等几个方面对这一范式的确立和运作机制进行研究与探讨,以期揭示高校思想政治教育主题叙事话语实践的一般性规律。

一、研究范畴

范式是解决问题的思维方式,解释、认识对象事物的基本框架。在社会科学研究领域中,范式通常指某领域内被共同接受的思想理论体系或解释事物的方法整体,既体现了一定的世界观、方法论,也涉及包含具体"实践操作样态"[①]的方法策略和模式。

一种范式的提出都是基于现实问题,是对问题的回应。高校思想政治教育话语实践在新近的发展中,越发凸显出一种以基于主题叙事为特征的话语现象和实践样态,为解决过往高校思想政治教育话语困境提供了新的实践路径。本书将这一话语现象(话语实践样态)视为一种解决问题的基本思路和可操作性模式,一种高校思想政治教育话语实践的有效范式。

在探讨话语实践范式问题时,核心概念是十分重要的理解范式内涵的基本

---

① 参见乔靖文:《新媒体时代思想政治教育话语的创新》,中国社会科学出版社2022年版,第106页。

要素。核心概念的内在关联和互动整合关系是话语实践范式的构成规则,概念要素的关系规则决定着这一范式的基本理念、研究方法和运作模式。基于主题叙事的高校思想政治教育话语实践范式涉及主题,叙事和话语实践的视域融合,框定了本书研究的核心概念和基本范畴,弄清楚三者之间的互动关系是理解这一范式的逻辑前提。本书在前面章节已经对这些概念做了基础性阐释,大概可以窥见三者之间的联结关系,这里从范式构成的角度进一步阐明这些概念之间的逻辑关联。

在高校思想政治教育范围内,主题、叙事与话语实践虽属于不同体系、不同概念,但具有共通和融合之处,形成互动关系,其复杂关联可以从以下两个方面进行考察。

一方面,主题与话语实践之间的意义关联。一般来讲,话语实践总是指向一定的主题,而主题是话语实践要表达的主张、观点、意识形态等核心内容,主题就蕴含在话语实践之中。主题作为话语背后的思想意图将话语主体、话语内容、话语方式和话语效果等要素联通起来,贯穿于话语实践的全过程。主题是蕴含知识/权力的意识形态意义系统,但其意义不会自然生发,需要借助话语来表达和呈现,只有通过话语实践才能彰显其功能价值,实现其意义建构。主题是话语实践内容表达机制和意识形态作用发挥的基点,话语实践是主题意义话语建构的实践场域。

另一方面,叙事与话语实践在主题意义建构上归于统一。叙事是话语实践的一种基本形态,是话语实践建构主题意义的重要方式。普林斯在《叙事学:叙事的形式与功能》中指出:"如果说若干事件因关乎同样的人物与环境而被联系在一起,那么它们也可以是因关乎同一主题(theme)而被联系在一起。"①叙事与话语实践都以主题为核心主线,在高校思想政治教育话语实践框架内,叙事是通过主题组织起来的,也是围绕主题进行故事叙述和展开话语实践的过程。叙事与话语实践在过程上交融于一体,在目标上深度契合,叙事作为一种阐释主题思想的方式,从始至终都参与主题话语的建构。叙事在主题话语的阐释框架内,通过故事化的叙述方式揭示主题意义,主题思想的呈现依赖于叙事表达的话语实践。从指向上看,叙事与话语实践在主题意义建构方面有着共同的目的性和意义取向,叙事与话语通常在主题上归于统一。叙事总在建构着话语并通过这些话语来传播主题思想进而影响受众,以唤起受众对主题意义的理解,其本质是一种主题性话语实践活动,叙事话语实践活动始终为表达主题、呈现教育内容的核心思想服务。

---

① 杰拉德·普林斯:《叙事学:叙事的形式与功能》,徐强译,中国人民大学出版社2013年版,第74页。

总之,在高校思想政治教育系统内,主题、叙事与话语实践相互关联、互为支撑,形成系统内的互动关系。话语实践是动态的过程性的言说实践,如果把话语实践活动视为一个动态的过程性的作品,那么主题就是这个作品的根基和主线,体现了作品的核心思想和观点立场,叙事则是呈现、表达和传播主题思想的话语实践方式。只有在主题、叙事与话语实践的互动关系框架内,才能准确把握基于主题叙事的话语实践范式的规律。基于对核心概念之间关联的把握,本书认为,基于主题叙事的高校思想政治教育话语实践(简称"主题叙事话语实践"或"主题叙事"),是一种围绕主题进行故事化叙事的言说实践模式,其重要特征在于以高校思想政治教育为基本视域,以主流意识形态的思想观念为主题内容,话语实践集中于各主题,通过聚焦主题的故事化叙事,呈现主题思想意义和发展话语实践体系。

为了更好地理解和把握这一范式的基本用意,这里从两个方面作一解释性说明:一方面,主题叙事话语实践不同于一般的叙事话语,是一个整体化、系统化和动态开放的概念,不仅是作为言语行为结果的文本、事件或实例,而且是动态意义的话语实践过程和活动,是通过主题对叙事内容、形式的引领和把握,使叙事要素的互动整合与主题话语的建构在更深层次意义上生成的话语运作模式和叙事策略体系。本书主要是帮助理解这样一种主题话语建构的实践模式和动态机制。另一方面,主题叙事话语实践是对主题话语进行建构的组织化过程,"是表征思想理论与价值观念等的内容与形式的集合,不仅呈现'文本'内蕴,也反映'表达'语境,是目标、过程与成效的有机统一"[①],具有一定的目标指向,通过一定的建构过程,能产生一定的话语实践效应。本书将主题叙事作为一种有效的主题话语建构范式来研究,不仅关注这一范式形成和发展的基本逻辑,而且从目标指向、建构过程和效应形成等层面探讨主题叙事话语实践的运作机制,揭示主题意义如何通过主题叙事的组织化过程来表达、建构和实现。

二、基本逻辑

主题叙事在高校思想政治教育话语实践中具有重要意义,为高校思想政治教育话语建构和创新发展拓展了实践思路。主题叙事话语实践范式的确立,既有理论发展提供的坚实支撑,也有相关实践奠定的历史基础,同时体现了优化发展的现实诉求,其确立的基本逻辑可以从理论支撑、实践基础、发展诉求三个

[①] 王资博、王徽映:《新时代人民文艺话语建构理路与实践效应》,《中共南宁市委党校学报》2022年第3期。

层面进行考察。

(一)理论支撑

高校思想政治教育话语实践发展需要理论的支撑和指导,主题叙事话语实践范式的确立建立在相关理论发展的基础之上。党的理论创新成果、思想政治教育话语体系的发展、思想政治教育话语研究和叙事研究的丰富成果等都蕴含着使话语实效最大化实现的目标和内在要求,高校思想政治教育话语实践将这些理论和话语发展要求融入话语建构之中,形成理论层面的导向和指引,为话语实践范式转换框定了阐释目标和发展取向,构筑了主题叙事话语实践范式确立的理论语境和支持系统。

首先,党的理论创新成果丰富了高校思想政治教育话语实践的主题叙事内涵。党的理论创新成果回应了时代发展课题,是高校思想政治教育主题叙事话语实践的重要思想源泉。中国共产党在百年奋斗历程中,将马克思主义与中国实际相结合,聚焦时代发展主题,不断推动理论创新,形成了中国化马克思主义的理论成果,这些理论成果丰富和充实了高校思想政治教育叙事话语的内容和主题内涵。党的十八大以来,以习近平同志为核心的党中央,面对"两个大局",立足时代和国情,提出一系列治国理政的新思想、新理念,创立了习近平新时代中国特色社会主义思想的科学体系,这是马克思主义中国化的最新理论成果和我党在新时代的重大理论创新。习近平新时代中国特色社会主义思想内涵丰富,新思想蕴含着新的主题。"中国梦""社会主义核心价值观""美好生活""人类命运共同体""一带一路"等新思想、新概念、新表述、新阐释,成为讲好中国故事、传播好中国声音的重要话语主题,由此也开启了自上而下的对这些重大主题的话语建构工作,已形成相应的话语体系,为高校思想政治教育叙事话语实践提供了丰富的理论资源和主题内容,是高校思想政治教育主题叙事话语建构的重要理论支撑。高校是参与国家和社会发展相关主题建构的重要话语场域,党的最新理论创新成果为高校思想政治教育主题叙事话语实践奠定了话语建构背后的思想理论基础,指明了话语建构的背景语境和主题方向,这些思想理论进入高校思想政治教育话语系统,为话语实践预设了鲜明的主题,构成了主题叙事话语建构的权威指引。

其次,思想政治教育话语体系发展为高校思想政治教育主题叙事话语实践奠定了学理基础。新时代,以习近平同志为核心的党中央高度重视思想政治教育工作,先后召开全国宣传思想工作会议、全国高校思想政治工作会议、全国教育大会、学校思想政治理论课教师座谈会等重要会议。习近平总书记在多个场合发表了一系列关于思想政治教育和思政课建设的重要讲话,紧扣时代主题,形成了思想政治教育的新思想、新论述,丰富和创新了思想政治教育的内容与方法体系。在马克思主义理论和党的创新理论指导下,思想政治教育适应时代发展需求,积极探索创新发展路径,"不断深化学理构建和规律性认识"①,推动理论与实践深度融合,在探索总结思想政治教育发展经验基础上,坚持可持续、开放式发展。一方面,按照思想政治教育学科思维发展自己的话语体系;另一方面,不断拓宽研究视野,广泛吸收政治学、教育学、传播学、心理学、话语理论、文化研究、社会学、叙事学等相关学科领域与本学科相契合的有益成果,作为丰富自身知识体系的思维方式和实践方法,接入思想政治教育研究,拓宽了理论和实践研究的视域。经过长期的研究创新,高校思想政治教育理论话语体系和实践话语体系逐渐走向成熟与完善。从整体意义上说,理论话语和实践话语都是高校思想政治教育话语体系不可分割的组成部分,理论话语涉及相关知识理论的生产与建构,实践话语涉及实践经验和规律的总结与提升,这些都影响着现实场域的话语实践。从主题角度看,高校思想政治教育已经建立起爱国主义教育、党史学习教育、社会主义核心价值观教育等主题教育的理论与实践研究体系,为高校思想政治教育主题叙事话语实践发展构建了学理依据,指引了实践方向。

最后,思想政治教育话语研究和叙事研究成果为高校思想政治教育主题叙事话语实践提供了直接指引。习近平总书记多次强调要加快构建中国话语和中国叙事体系,在知识界,话语研究和叙事研究成为一种自觉意识,在思想政治教育跨学科发展过程中,话语研究和叙事研究逐渐形成新的理论视域。学界在马克思主义话语语言观指导下,坚持用马克思主义立场观点方法研究思想政治教育话语和叙事问题,同时,总结和吸纳中国传统文化中可供学习借鉴的话语思想和叙事方法,借鉴国内外话语理论和叙事理论发展成果为研究注入生机活力,也融合吸收其他相关学科的知识与方法,例如,哲学、语言学(系统功能语言学、修辞学、认知语言学等)、传播学(新闻传播、宣传舆论学、媒介研究)、社会心理学、阐释学、美学等,发展思想政治教育话语和叙事研究的视界,在话语转型、话语权和话语体系建构、话语有效性、叙事等方面既有理论思考,也有路径构设和方法探讨,这些研究积累为高校思想政治教育主题叙事话语实践提供了更为直接的理论支撑和方法指导。

(二)实践基础

高校思想政治教育主题叙事话语实践范式的确立,不仅得益于理论发展的支撑,而且依赖于相关实践的历史发展和经验积累。新时代,面对复杂的国际

---

① 冯刚:《思想政治教育学科40年创新发展的历程与经验》,《南京大学学报(哲学·人文科学·社会科学)》2023年第4期。

国内形势,党和国家高度重视高校思想政治教育发展,发布了一系列关于高校思想政治教育和思政课建设的重要文件、指导方案,《关于加强和改进新形势下高校思想政治工作的意见》(2016年)、《高校思想政治工作质量提升工程实施纲要》(2017年)、《关于加快构建高校思想政治工作体系的意见》(2020年)、《高等学校课程思政建设指导纲要》(2020年)、《关于新时代加强和改进思想政治工作的意见》(2021年)、《全面推进"大思政课"建设的工作方案》(2022年)等文件相继出台,从顶层设计上对高校思想政治教育工作做出全面规划和部署,明确了高校思想政治教育的目标、任务和发展要求,为高校思想政治教育话语发展指明了实践方向。各地教育部门和各高校坚决着力落实中央文件精神,深入学习贯彻习近平总书记在全国高校思想政治工作会议、全国教育大会、学校思想政治理论课教师座谈会等会议上的重要讲话精神,采取各种有力措施,加强和改进高校思想政治教育教学工作,全面贯彻党的教育方针,落实立德树人根本任务,推动高校思想政治教育教学实践内涵式发展。近年来,各高校坚持用习近平新时代中国特色社会主义思想铸魂育人,加强思政课和课程思政建设,围绕社会主义核心价值观、中国梦、党史等新时代重大教育主题,创新话语形式,将各种类型好故事融入理论知识,邀请楷模人物进校园、进课堂,创新现地教学模式,开展系列主题教育,进行社会实践活动,组织全国大学生同上一堂思政课,举办微电影征集比赛等,通过各种举措,将思想政治教育体现在育人的全过程,形成"大思政"教育协同机制。各地各高校积极拓展新时代思想政治教育的有效途径,思想政治教育亲和力不断提升,在培育时代新人方面发挥重要作用,取得了显著成效。

　　党史学习教育是高校思想政治教育话语实践的重要主题。笔者所在课题组对福建省6所高校进行了关于"高校学生党史学习教育现况"的调研,从问卷调查、座谈与访谈获取的信息和数据总体看,这些高校学生对党史学习教育认同状况良好,各高校在党史主题叙事方面都采取了一些积极有效、具有特色的举措,形成了一定的自觉意识和自觉行动。各高校在主题叙事上不断探索创新路径,积累了一些好的经验和做法:固定时间开展党史主题的舞台剧活动;结合学校自身特色,开展红色志愿服务活动;采用情景剧、红歌、会演、历史讲堂等多种形式呈现党史故事;文创产品征集,学生自发设计投稿;科技赋能党史故事呈现,借助虚拟仿真的VR场景,提供沉浸式体验和学习经历;组织学生外出参观和考察,深入烈士陵园、古田会议会址等红色基地进行现场学习;编写党史故事读本并广泛分发,让"党史故事进宿舍";利用校内外资源,开展了"三下乡"等多样化实践活动;发挥老中青三代力量,组建师生宣讲团队,进支部、进社团、进公寓、进网络,讲好红色故事;开展同上一堂思政大课,劳模、老兵进课堂开展思政对话等。各高校围绕党史主题的叙事话语实践活动在内容和形式上丰富多彩、生动现代,为党史学习教育的持续推进提供了启示与借鉴。

从调研结果和近年来全国高校思想政治教育话语实践的整体情况看,高校思想政治教育在实践发展过程中积极适应时代发展语境,充分利用新时代伟大实践创造的丰富故事资源、多样的媒介载体形式和有利的话语场域,更加注重故事的主题教育价值,不断改革和创新话语表达方式,重视情感体验、互动交流,借助新媒体作用,叙事方式更加多元化、时代化,在主题叙事话语实践探索过程中积累了丰富的经验,为主题叙事话语实践范式的确立奠定了良好的历史实践基础。

(三)发展诉求

主题叙事话语实践范式的确立是新时代高校思想政治教育创新发展的现实选择,这一新的话语实践范式仍在探索和发展之中,在中国话语和中国叙事体系构建的大背景下,仍有很大的发展和提升空间,在看到成效的同时,也应该反思其不足。

在前述关于党史学习教育的调研中,笔者所在课题组通过线上和线下方式向福建省 6 所高校学生发放问卷,回收有效问卷 694 份,一定程度上可以了解学生获得感状况以及影响获得感的相关制约因素。从调查结果看,认为在党史学习教育中收获很大的学生占总人数的 48%,收获一般的占总人数的 45%,其他学生选择了收获很小和无收获。总体上看,高校学生党史学习教育取得了一定成效,但有过半数学生获得感不强,效果还有待进一步提升。对于影响获得感的原因,选择占比由多到少依次是教育教学形式不够新颖缺乏吸引力(52%),教育教学内容枯燥乏味、脱离现实生活(48%),网络等新媒体娱乐文化的冲击(43%),社会实践活动较少且流于形式(37%),社会负面信息和不良社会思潮影响(28%),叙事话语不符合学生的接受心理(25%),缺乏交流和互动、没有机会参与(24%),学校缺乏党史学习教育常态化和长效化机制(18%),自己不感兴趣(17%),宣传教育力度不够大(10%),其他原因(4%)。这一结果基本反映了现实状况,影响高校学生党史学习教育获得感的因素既有来自外部环境的挑战,也有高校思想政治教育内在的话语困境,而高校思想政治教育话语实践自身存在的问题是最主要原因,主题叙事话语供给与学生需求之间仍存在一些不平衡和矛盾。

考察现实语境可以发现,虽然高校思想政治教育在主题叙事话语实践方面已经形成一定自觉,采取了多种多样的形式,仍然面临着现实挑战和发展困境。

一方面,外在环境挑战。当前社会形势和话语语境复杂多变,世界正处于百年未有之大变局,信息网络化对高校思想政治教育主题叙事话语实践造成影响,构成挑战。随着新媒体平台兴起,多元社会思潮和价值观念交织在一起,各种信息跨时空传播,西方"普世价值""历史虚无主义""自由主义"等意识形态渗透,新媒体话语场域中复杂的话语形态和意识形态关系冲击着我国主流意识形态话语空间。新媒体开放、自由的信息传播方式使话语生产边界被消解和打破,大众文化、娱乐文化空前活跃,改变着人们的生活习惯和话语方式,话语生产者多元复杂化,拓宽了受教育者的话语表达空间,使他们获得了以自己身份成为话语生产者的机会,也增强了话语表达的愿望。同时,去中心化、分散化、实时、多样化、碎片化、互动的微叙事为主的话语方式刺激着受教育者眼球,消解并削弱了传统单向灌输性话语宏大叙事的吸引力、引领力和有效性,给主题话语在宏观语境下的叙事建构带来了严峻挑战。

另一方面,内在发展困境。当前高校主题叙事话语实践运作机制仍不够成熟和完善,尚未形成有效的叙事建构循环。存在的问题主要体现在:(1)主体方面,教育者对学生认知、接受心理和情感需求的把握仍不够精准和深入,基于主题叙事的话语能力有待提升,主体协同程度仍需进一步深化;(2)内容方面,针对性不强,一定程度上存在脱离现实生活的情况,不能很好地满足广大受教育者对内容丰富性和生动性的需求;(3)形式方面,叙事话语形式的更新仍滞后于时代和媒介的发展,新颖性和吸引力存在不足,学生喜闻乐见的新媒介叙事形式运用不够成熟,现有的创新形式覆盖面有限,在多种叙事形式融合运用提升吸引力方面仍需探索和加强,叙事话语方式整体有待优化;(4)传播方面,单向灌输仍然是主要方式,主体间互动交流不足。由于以上问题的存在,主题叙事话语实践不能完全满足学生的认知和情感需求,难以深入心灵,触发情感共鸣,学生无法形成对主题知识的理解和内化,一定程度上阻断了主题话语意义的内心建构和共识达成。这也是一些学生获得感不强的重要原因。学生接受效果不理想,也就难以具备抵制不良文化侵蚀和非主流思想冲击的强大内心定力,极易出现思想动摇和不认同等情况。

面对现实挑战和发展困境,高校思想政治教育主题叙事话语实践需要进一步探索优化发展路径。如何增强话语实效性和故事阐释力,形成有效的主题叙事话语表达,讲好中国故事,最大限度抵御外部环境的影响和冲击,需要研判形势,紧跟时代变化和受教育者需求,明确目标指向,进行主题叙事话语创新方案和落实举措的整体建构,克服创新的盲目性和随意性,进一步提升话语实践活动的科学性和针对性。

调查显示,比较受高校学生欢迎的党史学习教育形式主要有影像观赏等视听形式(70%)、阅读党史文学作品和观看文艺演出(57%)、听老党员和榜样人物亲口讲述(53%)、VR沉浸式体验(53%)、参观党史展馆开展红色调研等社会实践活动(52%)、党史故事讲述(50%),而选择主题报告和讲座(17%)、理论讲授(16%)、党史主题竞赛(15%)的人数相对较少。

对党史学习教育需要优化的方面,66%的学生认为应该充分发挥网络融媒体的宣传教育作用,63%的学生认为应该采用丰富多彩的话语内容和生动多样的叙事方式讲好党史故事,61%的学生认为应该运用多平台多渠道传播党史知识和文化,52%的学生认为应该增强党史学习教育与现实生活和时代主题的贴近性,49%的学生认为应该创新开展相关社会实践活动,42%的学生认为应该充分发掘和利用各类党史学习教育资源,34%的学生认为应该加强党史学习教育的互动和交流活动,30%的学生认为应该创造机会让学生参与宣讲。

此外,问卷还设置了一个开放式问题——"高校学生党史学习教育优化的建议"。从回答可以看出学生的需求和期待。例如,"以故事带党史,党史学习教育最重要的是让青年人听得懂","采用更生动亲切的方式拉近与学生的距离感,以接地气、趣味性的内容增强获得感","运用更多新颖的形式来讲好党史,扩大宣传","少讲空话和宏大叙事,多讲现实问题与理论","贴近大学生的生活特点,结合时代性做考量","可以与新媒体融合多开展新活动","希望高校将党史学习教育与新媒体技术结合","利用网络直播渠道,扩大宣传效果","利用新媒体和互联网让党史学习教育形式多元化","形式更多样化,融合影视作品,更生动活泼","不应当流于形式,应充分发挥网络的作用","多开展参观党史展馆的活动","安排更多的社会实践活动,鼓励学生参加纪念馆、校史馆参观游览等活动","以影片的方式进行党史学习教育,如《觉醒年代》之类的影片,更好、更生动地讲述历史书上的内容","创立更多平台,增加参与感","与互联网深度融合,符合当今时代大学生学习心理","形式新颖一点,喜欢听老英雄亲身讲述","加强实践性活动,深入革命老区进行红色学习","创新传播方式","与社会热点问题多多结合"等。从多份回答可以发现学生需求的关键词,主要有网络、新媒体、融合、多样化、实践、新颖、贴近大学生、影视等,反映了学生对思想政治教育话语具象化、生动化的需求现状。

以上问题的调查结果均显示学生对传统的理论灌输式话语形式缺乏兴趣,与时俱进的生动多样的主题叙事内容和话语实践形式相对于抽象的理论讲授,更容易引起学生的关注和共鸣。理论与实践结合的教育相比单纯说教更能调动学生参与的积极性,提升获得感。融合影视、新媒体和线上线下多平台传播,使教育形式更鲜活,叙事话语更具时代感,符合青年学生的兴趣和学习习惯,是能够引起学生共情的主题叙事路径。

同一个主题思想可以有不同的表现,可以用不同的故事形成序列结构来呈现。受教育者有多种诉求,需求具有复杂性,如何通过主题叙事获得理想的话语效果,是一个需要注重思考的问题,是高校思想政治教育话语实践对受教育者多元诉求的应有回应。主题叙事话语实践应拓宽思路,从主体、内容、形式、传播等方面创新发展,探索更有效的发展路径,以适应新的话语语境,实现教育目的。

一是主体由"一元主导"转向"多元联动"。要尊重受教育者主体地位和话语表达权利,同时调动多元主体参与主题叙事的积极性,共同建构话语内容和叙事过程。

二是内容由"刻板同质"转向"灵活丰富"。要融通相关多样化资源,使内容生产更生动、丰富、鲜活,包容性更强。尊重受教育者的认知特点和情感需求,结合社会热点,与时俱进,回归生活世界,科学组织叙事内容,增强故事的吸引力。

三是形式由"平直单一"转向"立体多元"。要有针对性探索主题表达、叙事艺术和话语方式的新思路,不断创新多元化形式,由单一到多模态,运用新兴媒介技术,采用贴近生活的更具亲和力的叙事方式,满足学生多样化和个性化需求。

四是传播由"单向简单"转向"互动整合"。传播渠道要向媒体平台和日常生活延伸,推动有利于情感共鸣的交互传播,改变说服的单向关系,发展一种互动关系,通过对话、互动方式,及时反馈调整,促成理解和共鸣。话语主体多元参与传播,增强故事的传播效力,多传播手段整合发力,扩大传播的覆盖面和影响力。

总之,基于主题叙事作为一种现实的变革路径,为高校思想政治教育突破话语困境开拓了话语实践的新范式,为高校思想政治教育话语实践发展提供了新的可操作样态,通过主题叙事建构思想政治教育的意识形态属性,促成话语意义生成,有助于推动思想政治教育话语体系建设和提升话语实践实效。然而,话语环境不断变化,面对内外并存的各种挑战,需要及时总结经验,密切关注社会语境变化动向,关注受教育者发展需求,明确目标,把握主题叙事话语生产、传播和接受的规律,探索有效叙事策略,在反思不足的基础上不断创新发展,在建构良性循环中持续调整和完善。主题叙事话语实践不能只停留于浅层的一时新鲜的花样形式,关键是针对现存问题,整合实践进路,加快主题叙事话语体系建设。在现实实践经验基础上,遵循教育规律和话语规范,坚持价值引导、人本关怀、多元言说、贴近生活、整合优化的独特发展逻辑,构建成熟有效的主题叙事话语实践机制,是高校思想政治教育话语实践应对挑战的解决之道,是话语实践创新发展的现实之举。

三、目标指向

目标指向涉及语境和功能,即高校思想政治教育主题叙事话语实践在一定语境下所发挥的作用和要实现的目的。目标指引话语实践活动的方向,目标明确才能有效实施。主题叙事话语实践要实现的目标可以分为两个方面:从话语实践的过程看,是在主题叙事话语生产、传播和接受过程中生成和实现主题意义,完成一定的意识形态教育任务;从效果或功效看,是话语实效和立德树人育人价值的最终实现。

(一)从过程看,主题意义的生成

从话语实践过程看,"文本的社会效应依托意义生成过程,我们也可以说文本的社会效应是由意义生成居中调节而成,或者说实际上是意义而非文本产生了社会效应"①。"主题"是高校思想政治教育叙事话语实践要表达的核心思想内容,所谓"主题意义",既包含话语主题所要表达和传递的思想观点,也指向主题思想阐明后的理解和接受效果。主题意义与主题叙事话语实践的意图以及受教育者理解的结果直接相关。话语实践的有效性是通过主题意义的生成来实现的,话语实践的效果是通过主题意义的呈现来评价的。由此可以认为,主题意义的生成就是主题叙事话语实践运作过程所指向的目标,或者可以这样说,主题意义的生成就意味着话语实践目标的达成。在主题叙事话语实践中,话语要表达的意义实际上就是主题意义,话语建构过程也是主题意义的建构过程,即通过主题叙事话语实践建构和生成主题意义的过程。

根据符号互动论的研究观点,人在其行动及与其他人互动的过程中包含一个对意义的阐释过程,即使并不一定能够清晰地意识到,但存在这一过程,使"意义"获得了"具体性",对意义的阐释过程是衔接不同个体头脑中原有的知识观念或价值结构的纽带。② 主题叙事话语实践过程中,主题意义不是由任一单方面主体建构的,而是教育者和受教育者在思想交流的互动中共同建构的,是说者和听者双向互动的意义阐释过程,这一过程是一个复杂的意义理解和解读的过程。"在意义生成的过程中存在三种可供分析的成分:文本的生产,文本自身和文本的接收"③,这些成分都不同程度影响主题意义的生成。教育者即说者的思想政治立场、价值取向和言说意图,话语实践运作过程中各种结构要素之间的关系,以及受教育者即听者的已有认知、学习意愿等都关系到主题意义的生成。主题意义不会自动生成,需要通过阐释性的话语实践过程来建构和推动其生成与实现。主题叙事话语实践通过预设主题,调控叙事话语方向,决定叙

---

① 诺曼·费尔克劳:《话语分析:社会科学研究的文本分析方法》,赵芃译,商务印书馆2021年版,第14页。
② 参见李西顺:《视域交融——探寻深入心灵的德育叙事》,人民出版社2017年版,第46页。
③ 诺曼·费尔克劳:《话语分析:社会科学研究的文本分析方法》,赵芃译,商务印书馆2021年版,第13页。

事话语内容和用什么方式来叙说,将教育者的理解视域和受教育者理解视域有机连接起来统一于话语实践运作过程之中。这一过程不仅是教育者将主题信息传递给受教育者,而且是受教育者参与其中进行认知整合的过程,表现为受教育者在语境、已有认知和内在需要等共同作用下对主题思想的选择、理解和接受。

主题意义在教育者和受教育者相互理解过程中的生成是话语实践的所指目标与期望实现的结果。由于主题意义生成的动态过程具有隐蔽性,十分复杂,要达到这一目标,对整个主题叙事话语实践的实施都提出了更高的要求,需要教育者充分把握教育对象的思想状况和价值诉求,围绕主题科学组织叙事内容、有效运用叙事方式,推动话语互动交流,以促成受教育者对主题的理解,使其内心深处的思想世界向主题思想靠拢,逐步形成认同,并内化于心、外化于行。

(二)从功效看,教育价值的实现

如果说主题叙事话语实践运作过程伴随着主题意义的理解和生成过程,那么对主题意义生成结果的追求则内涵着教育价值的实现。教育价值的实现是建立在话语实践的实效性基础上的,教育价值实现和话语实践实效性的实现是一体化的过程。从高校思想政治教育主题叙事话语实践的功效看,教育价值实现的目标既包括育人价值的实现,也包括话语实践产生的意识形态引领效果的社会价值的实现。换句话说,高校思想政治教育主题叙事话语实践的目标指向既满足受教育者成长发展需要,也满足国家对人才思想政治素质培养的期待。

就育人功效价值而言,高校思想政治教育归根结底是做"人"的工作,凸显主题性的叙事话语实践是高校有针对性地开展思想政治教育活动的重要途径和手段,是根据国家和社会发展要求,培养担当民族复兴大任时代新人的重要举措。主题叙事话语实践以人的精神需要和价值实现为基本出发点,通过精心组织策划,以故事化的、富有亲和力和感染力的语言对主题思想进行话语建构,通过话语实践运作过程的有序推进,让受教育者在学习和参与过程中获得感悟和启发,发挥育人作用。在主题意义的生成过程中,理想信念、价值观、道德法治观等主题思想内涵在教育者叙事话语阐释和受教育者理解的互动中,被组织到受教育者主体的认知图式中,激发受教者对主题意义的思考和自我建构,重构受教育者对主题的正确认知,形成对主题思想的认同和接受,从而达到人格塑造和精神性培育的目的,实现立德树人的深层次育人效果。

就社会功效价值而言,高校思想政治教育主题叙事话语实践是具有政治和思想导向性的社会实践,必然关联社会政治文化等语境。在现实的话语实践场域中,始终存在着不同价值观和意识形态之间的斗争,高校思想政治教育叙事话语实践中的主题蕴含着社会主流意识形态的政治立场和思想观点,由此必然要承担主流意识形态教育的功能任务,要满足党和国家对受教育者思想政治、品德方面的素质培养要求。在实践运作中,需要紧密结合社会政治文化语境因素,通过有目的、有计划的主题叙事实践,讲述正能量故事,在主题叙事话语生产、传播和接受的过程中,发挥主题思想的引领作用,通过有针对性的话语实践,实现受教育者基于特定主题的政治认同、价值凝聚和品德塑造,形成思想政治和道德动员价值。正是因为主题叙事话语实践的一系列运作,主题的意识形态意义才得以生成和维护。从这一角度,高校思想政治教育主题叙事话语实践的目标指向意识形态教育目的的实现。育人目标的实现,也是高校思想政治教育主题叙事话语实践发挥意识形态引领作用的功能实现,即主流意识形态话语主导权在高校育人领域的实现。

教育价值实现的目标指向给高校思想政治教育主题叙事话语实践提出了改进优化的现实要求,需要在寻求主题共识和共情方面思考如何提升话语表达效果,实现话语实效,更好地为党育人、为国育才,培养担当民族复兴大任的时代新人。

四、建构过程

高校思想政治教育是以话语为载体的意识形态教育实践活动,基于主题叙事的话语实践是主题话语建构和主题意义生成的过程机制,即通过主题话语建构,主导认知和引领价值信仰形成,提升和强化意识形态教育效果和意义。主题意义的生成是以主题为根基和主线,经过叙事、阐释、传播、互动交流等建构意义系统的手段运用,涉及主题确立、主题呈现和意义理解深化的全过程。主题叙事话语实践要实现既定目标,不能仅停留在语言中,需要扩展到一系列话语运作层面。主题叙事话语实践是动态的建构过程,涉及主题叙事话语的生产、传播和接受三个紧密相连的环节,所有环节都贯穿着对主题意义生成效果的追求。在这一动态运作链条中,主题叙事话语生产是主题意义的文本建构和叙事表达,主要是对文本的加工和组织,主题叙事话语传播是交往互动过程中主题意义双向选择的现实建构,主题叙事话语接受是主题意义生成的理解和认同效果的建构,最终实现教育者和受教育者之间的主题意义共享。本部分对这一运行过程和实践机制进行探讨,以揭示主题叙事话语实践对主题意义和主流思想认同的建构规律。

(一)主题叙事话语的生产

"从历史上看,任何话语的生产从起点开始就受到特定程序的控制、选择、组织及重新分配。"①对高校思想政治教育来说,特定的意识形态属性制约着主题叙事话语的生产活动,"在话语生成之前,权力和意识形态就已经制约着话语的内容和话语生成者的观点,该潜在的意识形态社会功能在于能够促使受众接受该观点,协调社会的行动和目标"②。主题叙事话语实践是具有明确目标指向的目的性行为,要实现教育引导目标,形成有效性,需要基于目标对实践方案进行规划和组织,根据预设主题确立内容选择框架,通过对叙事进行组织和呈现,来建构对主题的解释,从而推动受教育者对主题思想的认同与接受。

主题叙事话语生产是通过对选取的内容资源进行设计和加工,将主题思想内涵转化为叙事化话语的过程,即文本的生产与组织策划。这涉及主题、内容、载体、结构和过程实施等问题,主要包括设定主题(为什么说)、选取内容(说什么)和组织叙事(怎么说)等方面,通过设定主题,并围绕主题进行内容设计与话语表达,对叙事话语进行组织加工和有序呈现,实现内容文本到叙事话语的转化。主题叙事话语生产需要有计划地安排实施,以提升话语影响力和叙事效果为方向,调控主题话语意义的生成过程,尽可能保持整个过程的可控性,通过加工组织,做好传播准备,确保主题叙事话语实践取得成功。

1. 设定主题

从主题角度而言,主题叙事话语实践过程就是阐释和再现主题的过程,即通过有策略地叙述、解释,塑造对主题相关知识和价值的正面认知,再现与构建相关的社会关系和社会要求。主题叙事话语实践从设定主题开始。所谓设定主题,就是根据党和国家发展要求以及教育价值实现的需要,设置有针对性的主题。通过设定主题,以主题为引领,运用各种载体、媒介手段,将同一主题下的不同故事资源聚合组织起来,产生一定的意义语境,强化话语实践的导向性,提升教育效果。在主题叙事话语实践的框架中,"设定主题"要解决的问题是"为什么说"的问题,这既涉及语境,反映叙述者的立场,也涉及高校思想政治教育要实现的目标问题。预设主题,是构思和组织叙事的基础,是推进叙事的核心牵引。

主题设定应带着问题意识,要反映时代主题,符合国家号召,观照社会发展语境,考虑时间、空间因素以及受教育者的想法与需求,具有正确导向性。设定高校思想政治教育叙事话语实践的适切主题,需要遵循一定的原则和技巧。(1)显:明确核心主题。主题在高校思想政治教育话语实践中往往是自上而下设置的宏大主题,宏大主题下又呈现多层次和多元交叉融合的具体主题形态,

---

① 李健:《形象及其隐喻:当代大众文化的视觉建构》,生活·读书·新知三联书店2022年版,第65页。
② 吴安萍:《大数据、跨学科与多模态话语研究》,浙江大学出版社2019年版,第130页。

一个主题性话语实践活动可能涉及多个相关主题,要特别注意把握住核心主题,深挖主题内涵,凝练出具体的主题或标题,避免主题离散。(2)近:主题内容微化。既把握住宏观主题大局,也关注受教育者的成长、情感和生活等微观主题。比如"中国梦"是宏大主题,可以和"青春梦想""职业梦想"等个人梦的微小主题结合来呈现主题内容。宏大主题和微小主题内容互补融合,更贴近受教育者发展需求,使宏大主题更接地气。(3)新:主题形式活化。同一时期,宏大主题往往比较确定,但在主题表征形式上可以创新设定,采用比较新颖、灵活的形式,体现新时代文化发展特征,在凝练承载主题的标题上可以体现出活泼、生动、极具亲和力的形式特点,醒目而富有时代感的标题更具关注度。例如,"以青春之我耀信仰之光""青年红色筑梦之旅"等活动主题,富有青春气息,能吸引眼球,起到更有力的传播作用。

2. 选取内容

主题设定后,需要考虑具体通过什么故事内容来呈现主题,即解决"说什么"的问题。内容决定质量,深入挖掘和精心选择主题叙事话语实践可用的故事资源,这是主题叙事能否取得成效的重要方面。高校思想政治教育叙事内容以中国故事为丰厚底蕴,各种类故事资源丰富多样,主要包括:(1)历史文化故事。包括中华民族语境中的历史故事和文化故事、中国共产党的红色故事、社会主义发展史故事、新中国史故事、改革开放史故事等。(2)现实发展故事。即新时代中国特色社会主义建设和发展进程中的故事,具体包括中国在经济发展、政治建设、科技创新、生态文明建设、社会治理、文化建设、乡村振兴、民生保障、参与全球治理等方方面面反映时代变革和发展成就的故事。(3)各类人物故事。包括马克思主义的经典人物故事,改革先锋、感动中国人物、"时代楷模"、劳动模范、道德模范等功勋模范人物的故事,也包括典型人物的故事和普通人的故事。

历史和现实中丰富多样的故事资源构成了主题叙事内容的重要来源,但并不是可以随意取用,也不是故事越多越好,需要严格筛选取舍。习近平总书记指出:"讲故事就是讲事实、讲形象、讲情感、讲道理,讲事实才能说服人,讲形象才能打动人,讲情感才能感染人,讲道理才能影响人。要组织各种精彩、精炼的故事载体,把中国道路、中国理论、中国制度、中国精神、中国力量寓于其中,使人想听爱听,听有所思,听有所得。"[①]如何对故事进行选择和处理,需要把握以下几点原则。

一是合主题性。这是总的原则。故事内容应该具有与主题的密切相关性,

---

① 中共中央文献研究室:《习近平关于社会主义文化建设论述摘编》,中央文献出版社2017年版,第212页。

根据主题的需要取舍叙事内容,使内容为主题服务。主题包含主流思想价值内涵,内容符合主题要求也就意味着故事要为说理服务,要立足主题,选择具有思想性、启发性的故事,深挖故事的内涵和教育意义,赋予故事说理功能,满足阐释主题的需要。

二是真实性。高校思想政治教育的本质属性决定了其叙事要真实可靠,不能随意杜撰,因此故事内容选取要符合真实情况,真实的故事比虚构的故事更有说服力。比如,哲理寓言故事往往不如现实生活中的实例,使用《我不是药神》电影中的故事不如用其原型故事更能说明德治与法治关系的主题。强调真实性,主要是强调对真实的人物、史实和事实的讲述必须还原真实,有真实的故事素材可选的情况下,尽量不用虚构的故事。这并非排除一切虚构的故事,根据阐释主题需要,可以适当采用一些虚构故事,比如一些优质电影小说中的故事,借助其生动直观性作为补充,也能取得较好的叙事效果。

三是贴近性。即关注受教育者的诉求,尽可能选择具有生动性、亲和力,能牵动受教育者所思所感、拉近心理距离的故事。比如,关注发生在身边的故事、本校的故事、大学生群体的故事。根据不同专业、层次的受教育者特点和需求选择不同的故事内容,如针对理工科学生可以多讲科技创新和理工类优秀人物的故事,更容易引发兴趣和产生共鸣。

四是新颖性。同一类型能起到相同主题教育作用的故事,尽量选用最近发生的,也就是说故事要及时更新,关注最新涌现出的典型人物和社会热点事件等,这些反映最新实际的事例更容易吸引受教育者的注意力。历史故事虽然久远,只要挖掘其与现实时代相联结的内容,赋予它鲜活的内容价值,也是一种新颖性。

五是深刻性。选择具有思想深度、能发人深省的典型故事。典型故事要以体现主题思想要求的正面积极的故事为主,这些故事能带给人正能量,激发人积极的思想道德情感,产生认同。当然也可以选择负面的人物或事件,呈现更全面真实的世界,但前提是为主题说理服务,可以选择和正面事例形成鲜明对照、能带给人警醒的事例,要注意使用的比例和适当性,也要注意坚持正确思想的引领。

3. 组织叙事

主题的设定指明了叙事话语实践的实施方向,内容的选取确定了支撑主题的主要故事,而对主要故事的整合和话语呈现则需要进行周密的组织。组织叙事就是围绕主题,将主要故事和各种话语手段、形式联通起来形成一个完整的主题叙事体系。组织叙事既是一种能力,也是一个过程,涉及对叙事逻辑、叙事技巧、叙事方式、话语表达等的把握,解决的是"怎么说"的问题。通过组织叙事,将选择好的故事形成完整的故事链条,构建主题叙事框架,进行话语表达和故事呈现,形成有意义的结构体系。组织叙事指向叙事效果的实现。

(1)逻辑清晰,有效表达

合理的叙事结构是形成清晰叙事逻辑的基础。要实现叙事效果,需要紧扣主题增强叙事逻辑。叙事逻辑体现了通过故事组织阐释主题的过程。选好的故事材料,还需要根据主题阐释需要串联起来、组织起来,形成相互联系的有序的结构体系,并以一定的节奏呈现出这种关系。组织叙事关键是通过设计、安排,将一系列故事连接起来,形成完整有效的富有节奏感的故事链条。主题叙事的结构形式多种多样,主要有两大类:一类是按时间顺序和发展过程整合故事的线性叙事结构,另一类是并列式、板块式、交叉式等多线并置或交错的非线性叙事结构。"成功的叙事必须按照一个使目标更容易实现的方式来选择和排列事件"[1],根据目标实现要求对故事进行组合,形成具有逻辑联系的叙事结构十分重要。无论采用哪种结构形式,都要把握一点规则,即按主题有效呈现的关联逻辑整合故事内容,使故事有序联结、结构严谨、层次清晰、节奏适当、突出主题。

只有逻辑结构清晰才能在表达上准确无误、张弛有度。经过精心设计的叙事结构可以有效传达故事信息,形成主题阐释力量,即"通过层次分明、清晰流畅的逻辑结构,把思想教育叙事内容的正确主旨明白无误地表达出来,从而使思想教育叙事内容的正确主旨更能够被思想教育对象所理解、认同、接受"[2]。逻辑清晰的故事网络容易被感知,使受教育者更深入地理解故事的主题。

(2)叙议结合,立场鲜明

高校思想政治教育叙事离不开社会语境,即意识形态等深层次因素,叙事不是简单罗列故事,不能脱离理论思维。主题意义隐含在叙事内容之中,很多时候仅对故事和事件进行描述是不够的,还需要加入对故事和事件的解释,其内在意义才会被揭示出来,让人容易理解和把握。因此,组织叙事时还需要考虑融入议论等说理因素。故事通常比较直白,有助于启发情感,但离开理论的指导容易造成一知半解,不利于受教育者深入思考和理解。叙事需要与议论等说理方法结合,把握好叙和议之间的逻辑关系,通过精妙的设计,使道理有机融入故事中或作为故事阐释的点睛之笔,通过叙议结合、情理融合,讲清楚故事中蕴含的主题思想,用说理的逻辑对故事及故事之间的关系进行引导、分析,深化和升华主题,用鲜明的立场、观点,指引故事的走向,达到教育目的。

---

[1] 西奥多·R.萨宾:《叙事心理学:人类行为的故事性》,何吴明、舒跃育、李继波译,北京师范大学出版社2020年版,第40页。

[2] 傅红:《思想教育叙事方式研究》,重庆大学出版社2020年版,第53页。

(3)宏微互补，由点及面

高校思想政治教育话语实践的意识形态特性决定了主题叙事首先是一种宏大叙事。宏大叙事从大局着眼，强调家国情怀和时代精神的弘扬，追求意识形态教育目的的实现，但宏大叙事也容易忽略个人的主体性，给人高高在上的感觉，造成传受之间的心理阻隔。与宏大叙事不同，微小叙事更关注个体的生活世界和个性表达，更接近人的心灵、贴近生活，更加生动、有亲切感和感染力，有助于主题在个体生活中的意义呈现，引发深入思考，形成对主题的共识，但微小叙事也容易陷入细碎，导致忽略全局。因此，在组织叙事时要注意平衡宏大叙事和微小叙事之间的关系，将叙事的宏观和微观两个向度结合起来展开，实现平衡互补。在坚持宏大叙事原则的同时，也要注意叙事的生活化、细节化，挖掘一些接地气的小人物和小故事，由微观的小人物、小故事、生活故事推及宏观的国家命运等的宏大层面，以一个个小故事来展现大的道理、呈现大的主题。

(4)方式多样，生动呈现

成功的主题叙事话语实践，不仅要有高质量的内容，而且需要有效的形式与内容完美配合，需要依靠多种话语表达方式的系统整合来完成故事的叙述。主题叙事话语应尽可能避免过度严肃和说教味的语言范式，要将主题内容的思想观点化为触动人心的叙述。叙事要生动呈现，首先，要关注受教育者的话语习惯和喜好，在话语表达上贴近受教育者特点和需求，以通俗易懂、丰富多样的语言讲述，让受教育者听得懂也愿意听。这一方面，习近平总书记做了很好的示范，在面向青年和大学生的一系列讲话和论述中，引典故、讲故事、谈体验，运用各种亲和生动的表达方式和修辞手法，展现了独特的话语风格和话语魅力，例如，用"钙"比喻人的理想信念，用"总钥匙"比喻人的世界观、人生观和价值观在人生中的重要地位，用"人生的扣子从一开始就要扣好"形象比喻正确价值观对青年学生的重要性，平易近人、生动易懂的叙事话语符合青年学生的接受心理，能够触及心灵，具有吸引力和感染力。其次，要关注现代科技发展，运用受教育者喜欢的技术媒介进行表达，例如，短视频、漫画、动图、音乐、动画、AR/VR、弹幕等，赋予主题叙事内容以生动活泼的形式和时尚元素，调动人的视、听、触等多种感官，给受教育者带来多维的深刻体验，增强叙事的话语表达效果。

(二)主题叙事话语的传播

主题思想被组织进入叙事话语后，还需要传播环节才有可能生成意义。"生产话语只是重构话语链条当中的一个环节，话语生产出来了也不会自然而然地'发威'。只有经由传播、付诸实践才能彰显其威力，才能实现其建构现实的目标。"①在把握传播过程和运用传播方式方面,传播学相关理论能为我们提供一些启发。通常认为,"传播是人类借助符号和媒介交流信息、沟通思想感情,以期发生相应变化的活动"②。一切传播行为都可以说是符号的编码和解码的过程,即传播者将信息编码后通过各种载体和媒介传递给受众,受众接收到信息后再进行解码的过程。传播被视为一种特殊的人际交往形式,是人类进行信息交流的重要工具。离开传播,话语也会失去意义。

美国传播学者拉斯韦尔在对社会传播的结构与功能进行分析时提出了经典的"5W"模式,将传播过程的构成要素概括为:谁(who)、对谁说(to whom)、通过什么渠道(in which channel)、说了什么(say what)、取得了什么效果(with what effect)。这一模式对传播过程的表述简单清晰,但忽略了互动过程。美国社会学家德弗勒创立的"互动过程模式",一定程度上克服了以往传播模式单向直线等缺点,强调传播中的受传者既是信息接收者也是传送者,认为"噪声"这一外部影响因素可以出现于传播过程的各个环节。该模式突出双向性,"明确补充了反馈的要素、环节和渠道,使传播过程更符合人类传播互动的特点"③,被视为用以说明各类社会传播过程的一个普遍适用的模式。

基于以上传播概念和传播模式,主题叙事话语的传播,是指高校思想政治教育者把蕴含主题信息的叙事内容传输给受教育者的互动过程,其实质是通过传播互动促成主题意义生发的过程。在这个过程中,需要运用一定的传播媒介和传播渠道来展现主题话语内容,也要注意优化传播环境、加强传播互动,目的是实现传播效果,即用主题话语影响和改变受教育者。要实现主题叙事话语传播效果,需要着重从媒介、平台、语境、反馈等方面探寻路径。

1. 利用媒介技术提升传播效能

媒介技术是影响话语传播效力的重要因素。话语传播优化离不开媒介技术支持,媒介技术发展使叙事话语的传播方式不断拓展,多维呈现。当今媒介技术在网络、大数据、5G、H5、智媒、可视化、云计算、VR、AR、MR等方面都实现了突破性发展,适应媒介技术发展变化,充分利用媒介技术改变高校思想政治教育话语传播生态是必由之路,有利于主题叙事话语的有效传播。

一是运用新媒介,创新主题叙事话语的传播形态。习近平总书记强调:"要运用新媒体新技术使工作活起来,推动思想政治工作传统优势同信息技术高度融合,增强时代感和吸引力。"④新媒介技术发展丰富了叙事话语传播形态,使话

---

① 王红艳:《话语的建构与实践:以贫困叙述为例》,中国社会科学出版社2015年版,第227~228页。
② 邵培仁:《传播学导论》,浙江大学出版社1997年版,第5页。
③ 郭庆光:《传播学教程》,中国人民大学出版社2011年版,第53页。
④ 《习近平谈治国理政》第2卷,外文出版社2017年版,第378页。

语传播更具交互性、更直观、更有吸引力。主题叙事话语实践要把握新媒介特点和受教育者媒介需求,更新话语传播形态,广泛吸纳受欢迎的媒介元素,将动画、直播、短视频、游戏等新技术媒介,根据主题进行多元组合,对典型红色历史故事、典型人物故事、生活故事进行沉浸式叙述,让故事内容动起来、可视化、易感知,提升传播的互动性和效力,满足受教育者的个性需求。

二是借助智媒技术,实现主题叙事话语的精准传播。智媒技术是包括移动互联网、人工智能和大数据等在内的新技术系统,精准传播就是借助算法、大数据等技术实现对受众精准分析、对内容精准推送投放,更好满足受众需求,提升传播的针对性。在大数据和智能算法技术背景下,受教育者的内容喜好、媒介习惯、思想动态、情感变化、个性需求、行为取向等都可以被精准分析研判,形成精细的具有个性化特征的个人"画像",教育者可以借助这些信息画像,运用适配的叙事话语内容和话语传播形式,实现有针对性的精准传播。

2. 借助网络平台拓展传播渠道

互联网信息内容浩瀚,载体形式多种多样,为主题叙事话语传播提供了立体多元的平台渠道,极大弥补了传统传播渠道单一的问题。目前网络世界中最火热的主要是视听类平台和社区类平台,这两大类平台也呈现出融合发展趋势,形式上不断推陈出新。高校思想政治教育充分借助网络多样化话语平台,开展话语实践,传播主题叙事信息,对主题话语吸引力增强以及话语传播渠道的拓展具有重要的实践意义。

网络视听是互联网发展的新模式,包括短视频、长视频、网络直播、网络音频等形态,除了听与看,通常还有评论、弹幕等互动设置,网络用户都可以参与其中,成为内容生产者和传播者。根据《中国网络视听发展研究报告(2024)》,我国网络视听用户数已超10亿,网络视听稳居我国"第一大互联网应用"[①]。近年来,B站、抖音、快手、今日头条、"学习强国"等网络视听平台崛起,主题丰富、形式多样的网络视听作品大量涌现,圈粉无数,主流媒体、教育机构和青年组织也纷纷抢占视听文化高地,借助流行视听平台或打造自有网络视听平台,提供优质主旋律视听内容供给,凸显主题宣传的传播力、引导力。例如,共青团中央抖音号自2018年入驻抖音平台,收获了千万粉丝,出现了一批高点赞爆款视频,取得了良好的传播效果,人民网+大思政课云平台鼓励师生围绕思政课教学内容创作微电影、动漫、音乐、短视频等,建设资源共享,实现在线互动,打造网络教育宣传云平台。视听平台的火热发展,为高校思政教育主题叙事话语传播提供了机遇。主题叙事话语传播应借助网络视听新媒体平台,将主流思想和价值观念与视听形式结合起来进行创新,增强主题叙事内容视觉呈现效果,搭

---

① 参见牛梦笛:《我国网络视听用户规模超十亿》,《光明日报》2024年3月28日第9版。

载新技术形式诠释时代主题,进行价值引领,提升传播效能。

网络社区是一种基于用户关系,通过关注机制,用户之间进行信息分享、社群传播的社交网络平台。随着新媒体应用技术的发展成熟,网络社区和社群传播蓬勃发展,新的社区形式不断创生,用户规模指数级增长,QQ、微信、知乎、微博、易班等社区类平台成为知识学习、思想交流、文化传播的重要话语交往平台。网络社区/社群通常是基于特定主题而建立的,将具有共同兴趣、关注点和目的的人们联结起来形成一个社会关系群体,有多种分类方式,因其开放的参与性,成为网民的核心网络应用。网络社区平台具有相对自由开放的话语表达功能,各种思想文化、意识形态在此交汇碰撞,既是需要发挥主流意识形态教育引导功能的地方,也是可以用来进行主题叙事、传播主流价值观、提升话语实效性的重要载体和阵地。除了校园网和校报等常用的传播平台,高校思政教育者可以借助灵活多样的网络社区平台探索和优化社群传播路径,利用微信、微博、易班、今日头条等网络社区的即时性、微型化、聚合力等特点,以及社群的信息支持、情感激发和对话交流等功能,传播主题叙事内容,设置议题,分享故事、经验、知识、思想观念等,用新颖活泼的形式和正能量的精神内核吸引受教育者关注,满足受教育者需求,构建话语认同,强化价值引领。曲建武教授微信公众号"仍然在路上"围绕"育人"大主题,以"交流"话语为特征,分享工作和生活中的所知所感、所思所悟;李志强教授微信公众号"蜗牛狂奔在路上"基于"德育"主题,运用幽默风趣的话语语态,分享生活事件、德育故事,以生活化、大众化的个人叙事,传播思想道德价值,吸引了广大师生的关注。

此外,借助网络新型平台的同时,也不能忽略传统平台的作用,应结合多平台打造传播矩阵。目前,国内大部分高校都在积极推进包括校园网、主题教育网站、"学习强国"号、微博账号、抖音账号、微信公众号等的融媒体平台建设,借助这些平台推送主旋律作品,传播正能量,提升主流意识形态引领力。

3. 营造共情语境抵制噪声干扰

主题叙事话语的传播是一个变动的过程,这一过程可能出现一些噪声干扰。信息论的创始人香农、韦弗提出了香农—韦弗传播模式,第一次引入了"噪声"概念。传播学中的噪声就是指传播过程中出现阻碍信息通过的机械上或意义上的干扰。对高校思想政治教育话语传播而言,噪声主要是来自内外语境的意义上的干扰。比如,教育过程中的突发情况,外部环境中多元文化社会思潮中有害的、错误的、虚假的信息的冲击等,这些都可能导致主题叙事话语传播过程中的叙事信息失真,影响受教育者正确解码,使主题理解和意义生成出现不确定性和偏差。这就要求高校思政教育工作者采取有效措施消减或排除噪声对主题意义生成的干扰。

如何在把握变动性的同时构建相对稳定的话语秩序,消减各种噪声对主题意义生成的影响,除了自上而下的信息环境治理、传播者自身传达必须准确外,"共情"是一个十分重要的因素。"共情既包括对他人想法和情感的认知,又包括对他人境遇的情感反应"①,从传播角度,共情能影响个体对信息的选择和对观点的理解,被视为一种有助于解决传播过程中偏见和冲突、提升传播效果的重要策略。讲"共情",就是要有同理心,营造"共情"化传播语境,使传播者和受传者之间得到很好的对话沟通,实现传受共感,"以避免话语传播过程中不必要的信息失真及意义损耗"②。在主题叙事话语传播中,要实现"共情",找准传受之间在故事、情感、利益、话语风格、传播方式等方面的契合点、共通点十分关键。这就需要教育者选择能激发共情的故事内容,运用真诚温暖的话语表达方式,采用合适的传播媒介,唤醒受教育者的共情,影响受教育者的认知和情感倾向,增强话语传播的共情力和影响力。

4. 收集反馈信息优化传播策略

美国传播学鼻祖施拉姆在研究传播运行的过程中提出了传播的"循环模式",将传播描述为一种包括反馈在内的信息循环互动过程。在传播学中,反馈是指传播者接收到受传者的回应,并就这些回应做出分析和调整的过程,这体现了传播的双向交互过程。反馈有助于传播者了解传播内容的接收、理解等情况,据此评估传播效果,分析影响信息接收的因素,根据反馈进一步优化传播内容和传播方式。文化研究学派认为,"传播者的符码系统与受众个体原有认知系统发生交互反应,最后决定传播效果的是受众对媒介符码进行分析判断及解码,进而自主建构新的意义"③。在主题叙事话语传播过程中,由于各种因素影响,可能出现传播者意愿和受传者的理解存在偏差的情况,要实现传播效果,就要重视反馈。

反馈信息的获取有多种方式和渠道,可以鼓励受教育者做出评价、提出问题、提供意见和建议等方式来了解和判断,但这种方式并不一定反映真实情况。由于高校思想政治教育话语实践的意识形态属性,极易出现"话语立场的单向预设扰乱了话语反馈的应然逻辑"④。在主流话语场域和思想政治教育规范要求下,受教育者可能会受制于话语语境,不愿意或不敢表达真实想法,掩盖了存在的不理解和疑问,这样教育者听不到不同的声音,也就难以发现话语传播中存在的问题和偏差,这涉及主题叙事话语传播的有效性问题。针对这种情况,一方面要加强传播过程中教育者与受教育者的互动交流,尊重受教育者的话语

---

① 吴飞、王舒婷、陈海华:《提升中国国际传播中的共情力》,《对外传播》2023年第6期。
② 吴柳林:《新型主流媒体话语体系建构研究》,人民出版社2022年版,第158页。
③ 苗兴伟主编:《"中国梦"的话语建构与传播》,南开大学出版社2018年版,第175页。
④ 李万平:《微传播视域下高校话语反馈工作的失位与归正——基于主流意识形态认同教育过程的分析》,《湖北社会科学》2020年第9期。

权,营造轻松的话语氛围,增强受教育者的主体身份认同,激发其说出真实想法的意愿,同时,在互动中也可以通过发言、回答、表情、掌声、行为、线上评论、点赞等情况发现和收集反馈信息,进行分析判断。另一方面,要保证电话、留言、短信、座谈、问卷、信箱等各种线上和线下反馈渠道畅通,同时,借助技术手段创新反馈形式,例如,利用大数据跟踪技术加强对受教育者思想行为的全过程监测,根据受教育者思想行为动向评估传播效果。总之,通过综合多种反馈渠道,全面获取反馈信息,掌握传播过程中受教育者对叙事内容和主题的理解情况、获得感情况,以便及时做出反应,查找可能存在的问题,及时纠正偏差,对话语传播策略进行改进。

(三)主题叙事话语的接受

接受是高校思想政治教育主题叙事话语实践运作过程的最后一个环节,也是关系到主题意义能否生成、话语实践预期效果能否实现的关键环节。从教育者的角度,接受是主题叙事话语实践过程的完成,是理想的话语实践结果,即受教育者接收教育者传来的话语信息后,能正确理解和认同主题话语,产生教育者所期望的思想和行为。从受教育者角度,主题叙事话语经过生产、传播之后,受教育者的立场和态度并非都与教育者的预设保持一致,往往会出现三种情况:第一种是接受,即与教育者预期的结果一致;第二种是不完全接受,即处于一种认可主题话语,仍存疑虑,随时可能改变立场的不稳定和矛盾状态;第三种是不接受,即不能正确理解主题意义,处于一种抵触、不认同的状态。后两种情况并未达到目标效果,意味着主题叙事话语实践的有效性是不足的。

主题意义生成与实现是教育者和受教育者双向建构的结果。从受教育者的思想形成规律看,主题意义生成与实现,需要受教育者对主题思想由认同上升到内化和践行。也就是说,接受以认同为基础,但真正的接受是要形成人的内化精神和外化行为,其"结果也必然表现为教育对象对话语内容的理解、认同、整合并内化为自己的思想观念的过程与自觉外化践行的过程的有机统一"①。认同是认知和理解基础上对主题思想的同意、认可,但对这些思想观点的信服往往还不够坚定;内化是将主题思想吸收为自身思想的一部分,形成自觉而稳定的态度和立场;外化是内化的思想观念向外化的行为转化,自觉践行,形成稳定的信仰。受教育者对主题叙事话语的接受是一个"认同(认知与理解)—内化(态度与立场)—外化(践行与信仰)"渐进提升的过程,也是主题意义生成与实现的过程。主题叙事话语实践要促成受教育者的接受,取得实效,需要遵循这一递进规律,采取相应的推进举措,引导和帮助受教育者完成对主题

---

① 杨波:《思想政治教育话语有效性研究》,东北财经大学出版社2022年版,第164页。

思想的认同、内化和外化践行的层次递进过程。

1. 以认知引导促推认同构建

认同建立在认知和理解基础之上，认知是前提，没有认知就没有理解和认同。教育者的认知引导对受教育者理解主题话语具有重要意义，是构建认同的思想基础。认知引导需要叙事前探查和叙事中引导，指全面了解受教育者认知状况，调控"认知差"，消除可能存在的理解障碍，提出和应用合适叙事方案进行主题思想引导，促成理解和认同。

根据符号学和意义理论，认知反映了意义的占有状态，也指涉动态的意义流动。主题叙事话语实践中的意义流动，与主体感受到的"认知差"（主体认知状态与认知对象之间的差别）紧密相关。"接收认知差，迫使意识向事物或文本投出意向性以获得意义，形成'理解'；表达认知差，促使主体向他人表达其认知，形成传播，并在回应中得到交流。"[①]"认知差"是意义流动的重要动力，"认知差"的强度即"认知势能"会影响主体对意义的理解和表达。认知对象是熟悉还是陌生，是容易还是难懂，主体的理解和表达愿望以及接受意愿是有区别的。主体通常是在感到自身相较于认知对象而言，处于"认知差"中的"低位"，觉得应该认识而且可以理解的情况下，才会对认知对象产生关注的愿望和接受的动力，也就是说，在推动主体认知和理解方面，一定的认知差距是必要的，但认知差也不能过大或过小，而是要保持在合理的区间，以使主体既有理解意义的动力，又不乏理解意义的能力[②]，这与认知心理学的发现基本一致，认知对象与主体认知状态之间要有合意的匹配度，否则认知对象很难进入主体视野，没有注意力也就谈不上认同和接受的效果。

在主题叙事话语实践中，对"认知差"的利用，需要充分考量受教育者的认知状况，通过分析和把握，设计叙事内容，组织叙事时注意调整内容理解的难易程度，使叙事内容既落在受教育者已有认知范围内，同时要具有一定的认知高度，也就是说，在叙事行动开始前将认知差控制在一个合理的范围内。叙事内容方面要讲新故事，深挖故事内容，旧故事可以赋予新的内涵、新的解释，避免陈旧感、同质化，利用认知差，吸引注意力，以使叙事能吸引受教育者的注意，强化接受意愿。同时，把握认知逻辑，注意话语表达准确，叙事形式上要注意创新，运用受教育者喜欢的方式和听得懂的话语表达，增强叙事内容的易读性、生动性，消除可能存在的理解障碍。由于故事化叙事相对于理论说教更为通俗易懂，但也容易出现误读，为了避免认知差过小和过大问题，需要有针对性地对故

---

① 赵毅衡：《认知差：意义活动的基本动力》，《文学评论》2017年第1期。
② 参见杨卓凡、吕佰顺：《接受逻辑下"Z世代"纪录片跨文化传播的叙事策略——基于"看中国·外国青年影像计划"系列微纪录片的分析》，《艺术传播研究》2023年第3期。

事进行解读引导,比如,热点事件,有的时候会有一些争议,需要教育者进行认知引导,即结合说理,引导方向,以消除理解障碍,防止误读,确保意义准确顺利传达,适当补充与故事内容相关的知识、理论、信息,有助于促进深层次的理解和认同。

2. 以双向对话催生内化自觉

虽然认同构建了接受的基础,但认同不等于接受,可能仍存在思想上的一些矛盾和冲突,特别是现实社会语境复杂多变,信息良莠不齐,在外界不良信息刺激下,会加剧这种动摇,使受教育者的接受过程偏离预设轨道,甚至出现抵触和对立的情形。如何巩固认知和认同,促成认同向内化提升,需要主体间充分对话和引导受教育者自体对话,推动受教育者依靠内在力量去完成意义整合。

一方面,加强教育者和受教育者之间的对话。高校思想政治教育的社会属性决定了主题叙事过程中的意识形态预设,需要教育者引导并控制话语的生产、传播和接受过程。但现实社会发展带来的多元化语境,受教育者存在疑问或不同看法是常有现象,反映了多元价值观的碰撞。疑问和矛盾的出现,意味着受教育者有深入理解和获得解释的需求。满足这种需求,需要教育者善于发现问题,及时优化叙事过程,创造交流沟通的环境和条件,与受教育者充分对话,需要教育者有随时联通故事与说理关系的学理功底和应变能力,有针对性地对疑问进行解释,指出错误和危害,解除矛盾和疑虑,消解负面思想认知,推动受教育者对主题思想的共识,也需要教育者具有创生共情的能力,通过理性和情感的说服力量,去赢得受教育者的信任和尊重,巩固认同效果,化解思想冲突,促生内化自觉。

另一方面,引导受教育者与自身对话。认同到内化的提升既需要教育者的话语引导和帮助,也依赖受教育者自我叙事的力量作用,需要受教育者自体内在对话和反观自我过程的支撑。主题思想的内化是一个自我对话和协商的过程,实质是不同思想观念在头脑中的斗争和取舍的过程,最终选择用主题思想整合自身思想的意义体系,这是外在教育的话语力量与受教育者内省的自我力量统一的结果。通过教育者的叙事话语引导,比如讲述自身曾经的经历和感悟,邀请身边同学讲述思想转变的过程或经历的教训,观看富有启发意义的影片,围绕问题布置阅读、思考和分享学思心得等任务,指引受教育者对社会现象和事件进行观察和思考,帮助受教育者打开自我反思的心理空间,通过他人故事投射自我世界,明确利害关系,形成意义阐释和创生的内在力量,从更深层面寻找能够说服自身的答案,解决内心冲突和矛盾。通过引导自我对话,有助于促成受教育者内在觉知,产生接受和肯定的积极情绪,形成理解转化的内驱力,以主题思想为主导和参照,主动对自身思想观念体系进行积极正向的建设,有意识地完成对主题从认同到内化的主体性建构。

3. 以在场真实激活外化行为

主题思想经过受教育者认同和内化形成自我推动力量后，仍处于一种潜在状态，只有将主题思想与在场真实联系起来保持互动时，主题思想的意义才能被激活，进而催生行动的动力，使接受的效果和价值得以实现。"在场"既是一种驱动力，以追求真实作为出发点，也代表一种实践性，以展现真实贯穿整个过程。① 激发受教育者将内化的思想外化为行动的理想途径，是走进现场，亲历体验，通过行为实践感受和发现"真实"。这一行为实践既包括围绕主题进行叙事的实践，也指践行主题思想的实践。

一方面，通过亲历叙事提升实践动力。教育者在叙事话语实践过程中应鼓励受教育者，围绕主题内容，通过制作影像作品、化身纪念场馆讲解员、戏剧表演、主题宣讲、实践服务等多种鲜活生动的形式，成为主题相关话语的建构者和故事的讲述者。通过引导在场亲历叙事过程，刺激和强化受教育者对主题思想意涵的真实感受，进一步深化认知和认同，孕育外化于行和积极传播主题思想的深层意愿，这符合受教育者渴求自我表现和实践历练的特点，通过亲身参与、自发策划和自觉行动等叙事过程，满足受教育者心理和精神成长需求，这一引导过程也是主题叙事话语实践发挥更大建设性力量的过程。

另一方面，付诸真实行动构建主题信仰。主题意义的生成不只诉诸思想层面的接受，更体现于知行合一的实践。主题叙事话语实践最终是要落到引导受教育者自觉践行上来，只有推动受教育者的思想转化为真实的在场实践，增强受教育者对践行主题思想的现实感受性，自觉将主题思想作为行动指南，在行为实践中形成信仰，主题叙事话语实践才算是成功的、有效的，也意味着接受过程的完成和实现。通过主动践行，将主题思想转化为实际的践行能力，在具体的践行中体验、领悟，与主题思想规范相对应，判断内部体验是否符合认知，如果符合已有认知，就激活相应的认知进入自身的思想体系和实际行动中，如果不符合认知，存在冲突，就主动寻找原因，解除困惑，在持续的实践历练和反思中修正、调整自身的行为，使其更加符合爱国、敬业、诚信、友善等主题的规范和要求，自觉确定目标，保持积极行为取向，不断努力，形成符合社会需要的行为习惯。至此，受教育者提升了从认知认同到内化践行的自觉能力，能稳定地在主题思想观念指引下做出价值判断并采取行动，而不是只将主题思想放置于内心世界的某处角落，也不是一种单纯的仅作旁观者的姿态。受教育者只有在实践中亲历和反思之后，认知和情感才能真正有所提升并处于一种稳定状态，才能真正领悟主题思想的深刻内涵，将其融入思想深处，始终愿意付诸实际行动去坚守和遵循，最终抵达知情意行有机统一的理想状态，通过"在场"的真实行

---

① 参见张雅俐：《论非虚构写作的真实观》，《写作》2019年第3期。

动,形塑对主题信仰的坚定习惯。①

五、效应形成

主题叙事话语实践不是单一的孤立的行动,就其社会属性来说,是能产生一定社会功能的建构行动。主题叙事话语实践的效应,是主题叙事话语生产、传播和接受的运作过程的结果,既包括受教育者对话语的认同和接受效果,也包括主题叙事话语实践维护主流意识形态方面的社会效应。效应形成意味着主题叙事话语实践活动实现了预期教育目的和应有的社会价值。深度理解效应形成的路径和规律,能够帮助更好地把握主题叙事话语实践实现说服动员的作用机制。主题叙事话语实践效应形成于整个主题话语建构过程中,效应形成情况受多方面因素影响,既关涉外在语境,也涉及内在机制,由于外在语境是客观存在的,这里主要从内在机制角度探讨主题叙事话语实践形成正向效应的路径和规律。

(一)主体协同机制

主题叙事话语实践中的主体是特定语境下的叙说主体,即由谁来叙说,指参与主题叙事话语生产、传播和接受过程中的与效果呈现相关的所有的组织和个体。从高校思想政治教育话语实践的现实情况看,很多主题叙事活动是自上而下推动的,往往涉及多层次的多个主体,既包括党中央、各级思想政治教育工作领导机构及主管部门、高校思政教育工作者等主体,也包括受教育者主体,还包括其他参与其中发挥重要作用和进行叙说的各类组织或个人主体,随着数字智能时代的到来,也可以包括数字人等智能主体在内,因此,主题叙事话语实践中的主体是一个集合概念。在一个主题叙事话语实践中,主题的布设者,叙事话语实践方案的组织者、策划者、修正者,表达过程中的叙说者,以及参与交往互动的叙说对象等,都可以被视为主体,这些主体之间形成复杂的互动关系,他们都是影响主题叙事话语实践过程和效果的重要主体因素。当今主题叙事话语实践受到外在语境中多元信息干扰,如何发挥凝聚共识的作用,面对新时代新环境提出的挑战和要求,聚合分散的主体力量,形成主体协同,是高校思想政治教育主题叙事话语实践效应形成的重要路径。

---

① 参见王圣宠:《高校思政课社会主义核心价值观培育功能细化与教学实现》,载厦门大学教务处编:《2023 高等教育教学实践探索:厦门大学解决方案》,厦门大学出版社 2023 年版,第 34 页。

1. 发挥专业主体的话语主导作用

专业主体是高校思想政治教育话语实践中具有调控职能的主导主体,主要指主题叙事话语实践活动的组织者和实践者。具体包括中央和地方各级思想政治教育工作领导机构及主管部门,高校党委、教务处、宣传部、学工部、团委等职能部门,思政教育领域专家学者、思政课教师、辅导员、课程思政教师等。专业主体是进行话语实践组织实施工作的主要体现者,他们不仅发挥着组织和实施的主导作用,而且提供创新实践的思路源泉。主题叙事话语实践的组织和实施是一项系统工程,它对实践主体的要求是多方面的,专业主体的素质和能力直接影响主题叙事话语实践的实际效果。首先,专业主体可以形成育人联合体。高校思政教育专业主体担负着培育时代新人的重大任务,可以联合力量举办活动,开展主题叙事话语实践,形成主体间的联动效应。例如,高校之间专家、教师互为开设讲座、做主题报告等。其次,专业主体提升理论素养和主题叙事话语能力非常重要。专业主体需要有理论自信和正确立场,对主题意义能进行准确把握和科学理解,清楚主题叙事话语实践的运作机制和主要流程,能够有效地选取和整合故事内容、对叙事情理结构进行科学设计、运用娴熟技巧形象化表达和呈现主题话语,具备与受教育者主体和其他相关主体对话沟通的能力,以及运用媒介赋能叙事的能力和实践过程中应对突发情况的话语应变能力,只有具备过硬的素质和能力的主体才能保证主题叙事话语实践的正确导向和实施的有效性。最后,发挥好专业主体把关人的审查作用。包括对可以进入话语实践活动的主体资格的审查,对主题设定、内容选取和叙事组织、传播等各个环节的思想性、政治导向性、积极性等方面进行严格把关,确保整个话语运作过程的正确方向,与主题高度契合,实现维护主流意识形态的功能。

2. 邀请受教育者主体参与讲故事

受教育者是主题叙事话语实践不可或缺的主体。在高校思想政治教育话语实践中,受教育者主体主要是高校学生个体和群体。"讲故事,不仅老师讲,而且要组织学生自己讲。"[①]新媒体时代,人人可以成为叙事主体,邀请受教育者主体参与讲故事,发挥受教育者主体的能动性,符合新时代青年学生的个性特点和情感需求。让受教育者成为主题叙事话语内容的生产者、传播者,参与讲故事的主题叙事实践,比如,提供各种机会让学生讲述红色故事,讲述自己的经历、学习和实践感悟,讲身边发生的故事,通过校园主题文化活动、大创项目、思政类比赛、主题实践等形式,鼓励学生创作短视频、参与文艺表演、开展主题演讲、讲思政课等,参与形式可以多种多样。受教育者作为主体参与讲故事,有利于增强互动参与的体验感,拉近教育者和受教育者之间的心理距离,也能通过

---

① 习近平:《思政课是落实立德树人根本任务的关键课程》,《求是》2020年第17期。

亲身讲故事和参与故事创作表演的过程,更深入理解和领会主题话语的意义内涵,在深入情境中增强对主题的理性认同。而且新时代青年学生具有喜欢分享的特点,可以鼓励他们将主题叙事作品上传网络平台,将叙事体验和心得发布到朋友群、微信群,或在课堂进行展示,引发话题讨论,进一步提高主题叙事传播和再生产能力,利用朋辈效应生成情感共鸣,扩大主题叙事的效果和影响范围。同时,教学相长,受教育者的叙事也能对教育者的主题叙事活动有所启发。

3. 引入"他者"主体助力叙事增效

"他者"主体是相对于高校思政教育专业主体和受教育者主体而言的,在主题叙事话语实践的多元主体网络中,除了教育者和受教育者主体外,也可以引入其他社会组织或社会公众参与到主题话语建构中。"他者"主体根据实践主体情况主要有两类:一类是提供叙事场所和内容服务、提供特殊技术支持的单位主体。例如,博物馆、纪念馆、参观考察单位、实践基地、承办大型文艺活动的外方演艺公司、校史纪录片外方制作单位、提供虚拟仿真技术的公司、主题教育网站技术支持者等。引入具有特定教育功能或专业技术特长的组织给予叙事支持,可以增强叙事效率和主题呈现效果。另一类是直接提供内容讲述的大众化叙事主体。例如,各类先进模范人物、不同职业领域杰出人物、其他国家外来人员、志愿者、普通劳动者等。可以通过请进来或走出去等各种方式邀请他们参与叙事分享,讲述他们的人生经历、思考感悟、亲历国家发展和社会变革的所见所闻等。多元主体带来多元视角和多形态的叙事表达,利用好各类"他者"主体,邀请他们参与到叙事内容共创和传播扩散中来,特别是亲身经历、现场参与和作为见证者的内视角讲述,往往更有说服力和感染力,能和思政教育专业主体常用的全知外视角形成互补,有利于增强专业主体的主题叙事功效。

4. 多元主体协同形成建构性叙事力量

高校思想政治教育主题叙事话语实践的开展,需要组织策划、过程运作、效果反馈等复杂过程,需要各主体以立德树人、实现主题话语建构和意义生成为目标导向,按某种内在机理,形成一定的关系结构。多方主体充分互动与合作,有效实现资源共享和整合,发挥联动作用,通过校校合作、校内外合作、上下级合作、教育者和受教育者合作等,也可以借助数字化智能主体,多方主体之间相互协调、配合,生成优质内容叙事,合力解决主题叙事中遇到的问题,形成优势互补,巩固和强化高校思想政治教育的主题叙事效果。只有多元主体联动才能促成主题信息在思政教育场域内流动,推动主题叙事话语实践在各层面展开,解决单一主体叙事力量薄弱、分散、传播不到位等问题,共同影响主题叙事话语实践的整体推进和成效。

主体协同即多元主体参与主题叙事话语实践,通过交叉叙事或融合叙事,共同讲好中国故事。形式可以灵活多样,如师生同讲一堂课、高校接力叙事等。

在主题叙事话语实践运作过程中,各类主体在思政教育意识形态(思想观念、道德观、价值观等)方面的知识生产中发挥着不同的作用,多元主体提供不同育人价值,围绕叙事主题、叙事内容、叙事方式及叙事策略等叙事话语生成规则,构成主体叙事网络,形成现实中的联动机制,有利于生成主题话语建构性的互动力量,共同构建开放性和协作性的主题叙事话语实践体系。

(二)场域作用机制

"场域"是法国思想家布迪厄社会学研究中的核心概念。布迪厄认为:"一个场域可以被定义为在各种位置之间存在的客观关系的一个网络(network),或一个构型(configuration)。"①布迪厄的场域理论主要从社会学角度出发,将场域视为行动者之间形成的关系网络,是一种内含力量和竞争的空间。与布迪厄场域理论不同,格式塔心理学派代表人物考夫卡和勒温将心理因素引入环境作用机制中,在物理环境与人的心理感知之间建立连接,强调主体的作用和心理因素对人的行为的影响。勒温认为,"个体的行为同时受到物理场与心理场的影响,即'场'内所有能够被感知到、与该情境相关的全部情况决定着个人行为的产生"②。不过他们的理论也有明显不足,忽略了他人行为和其他相关因素的影响。

总的来说,场域是影响人的行动的包括环境、心理等多种因素构成的关系网络,是特定实践的社会空间。社会中存在着各种各样场域,场域理论被应用于政治、美学、教育、文化等多个领域,在内涵上有所区别,也形成了各自领域的场域效应。对高校思想政治教育主题叙事话语实践而言,场域指话语实践运作所处的时代背景、文化环境、时空状况、表达语境、情感氛围、对主体的精神塑造效果等综合因素的组合,简单地说,就是主题思想的传播环境和形塑的意义空间。主题叙事话语实践通过一系列话语运作,形成话语场域,这样的话语场域既是主流意识形态的作用空间,也反映了一定的社会关系,场域作用能影响共识达成。

本书所指的场域效应是社会语境、时空环境、媒介、情境等多种因素联动作用下的综合场域效应。良好的场域能帮助教育者顺利推进主题叙事话语生产、传播和接受进程,有效建构主题意义,提升话语实效。教育者应充分把握文化、时间、空间、媒介等场域作用机制,利用场域效应推动主题叙事话语实践的实效形成。

---

① 皮埃尔·布迪厄、华康德:《实践与反思:反思社会学导引》,李猛、李康译,中央编译出版社2004年版,第133页。
② 转引自邹润琪、孙佼佼、陈盛伟、郭英之:《红色博物馆的时空叙事与记忆场域建构——以上海淞沪抗战纪念馆为例》,《旅游学刊》2023年第7期。

1. 立足主流文化场域推动叙事创新

主流文化场域是一个国家或社会中处于主导地位的文化场域,是主流意识形态话语权建构的文化空间,能"教育和感化社会成员树立共同认可的价值观念,促使社会成员按照国家或社会的意志行事"①。在我国,主流文化场域是以马克思主义为指导,以社会主义核心价值观为核心内容,涵盖了中华优秀传统文化、革命文化、社会主义先进文化在内的关系网络,发挥着社会主义意识形态引领的重要作用。

面对多元文化交织的时代环境挑战,我国加强主流文化场域建设,积极推进中国话语体系和叙事体系创新,大力加强党史、中国梦、爱国主义、中国精神、法治等主题教育,评选和树立感动中国人物、"时代楷模"、劳动模范等各类典型,引领精神文明建设和社会风尚形成,发展文化产业,推进革命纪念馆、文化馆、博物馆等爱国主义教育基地和文化设施建设,丰富人民的精神文化生活,加强主流媒体建设,推动网络等融媒体创新发展,治理媒介生态环境,推动各类优秀文化产品创作和传播,弘扬主旋律,加强国际文化交流,面向世界,讲好中国故事,传播好中国声音。文化场域各方面建设成效斐然,维护了我国社会主义意识形态话语权,强化了民众对主流文化的认同,国家文化软实力不断提升。

高校思想政治教育具有文化性,是国家文化建设体系不可或缺的组成部分,高校思想政治教育主题叙事话语实践一定程度上依赖主流文化的引力场作用。目前,我国主流文化领域已经形成了文化认同和主题教育空间氛围,为主题叙事话语实践创造了良好的环境条件。主题叙事话语实践在主流文化场域中运作,应积极利用文化建设各方面成果和教育资源,丰富主题叙事的内容,运用网络、微媒体、数字智能媒体的发展成果,创新叙事话语形式,优化传播模式。主流文化场域孕育着主题思想的引导语境,利用主流文化话语的权威性和主旋律氛围,实现传播增效,有助于形成主题叙事话语实践与主流文化场域互动协调的场域效应。同时,高校思想政治教育主题叙事话语实践通过自身发展和创新实践对主流文化场域形成构建作用,这是一个互动创新和增效的过程。

2. 把握关键时间节点营构叙事氛围

高校思想政治教育主题叙事话语实践是在一定时空环境下进行的,时间和空间也具有叙事功能,是影响话语实践和场域形成的重要元素。契合主题的关键时间节点是进行话语实践的有利时机,把握重要和关键时间节点开展主题叙事活动,有助于营构叙事氛围,产生场域协同力量,提升主题叙事话语的引领力和传播力。从时间场域效应来说,可以依照以下几方面对主题叙事时机进行

---

① 张国臣、邵发军等:《多元文化场域下马克思主义意识形态话语权建设论》,人民出版社2021年版,第233页。

把握。

一是利用好国家重要形势政策或活动议程的时间节点。例如,最新召开的中国共产党全国代表大会,每年召开的两会,国家领导人发布重要讲话时机等,这些是国家重大政策议程,是全国范围关注的事件,涉及国家发展、人民幸福和国际影响力,应抓住这些时机,围绕国家重大议事主题和相关精神开展主题叙事话语实践。由于每次议题不同,要注意及时关注和捕捉热点信息进行叙事。借助全国热议的话语场作用,发挥叙事话语在重大主题方面的舆论引导作用,营造叙事氛围。此外,也可以利用奥运会、冬奥会、亚运会、世界互联网大会等重大活动时刻,借助舆论宣传契机,围绕中国精神、志愿服务、人类命运共同体等主题,与时俱进讲好中国故事。

二是抓住实时热点或突发事件社会热议的时间节点。热点事件和突发事件往往具有轰动的社会效应,整个社会场域处于开放的被激发状态,根据与思想政治教育主题的关联度,适时开展主题叙事话语实践,对受教育者的关注及时做出互动和回应,能增强感染力和解释力。每年都会有多起法治事件引起社会舆论关注,如全国首例涉"虚拟数字人"侵权案,"大学生与醉汉冲突被刑拘"等,适时围绕法治主题,结合这些案例,叙议结合,有助于受教育者了解这些事件,深入领悟法治精神,更好做到尊法学法守法用法。还有一些突发的灾难时刻,社会上往往会表现出人们团结互助的精神风貌,如2022年的重庆山火扑救等,有很多令人难忘的瞬间,全国人民关注,众多力量加入救援,展现了责任、担当、奉献、团结、家国情怀等精神力量,类似这样的时刻都是中国精神主题教育可以借助的叙事时间场域,有助于加强主题叙事的针对性、吸引力、感染力和时效性。

三是抓住主旋律影视节目热播和活动举办的时间节点。主题叙事可以借助主旋律影视作品热播热议的时间点,从中选取、挖掘有利于增强主题叙事效果的故事内容,结合进行叙事,有助于营造氛围。例如,革命历史剧《觉醒年代》热播之际,北京大学邀请剧组主创团队进校园,与北大师生进行交流对话,有效推进了党史学习教育入脑入心。① 此外,感动中国人物、"时代楷模"、劳动模范、最美的人、年度法治人物等人物评选活动,往往也会形成舆论热潮,借此时机,围绕道德、法治、奉献、创新精神等主题讲好主旋律故事,有利于培育受教育者的精神信仰和优良品德。

四是根据常规节日和纪念日时间节点建立常态化叙事机制。我国许多传

---

① 参见宁韶华:《革命历史题材电视剧〈觉醒年代〉主创团队来校与北大师生举办交流活动》,https://news.pku.edu.cn/xwzh/6fe7fca0eae043c4bb8dfb857e442d8f.htm,访问日期:2023年2月9日。

统节日和纪念日承载着思政教育主题思想的符号意义,例如,中国共产党诞生日、国庆节、五四青年节、学雷锋纪念日、校庆日等。结合这些节日和纪念日,就红色精神、爱国主义、青春成长、奋斗、社会主义核心价值观等主题讲述故事,开展各种形式的叙事,如邀请志愿者、老党员讲述相关故事,观看红色电影,邀请专家进行讲述,主题文艺演出等,利用时节场域效应,提升受教育者对历史的认知、对文化的认同、对精神的传承。对于周期性的时节,关键是建立主题叙事的常态化、长效化机制,做好可持续性的规划,有规律、有节奏,对内容形式进行时代化更新,避免陈旧化、形式化、走过场等问题,以产生持续的主题叙事话语实践效应。

3. 借助多元社会空间增强叙事体验

法国思想家列斐伏尔站在马克思主义立场上继承和发展了马克思主义空间思想,指出"空间不仅是物质的存在,也是形式的存在,是社会关系的容器"①,他从社会关系出发考察空间问题,将空间视为物质空间、精神空间与社会空间的统一,使空间成为一个包含一定实践关系和社会意义的更为开放的概念。列斐伏尔认为,"空间不仅仅是被组织和建立起来的,它还是由群体,以及这个群体的要求、伦理和美学,也就是意识形态来塑造成型并加以调整的"②,指明了空间化构成社会实践活动的新思路和新方向。

社会空间是社会实践活动所占据的空间场域,具有一定的精神属性和文化特征,可以反映出作为实践主体的行动者的价值取向和社会关系,校园空间、校外空间、现实空间、媒介空间等各种社会空间相互联系或交叠,为高校思想政治教育主题叙事话语实践提供了叙事平台和话语传播语境。适当的社会空间对主题叙事来说可以建立人与环境之间的互动关联,营造在场的体验效果,也有助于构设促成主题意义生成的精神心理空间。单一的社会空间场域效应有限,借助契合主题叙事语境的多元社会空间,可以提升高校思想政治教育主题叙事的传播力和影响力。

其一,校内空间和校外空间的叙事互补。校园是高校思政教育主题叙事话语实践活动开展的主要社会空间,校内空间包括思政课堂、主题报告厅、校史馆、活动室、操场等校内场地。主题叙事的空间环境不局限于传统课堂、高校校园,广阔的校外社会空间都可以成为主题叙事的场域延伸,例如,纪念性空间、乡土空间、企业空间等有代表性的社会空间,是具有符号意义的空间,能产生身临其境的代入感,有助于主题意义的生成。主题叙事在充分利用好校内空间叙事的同时,也要走出校园空间,利用好校外空间作为叙事体验的补充,拓展讲故

---

① 索杰:《第三空间》,陆扬等译,上海教育出版社2005年版,译序第11页。
② 亨利·列斐伏尔:《空间与政治》,李春译,上海人民出版社2015年版,第52~53页。

事的时空场域,提升主题叙事的空间效应。

其二,现实空间和媒介空间的叙事转换。随着媒介技术的发展,高校思政教育主题叙事除了常在的教室、社团活动场地、校园文化场所、校外实践基地等传统物理空间外,也向微信、视频、直播、QQ、易班、虚拟现实等新兴的媒介空间延展。传统空间中面对面交往叙事,有助于叙事中的情感交流,但现实物理空间有边界,相对封闭,有一定的空间局限,新媒介平台包含各种话语形式,营造了一个超时空边界的话语空间场域,弥补了传统空间对场地、人数、时间和空间的限制,能实现人与人即时互动,人与媒介链接的体验感增强。新媒介提供了更强大的场域效能,线下现实空间和线上新媒介的数字虚拟空间的交叉转换运用,如教育教学的翻转模式、多媒体超链接设置等,可以产生叠加的叙事效应,能有效提升主题叙事效率,吸引受教育者的兴趣。

其三,物理空间和心理空间的叙事联结。强调主题叙事话语实践对空间的运用,目的是在人与环境互动中建立共情、共鸣的心理场域。"马克思主义从实践出发,以其为基础的社会空间理论,弥合了真实空间与精神空间之间的裂痕"[1],启示我们在现实物理空间与心理空间之间建立联结,以促生可以触动心灵的影响力量。在社会空间选择时,应注意其主题契合性、互动体验性、思想启发性、环境亲和性、审美性等,例如,深入革命性纪念空间参观学习比学校教育者讲述革命故事的传统教育方式更直观,更能带来沉浸式的体验。在对选定的社会空间运用时,注意充分发挥其空间功能,与发挥人的主观能动性结合,主体与空间环境配合作用,基于人的情感心理满足创设具有感染力的话语场域,如可以结合情景模拟、音乐、诗词朗诵、视频链接等方式熏染空间氛围,强化叙事的情境体验,激发态度情感上的共鸣。

(三)阐释循环机制

主题意义的生成是个双向选择和理解的过程,不是完全由所预设的目的和意指决定,而是由教育者主体和受教育者主体在话语生产、传播和接受的过程中共同构建。主题叙事话语实践过程中关键的一点是主体对叙事话语主题、叙事话语内容、话语实践过程以及效果的正确理解。阐释学中与理解有关的阐释循环理论,对于话语实践效应形成具有启发和借鉴作用。

阐释学中的阐释循环源于对文本意义或作品思想的理解。德国哲学家施莱尔马赫正式提出"阐释循环"这一概念,认为完满的理解是在整体理解与部分理解之间的不断循环往复中实现的,强调"将阐释学建立在'对话'基础上,而其

---

[1] 许玫:《大学生主题教育案例解析》,立信会计出版社2020年版,第130页。

有关'阐释循环'的理解正是在'对话关系'的强调中形成的"①。海德格尔、伽达默尔发展了"阐释循环"这一概念,从人的认知角度说明传统理解(前理解)与理解之间的循环关系。前理解是理解文本时已经形成的视域,是文本理解的基础,也会在理解的阐释循环中得到修正和发展。在伽达默尔看来,理解活动就是理解者(阐释者)的视域与文本原初视域相互交融的循环过程。阐释学强调"视域融合"对理解的重要作用,并以理解的视域融合为目标。阐释循环的关键是解决理解者视域与文本视域融合以达成正确理解的问题。阐释循环既揭示文本意义产生的视域融合过程,也是一种文本意义构建的方法论。阐释循环所涉及的具体循环关系和内涵所指并非固定不变,"对于话语研究的方法论来说,首先我们应该认识到,知识、理解、阐释不能停留在局部"②。随着阐释学的发展,形成了对阐释循环的不同理解,应用范围有所扩大,也出现了内涵丰富的多重意义上的阐释循环。

受阐释学的启发,基于高校思想政治教育的特殊性,就其主题叙事话语实践的过程而言,阐释循环可以理解为通过主体与文本间的多重阐释循环推动主题话语理解不断加强的过程机制,通过不同层面主体与文本之间的视域融合,不断接近和实现主题意义生成的话语实践目标。由于理解过程的复杂性和多因性,受教育者对主题话语的理解不仅受到自身"前理解"(接收文本时已经形成的视域或认知)影响,也受到教育者对文本理解和阐释的影响,还有受教育者之间的交互理解的影响,以及教育者对话语实践文本反思和调整的影响,这些因素共同决定了理解和认同的结果。从理解的过程性和多主体性、话语实践的发展性来看,阐释循环是一个持续的动态过程,主题意义的生成与实现是多重视域融合的结果。话语实践实施前的文本设计、话语实践过程中的文本意义建构、话语实践结束后的文本反思的全过程,都涉及对文本对象理解的阐释循环,也就是说阐释循环可以在不同意义上使用,可以是扩展到更多层面的多重阐释循环。根据主题叙事话语实践实施过程和主体的理解情况,这里主要从四个相互关联的层面来理解:

1. 教育者主体与文本之间的阐释循环

这一层面的阐释循环,是话语生产阶段教育者主体与设计文本之间的阐释循环。对故事的讲述过程,实际上是教育者将自我理解的价值观念嵌入故事内容及讲述技巧,通过讲述过程向受教育者传递这些价值观念的过程。③ 教育者的理解视域与文本视域是否融合一致,会影响主题叙事话语实践其他环节中的

---

① 杨果:《论阐释的有效性:"阐释循环"与钱钟书诗学》,《浙江工商大学学报》2016年第1期。
② 施旭:《什么是话语研究》,上海外语教育出版社2017年版,第84页。
③ 参见李西顺:《视域交融——探寻深入心灵的德育叙事》,人民出版社2017年版,第55页。

受教育者的理解。这里文本指的是话语生产环节中主题叙事活动的设计文本的整体,部分指的是设计文本结构中的主题、语境、故事、说理等内容。教育者主体需要在文本整体和部分之间进行理解的阐释循环。对组成设计文本的主题理论、故事内容等的理解,需要教育者在前理解基础上,深入理解作为文本各组成部分的意义内涵,这种理解还应当延展到主题相关理论,故事发生的时代背景,故事中人物的生平事迹、思想言论,事件的来龙去脉和社会影响等方面,进而更好地理解整体,为设计文本整体服务。同时也要从文本整体角度,使各部分内容因主题而形成意义联结,组成统一的合理结构的意义整体,处理好整体理解和部分理解之间的关系,"即在多个层级的部分和整体间交流、循环和更新理解"[1],确保文本主题意义的一致性。通过阐释循环把握主题内涵、故事精髓,充分理解其意义,同时具备叙事说理的思想立场和观念基础。总之,主题叙事要取得实效,教育者在主题叙事实施之前,需要将设计文本与自身的前理解对接,在前理解基础上,融合视域,形成对叙事文本的主题和内容的正确理解,这一层面阐释循环有利于教育者准确把握文本的精神要义,把握作为文本部分的叙事内容资源与文本整体的关系,从而正确地指导话语实践,使发出的文本具有说服力,能被受教育者理解和接受。

2. 受教育者主体与文本之间的阐释循环

第二层面的阐释循环涉及话语实践过程中受教育者对文本的理解。由于话语实践主要言说对象是受教育者,文本意义的生成最终是由受教育者通过理解而实现的,是受教育者个体视域和教育者发出的叙事话语文本视域之间的视域融合的过程,受教育者可以说是话语实践过程中最主要的理解者。"前理解"反映了受教育者已有的知识、经验和认知结构等状况,是受教育者理解文本的前提条件,是形成新理解的基础,它规定了理解的视域,会影响对主题叙事文本的正确理解和接受效果。通常受教育者视域与文本视域接近的话,则比较容易达成对主题意义的理解和接受,如果差异较大,则可能出现理解上的障碍甚至导致理解失败。虽然教育者视域和受教育者视域存在或多或少差异,受教育者在理解文本时总是使用已有的视域审视接收的内容,但受教育者的前理解不是不可改变的,它会"不断地根据继续进入意义而出现的东西被修改"[2]。也就是说,受教育者不是完全被动地去理解意义,而是具有主观能动性,在有效的意义输入和话语影响下,受教育者是可以改变原有理解而走向新的理解的,经过受教育者和文本之间的阐释循环的往复过程,在意义输入的刺激和引导下,不断

---

[1] 王子威:《从个体阐释到公共阐释——论"阐释学循环"概念的发展演进》,《广州大学学报(社会科学版)》2023年第5期。

[2] 汉斯-格奥尔格·伽达默尔:《诠释学Ⅰ:真理与方法》,洪汉鼎译,商务印书馆2021年版,第379页。

更新理解,越来越接近对主题意义的正确理解。促进存在差异的文本和受教育者之间视域融合,重要的路径是对受教育者的"前理解"视域进行分析把握,找到共通视域,以此引导和推动新的理解建构。也就是说,教育者需要找到发出的话语内容与受教育者前理解视域之间的契合点,抓住这些契合点进行沟通交流,引导受教育者理解的方向,对有偏差的理解及时进行纠正,再由点扩大到面,逐渐达成共识理解,促成教育者视域与受教育者视域的融合。

3. 多个受教育者主体与文本之间的阐释循环

对高校思想政治教育来说,话语交往通常不是单一对象,而是面向众多受教育者个体。因此,话语实践过程中的阐释循环不仅存在于个体与文本之间,而且存在于多个受教育者主体与文本之间。公共阐释论者主张"阐释本身是一种公共行为。阐释的生成和存在,是人类相互理解与交流的需要"[1]。基于公共阐释论的启发,王子威提出了一种更带有公共性特点的阐释循环,即存在于文本对象和多个理解者之间的阐释循环,这种循环指多个理解者分别与同一文本对象进行交流并产生多种个体阐释后,在不同的理解者之间进行意义的交流、循环和更新,最终或可形成一致认同的动态阐释过程。[2] 这一认识同样适用于高校思想政治教育话语实践过程中的阐释循环。人的社会性和思想政治教育话语实践的意识形态属性决定了存在于其中的阐释循环的公共性特点,因受社会规范和文化意识形态的影响,受教育者的视域中必然存在与教育者文本重合的公共性部分,当然也存在富有个性的内容,这些共性和个性都构成相互交流的基础。共性的部分为达成共识提供条件,个性的部分则可能作为启发性、创造性的因素带动新的意义理解和意义重构。所谓教学相长,也在此理解范围之内。即便存在个体阐释视域之间的冲突,也可以借由群体公共阐释的说服力量即多数受教育者的共识理解,促发冲突的受教育者个体对自身的理解进行反思,改变调整原有理解,向共识阐释转化。高校思想政治教育话语实践是以实现受教育者群体的理解和接受为目的的,因此,主题叙事话语实践在实现有效性目标的过程中,不能仅关注个体对文本的理解,理应关注到多个受教育者和文本之间的阐释循环,并将其作为一种方法和手段,借助学习共同体中不同主体之间的互动交流,建立起达成共识的对话基础,在意义阐释的多向循环中,加强或扩展多主体和文本间的视域融合,推动主题意义的建构与实现。

4. 教育者主体与文本之间的反思性阐释循环

人的视域不是封闭的,在实践中具有历史性和开放性,是变化发展着的。

---

[1] 张江:《公共阐释论纲》,《学术研究》2017年第6期。
[2] 参见王子威:《从个体阐释到公共阐释——论"阐释学循环"概念的发展演进》,《广州大学学报(社会科学版)》2023年第5期。

从这一点讲,理解的视域融合也指过去的理解与现在理解的视域融合。发展和创新是高校思想政治教育话语实践取得实效的关键路径。从整体而言,高校思想政治教育主题叙事话语实践是一个渐进发展的过程,并非单次话语实践的完结。前述三个层面的阐释循环主要是话语实践中的共时理解状态,这里,第四层面的阐释循环主要是从历时性角度所作的审视。从话语实践的发展看,每一次主题叙事话语实践都为下一次话语实践奠定了经验基础,每一次新的主题叙事话语实践都是对上一次话语实践进行总结和反思基础上的话语再生产。教育者主体对每一次的话语实践文本进行总结和反思,这里的文本可以理解为动态的话语实践全过程文本或完成了的话语实践实例,评估话语实践效果是否达到期待,如果未达预期,反思是否存在理解不准确、把握不到位、选材不适当、表达不清晰等情况,为此,有必要建立有效的评估手段,帮助教育者理解教育成效以及总结经验、发现问题,构建新理解的基础,为后续话语实践有效推进提供经验指导。在反思发现过去话语实践中知识、经验等理解上的不足的基础上,采取行动,通过言语调适,做出调整,进行话语再生产,这是主题叙事话语实践的延续,这一过程涉及教育者与每一次话语实践完成文本之间的阐释循环关系,也可以视为对前理解的持续的调整、更新,是一个积极的发展演进过程。每一次教育者主体对文本的反思性阐释循环,都是对过往经验、理解的重构与创新,是探寻话语有效建构与主题意义生成规律的重要方式和途径,通过话语实践从生产、传播、反馈、调整到话语再生产的循环往复,推动话语实践的长效机制建立,实现话语实践效果不断提升的良性循环。

总之,以上四个层面的阐释循环和视域融合,在主题叙事话语实践效应形成中具有各自价值,不可或缺,四个层面的阐释循环紧密相关、相互作用。适应语境变化,积极利用阐释循环机制,推动教育者与受教育者和文本之间的多重视域融合,借助多重阐释循环的互动作用,可以生发出一种效应,即推动主体间思想达成共识和意识形态教育目的最终实现的效应。

第五章
高校思想政治教育主题话语建构的叙事策略

高校思想政治教育主题叙事话语实践运作过程也是主题话语建构的过程，这一过程需要借助一定的叙事策略才能形成有效机制，通过叙事策略建构主题话语，增强话语阐释效果，生成和实现主题意义。针对当前高校思想政治教育主题叙事话语实践仍然存在的生动性不足、形式单一、实践流于形式等问题，结合已有较为成功的实例经验，探讨主题话语建构的有效叙事策略，可以为主题叙事话语实践发展提供一些思路和参照。

主题叙事话语实践有共同的规律，但具体到话语活动（实例）可以有不同的叙事方式。由于叙事策略多种多样，无法穷尽，受篇幅所限，这里主要围绕互动叙事、融合叙事、群像叙事和行走叙事几个典型路径展开策略研究。实践中，每一种叙事策略并非孤立存在、截然分开，而是交织在一起的，综合运用。融合叙事包含多层面的互动关系，也是互动叙事的重要路径，而行走叙事、群像叙事和互动叙事往往要借助于多种主体、媒介，越来越表现出融合叙事趋向。

一、互动叙事

互动是话语有效性的基本条件。传统单向灌输式为主的话语模式，一定程度上限制了高校思想政治教育对话机制和话语实效性的发挥。高校思想政治教育主题叙事话语实践的发展蕴含着互动性要求，需要重塑话语主体之间的关系，尊重受教育者的主体地位和话语权利，促成教育者和受教育者之间平等的对话交流。数字媒介技术的快速发展增强了信息的交互渠道，使思想政治教育话语实践的对话形态得到发展，交互技术的发展为创新话语表达和实现有效对话提供了路径，也使互动叙事成为一种突破传统定式的现实选择和重要策略。本部分着重探讨高校思想政治教育互动叙事的内涵、价值、特点和策略问题，以为推动开放的、交互式的话语实践创新提供一些具有建设性的思路。

(一)互动叙事的内涵与价值

互动性是主题叙事话语实践的重要特征,主要体现在叙事主体之间的对话和沟通上。在叙事过程中,"话语的互动性是形成对话和增加意义理解可能性的一个重要条件和因素"①,互动意味着通过对话、交流来传递叙事信息,表达观点、想法,没有互动,叙事理解和有效性不可能真正实现。

美国学者玛丽-劳尔·瑞安在《故事的变身》中提出"互动叙事"这一概念,认为在互动与反应性质、多变的符号和变化的显示、多重知觉和符号渠道、网络化能力等数字媒介的突出属性中,互动性对叙事最为重要,叙事意义是故事讲述者或设计者自上而下规划的产物,而互动性则要求用户自下而上的输入,自下而上的输入同自上而下的设计之间需要无缝对接,才能产生形式精致的叙事图案。② 一般认为互动叙事概念是在数字媒介发展语境下提出的,但实际上互动叙事形式一直广泛存在于人类的交往实践中,只不过数字空间技术的发展增强了叙事的动态交互情境。

数字媒体时代,互动的重要性因技术提供的交互性而日益凸显。互动叙事强调叙事主体之间形成平等交流关系,受众不像传统叙事模式中主要是被动地接受,而是可以通过媒介交互的选择、反馈等功能,实现受众对故事的互动性参与和介入,甚至影响故事的发展进程。由于高校思想政治教育主题叙事活动不只存在于数字网络空间,也存在于传统现实的物理空间,本书中的互动叙事是包含传统互动叙事形式的广义上的互动叙事,即叙事主体之间通过双向信息交流和平等对话以加强理解、达成共识的叙事实践形态。

马克思认为:"社会——不管其形式如何——是什么呢?是人们交互活动的产物。"③在社会关系中,主体间的交往是以互为主体为前提的交往,是建立在人的社会实践基础上的复杂过程。在马克思看来,这种交往过程是不同主体之间在物质和精神上互为补充、借鉴创造的过程,主体间在思想和行为等方面得到交换,在情感和理智等方面互为补充,在这种相互影响和作用下达到各方面的协调一致。④ 可以这样理解,主体间的交往是满足主体物质需要和丰富精神需要的重要途径,每个主体在交往实践中相互影响、相互借鉴,为实现人与人之

---

① 陈刚:《共识的焦虑:争议性议题传播的话语变迁与冲突性知识生产》,人民出版社2016年版,第77~78页。
② 参见玛丽-劳尔·瑞安:《故事的变身》,张新军译,译林出版社2014年版,第94~95页。
③ 《马克思恩格斯选集》第4卷,人民出版社2012年版,第408页。
④ 参见乔靖文:《新媒体时代思想政治教育话语的创新》,中国社会科学出版社2022年版,第83页。

间的和谐关系建立和推动人的自由而全面的发展拓展了空间、提供了可能。高校思想政治教育主题叙事话语实践的目的不仅在于意识形态方面的认同，更在于通过互动对话，发展受教育者的主体性。主题叙事话语实践的有效性不仅在于主体传递信息和获取信息的能力，而且有赖于主体之间和谐关系的发展和思想情感的碰撞交流。互动叙事强调话语主体间的对话性、交互性，尊重受教育者的主体地位，有助于主体间平等身份关系的确立，受教育者可以通过线上线下等多种方式参与互动，有助于增强获得感和对知识信息的理解，也有助于教学相长，达成相互理解，实现视域融合，解决以往话语实践中单向交流为主而导致有效性不足的问题。比如，在党史学习教育中，中山大学以"传承红色基因，传递红色信仰"为主线，开展"信仰对话"活动[①]，组织百名学生党员寻访对话百名老党员，充分发挥学生党员的主体作用，让他们在组织筹划、采访活动、撰写脚本、视频拍摄等工作中"挑大梁""唱主角"，引导师生在"信仰对话"活动中，发扬光荣传统，筑牢信仰之基，有效调动了青年学生的积极性和主动性。许多实践证明，互动叙事具有唤醒主体意识、提升话语实效的价值。

（二）互动叙事的特点

互动叙事不同于单向度的叙事，体现了人与人之间的交往属性和平等对话权利，是一个动态的意义建构过程，具有以下几个相互关联的显著特点。

1. 尊重主体平等参与叙事和进行话语表达的权利

互动叙事彰显了主体性发展的要求，注重交往主体之间的平等关系，作为叙事主体的教育者和受教育者相互尊重对方在叙事中的主体性、独立性，在平等的基础上，进行话语交流和双方关系的构建。话语权利是主体性权利的体现，是可以借助各种媒介手段平等表达内心想法、思想观点和情感的权利，有没有话语权利以及话语权利大小决定参与叙事的机会多少。传统单向叙事关系导致教育者独白、受教育者失语情况，不利于主体性发展。互动叙事强调，主体双方均有参与叙事进程和进行话语表达的平等权利，主张通过平等交流与对话，激发受教育者的主体意识，由此受教育者由被动的受述者变为平等参与的主体。叙事主体之间的关系是在叙述者和受述者之间往复变换，而不是单一固定的角色关系，特别是叙事过程中具有话语主导权的教育者，不能以话语主导权威压制受教育者的话语表达权利。尊重主体参与权意味着叙事不是单向的，而是参与主体之间双向的或多向的互动关系，不仅教育者，受教育者也能自主参与叙事话语建构。强调互动叙事，就是要调动受教育者的主体能动性，激活

---

① 参见《中山大学开展"信仰对话"让党史走进组织生活》，https://www.12371.cn/2021/12/29/ARTI1640753277185551.shtml，访问日期：2023年12月3日。

沉默的受教育者话语权利，从根本上变革传统叙事主体关系，让受教育者真正参与叙事互动。

2. 表征叙事主体相互交流和理解的对话关系

互动叙事反映了一种建立在平等基础上的对话关系，体现了主体间性的特征。互动叙事不同于"主体—客体"二元对立的独白叙事，更注重主体之间交流、理解的对话过程，重视受教育者的主体人格，倡导建立"主体—主体"的平等互动关系，通过积极的对话交流，拉近主体间的心理距离。

交流和理解是与互动叙事密切相关的元素，一方面，交流构成了理解的前提基础，交流意味着可以运用语言、文字、图像、视听等各种方式建立联系，相互交换信息，通过有效交流了解对方的想法、感受和需求，进而建立相互理解的对话关系。另一方面，理解是交流的目的和结果，通过交流，对话双方共享知识和经验、互通情感、感知意义世界，通过互动反馈，排除沟通障碍，实现共识性理解和认同的一致。

互动叙事所强调的对话关系存在于主体间相互交流的过程中，也是主体间形成理解的互动状态，没有对话就没有交流和沟通，也难以达成共识性理解，反之，在双向交流基础上达成理解，有助于形成良好的对话关系，优化对话效果。

互动叙事是形成高校思想政治教育对话秩序的重要方式，互动叙事中相互交流和理解的对话关系不仅体现在叙事的互动形式上，而且在于叙事体验上带来的情感交融。通过交流和理解过程促进叙事主体对话的良性循环，在互动叙事形成的内在关系循环中，主体之间共享信息和知识，沟通认识和经验，缩小认知差异，形成情感交汇，在彼此互动和分享中共同发展、互相成就。

3. 具有传受一体动态性的意义建构属性

从传受关系看，互动叙事是一个双向或者多向的对话、交流系统，是传受一体化的叙事模式，增强了受众的参与体验和互动反馈，强化了传播效果。[①] 互动叙事不同于传者中心或受传者中心，而是要求形成一种平等互动的传受一体的新型关系，特别是网络、微信等新媒体带来的传播变革，进一步消解了传播者和受传者之间的界限，使传受之间的互动特征不断加强，传受身份可以灵活地相互转换，为受教育者成为叙事参与者、内容共创者提供了更加便捷的渠道。建立在平等基础上的传受一体关系，有助于克服单方主导的局限，可以既满足受教育者的合理需要，同时也发挥教育者的引导和监督作用，纠正不正确和不合理倾向。

传受关系的变化和媒介环境的多样化变革赋予互动叙事动态性特征，使叙

---

① 参见惠东坡、卢莎：《互动叙事：全媒体时代视听话语实践的新走向》，《新闻论坛》2019年第3期。

事在互动中处于变动和发展状态,是一个传受双方共同参与主题话语建构的动态阐释的过程,在互动与对话中拓展了意义空间。传受一体的互动叙事具有生产性和建构性,在"两者交互问答,在不同的见解与相互补充之中,在生动活泼的对话过程之中,产生新的思路",不断拓展认识主体既有的知识边界。① 互动叙事可以让受教育者拥有更大的自主性,成为叙事者,参与叙事内容生产、传播和主题话语建构,在对话互动中以"在场"状态影响叙事过程,建构新的意义,也就是说,高校思想政治教育叙事主体在对话过程中共享知识、经验,共同参与建构主题话语意义。

(三)互动叙事策略

对高校思想政治教育主题叙事话语实践而言,实现受教育者的认知转化和情感共鸣,是提升话语有效性的重要表现,需要通过有效的"叙事传输",将加工过的叙事信息传输进叙事进程,使主体的认知和情感在情境体验中发生改变,形成内化的共识理解和意义联结,这是一个主体认知和情感在互动中不断整合的过程。互动叙事是高校思想政治教育主题叙事话语实践的重要形式,是实现话语有效性的重要路径。借助互动叙事提升话语实践成效,可以从认知互动、情感互动和数字互动等方面探讨具体的叙事策略。

1. 认知互动:促成深层次叙事理解

叙事话语实践的互动交往原则也同样遵循认知的原则和规律。认知是理解信息和知识的能力,叙事的过程也是认知建构和发展的过程,涉及编码和解码的流程。编码是思想政治教育者经过叙事组织,通过一定方式传递知识信息与受教育者互动,影响受教育者认知,解码是受教育者接收信息,理解信息内涵和意义。认知的发展,不是教育者采取主动即可达成,而是需要依赖受教育者的主动加入和理解才可能实现。主体间的思想共振建立在受教育者当前认知与原有认知互动融合基础之上,进而实现认同和接受的叙事效果。

首先,注重叙事过程的认知调控。叙事可以采用听者设计,建立主体间相互理解和共享信息的互动取向。互动过程中无所不在的知识状态分析、知识立场分析正是交往主体之间对自我、对他者内在信息状态的精细认知,是双方衡量彼此之间的信息差,设法弥补信息差,双方达成共识的过程。② 在互动叙事过程中,教育者有进行认知调控的责任。认知心理学研究认为,"如果外部刺激与个体已有的知识、经验完全不匹配,则该刺激极大概率无法进入个体的认知加

---

① 参见王丽丽:《关系·对话·情感:高校思想政治理论课中师生共同体的构建路径探析》,《黑龙江高教研究》2023年第12期。

② 参见赵玉荣、崔海英、邵丽君:《知识引擎观视域下互动叙事中的话语协商》,《河北科技师范学院学报(社会科学版)》2020年第1期。

工系统,而是直接通过边缘加工快速释放,即刺激无效,注意力资源获取失败"①。由于叙事中教育者往往具有知识和经验方面的优势,为推进认知互动,形成合理的认知差,在叙事实施前应该注意了解受教育者的认知状态和立场情况,判定对方认知需求以及故事的可理解性与可接受性,针对受教育者的认知情况加工和设计叙事内容。叙事过程中则需要观察对方的认知和理解状态,根据受教育者的实际认知表现推进或调整叙事进程。由于主题话语意义的生成是由教育者和受教育者共同建构的,离不开受教育者的认知介入,有效的认知互动需要调动受教育者参与叙事建构的积极性和主动性,鼓励受教育者对疑惑进行提问,对不理解之处进行表达,需要及时畅通平等参与叙事和沟通反馈的渠道,为受教育者提供相应的解释和帮助,以促进受教育者的认知发展,推动叙事理解的深化和思想信仰的内化。

其次,运用恰当的认知语用技巧。认知语用理论认为,在交往过程中,话语的认知与理解过程就是寻找关联的过程。在互动叙事中,受教育者的理解建立在教育者的话语基础之上,因此,使互动话语具备最佳关联性十分重要。在认知语用技巧中,隐喻、互文等策略对推动认知互动和叙事理解具有重要作用。

隐喻是一种修辞方式,也是一种常用的言说策略。隐喻本质上是通过另一类事件来理解和经历某事件的思维方式,是主体在两个认知概念域之间建构的系统互动关系,概念域之间的映射包括语用文化因素,隐喻意义的建构离不开主体参与,在主体的话语交往中需要经过再语境化作用才能达到意图表达效果。②隐喻具有认知启发性和亲和性,是用一个概念/事件去阐释另一概念/事件的映射过程,在实际应用中,"隐喻通过引导认知加工将人们对事物的理解引入既定的方向和路径"③,通过主体间的互动进行建构并完成理解,具有传递意识形态和劝说等功能。运用隐喻叙事技巧就是根据具体语境,运用受教育者已知或熟悉的概念/事件去阐释目标概念/事件,形成契合受教育者认知的对主题思想的最佳关联表述,通过同类意象的隐喻映射,以受教育者容易理解和接受的方式呈现叙事内容。"隐喻的有效性在于与接收者内部的潜在符号表征产生共鸣。因此,在共鸣存在的前提下,就可以对主题进行重新审视,继而获得关于熟悉事物的重新认识"④,隐喻将抽象复杂的思想概念化为更通俗易懂的信息内

---

① 徐明华、李虹:《国际传播中的共情叙事:作用机制与实践策略》,《对外传播》2023年第6期。
② 参见张立新:《隐喻认知语用研究》,世界图书出版公司2014年版,第9页。
③ 徐明华、李虹:《国际传播中的共情叙事:作用机制与实践策略》,《对外传播》2023年第6期。
④ 孙毅:《思政语篇的隐喻书写与传播——〈了不起的40年〉中的改革叙事》,《东北师大学报(哲学社会科学版)》2020年第4期。

容,促进理解和接受。比如,对中国梦主题的叙事阐释,可以通过不同历史时期党领导人民团结奋斗的故事和成就、图片和视频等来展现理想信念、梦想精神的相关概念与内容,一个个隐喻动态整合在一起,形成中国梦的概念象征,通过隐喻叙述推动受教育者跟随叙事的话语导向进行理解、形成共鸣。

互文,也是一种常用的修辞手法和有效的认知语用手段,与隐喻有许多关联,但属于不同的方法。互文在古汉语中指上下文之间互相阐发、互为补充。法国符号学家克里斯蒂娃在巴赫金对话理论基础上首次提出了"互文性"概念,认为任何文本都是在对其他文本的吸收和转化中形成的。互文性又称"文本间性""文本交织",用以指涉不同文本之间的相互关系,既包括直接引用、传统继承等显性关系,也包括暗示、参考、改造、转换等隐性关系。正如克里斯蒂娃在《封闭的文本》中所指出的,"文本意味着文本间的置换,具有互文性:在一个文本的空间里,取自其他文本的若干陈述相互交会和中和"①。互文性概念提出后,在实际应用中,意涵不断发展,不仅作为修辞手法,而且作为叙事组织建构和阐释策略的重要方式。在互动叙事中运用互文的认知策略,建构多维文本间相互参照的关联网络,有助于丰富文本的意义,拓展理解的想象空间和阐释深度,帮助受教育者实现对叙事系统中意义连贯的自主建构。比如,在高校思想政治教育叙事口头语言或文字表述的同时,也引入图像、影像等叙事文本,在讲故事的同时使用一些明示或暗示语境的背景知识的文本,通过形成互文关系,增强表意效果,影响受教育者的解码过程和理解接受。虽然意义生成最终还是要通过受教育者与教育者的文本对话,对文本意义进行理解阐释的自我建构才能完成,但教育者在叙事过程中使用互文性技巧进行认知干预,可以通过补充、强调,建立意象关联等,使表达更清晰准确,为受教育者的理解指明正确方向。

最后,设置多样的互动参与环节。互动环节是互动叙事不可缺少的重要部分。高校思想政治教育主题叙事话语实践,仅依赖教育者对互动进程的单向干预和预设效果有限,要使叙事内容被受教育者理解和接受,还需要进行叙事形式创新,设置互动参与环节,创造受教育者参与互动的机会,构建共同参与叙事的意义空间。比较有效的互动参与设置有这样几种:

一是问答互动。设计问答环节,将主题思想与现实问题结合,通过提出问题和回答问题的方式带动参与,增强叙事的互动性。教育者和受教育者都可以成为提问者和回答者,问答互动既可以现场进行,也可以通过社交媒体在线上平台进行。通过问和答的过程,既可以分享相关知识与经验,也可以解决主题叙事中存在的疑问和问题,在互动中促进思考,生成感悟,加深对主题叙事内容

---

① 朱莉娅·克里斯蒂娃:《符号学:符义分析探索集》,史忠义等译,复旦大学出版社2015年版,第51页。

的理解。

二是采访互动。通过组织教育者和受教育者之间、受教育者与受教育者之间、受教育者和其他特定交流对象之间在特定场景中的采访和访谈互动,了解他人的人生经历、思想感悟,从中受到启迪。采访一般要经过准备、访谈和总结各个阶段,有说有听,整个过程是意义不断生成的过程,能充分调动受教育者的积极主动思维。受教育者不管是作为访谈者还是受访者,都需要启动认知因素进入互动叙事,借助访谈的视域融合共生过程,发现新的意义,形成新的认知。

三是论坛互动。可以打破身份界限,跨越时空,邀请专家、学者、社会专业人士、教师代表、学生代表等,组成互动论坛,聚焦一定主题,通过分享感悟、介绍经验、演说、表演、对谈等方式,与受教育者进行互动交流,将抽象思想观念转化为更为具体生动的交流对话场景,扩大认知视域,使受教育者从中获得启发,深化对主题的认知。

四是团队合作互动。在教育者引导下,由受教育者组成学习团队或实践团队,围绕主题,通过交流探讨或实践合作,创设团队互动情境,加强认知协调,在思维和认知的沟通碰撞中,形成阐释循环和视域融合的认知趋同,深化主题叙事理解。

五是评论互动。评论不是教育者的专利,可以采用多样化互评方式,让受教育者参与其中,表达对叙事过程的看法、感受。除了传统的面对面评论互动,新媒体叙事形式嵌入的弹幕和评论区等评论互动,丰富了认知互动形式。通过互动评论,提升受教育者参与叙事的积极性,既可以借此了解和提升叙事效果,也可以通过评论及时引导受教育者的自我认知。有效的评论互动需要精心设计,具有参与感和启发性,能通过反馈与回应的良性对话循环,引人深入思考,促进叙事信息的互动传播,在意义交换中实现传受双方的共同进步。

总之,在高校思想政治教育主题叙事中,根据主题和受教育者特点设置互动环节,建立多元互动机制,形成叙事共同体,拓展共享的意义交流空间,在认知代入和互动的过程中增强主体意识,在自我与他人的关联中审视和反思自身的思想行为,吸纳新的观点和认识,推动认知改变和发展,这是超越浅层认知进入深层的认知觉醒过程。

2. 情感互动:强化共通性叙事体验

"情感是人的需要是否得到满足时产生的一种内心体验。情感具有动力功效。"[①]情感互动是主体之间一种双向的情感交流和情感状态相互作用的过程,是影响叙事效果的重要因素。美国社会学家柯林斯关注社会互动中情感能量的作用,认为情感能量能使互动参与者生成"共同关注"的内容,并发生"节奏连

---

① 陆林召、卢卫林:《情感互动视野下健康人格的培养》,《教育评论》2009年第3期。

带"的"驱力",由此可见,情感能量对互动情境和叙事逻辑都有至关重要的建构功能和引导功能。① 情感能量产生于主体的情感互动中,相比于认知互动,情感互动较为隐蔽,但有助于强化认知互动效果,以共通性情感为认知打下基础。虽然对同样的叙事内容,不同主体认知上会存在差异,但常常在故事所反映的经历、折射的情感、蕴含的价值观念等方面会有一些共通之处,这些构成叙事共情体验的切入口,为认知向认同转化奠定情感能量基础。

首先,通过柔性表达形成情感共鸣。叙事中的情感表达是形成情感共鸣的关键因素。有效的情感互动要求叙事话语表达有温度、有情怀,回归现实生活,体现人文关怀,符合情感逻辑。一是要找到叙事的共情基点。这是关键,需要关注受教育者的情感需求,注重挖掘主体间的共通情感因子,围绕共情基点,对叙事进行设计和组织,叙事主题、内容和形式与受教育者的情感需求相关,符合兴趣,使叙事附带特定的情感和意义表征,能产生所期望的心理体验。二是要把握叙事的情感基调。在叙事中投入真情实感,用亲和力的表达感染人,用教育者自身的积极情感唤起受教育者正向情感的发生,营造感知情境,将受教育者带入故事情境,感同身受,围绕主题形成共享的情感体验,通过情感互动,唤醒主体内心深处情感,形成积极情感动力,有意愿向叙事内容所要求的方向发展。三是要掌控叙事的情感节奏。引导受教育者积极表达自己的情感,建立主体间的情感联结,在情感双向交流中感知受教育者的情感变化,适时调整叙事节奏和方法,使叙事的情感氛围具有持续的感染力,产生共情效果。具有共通情感的叙事能快速吸引受教育者注意力,唤醒情感能量,增强叙事感受力,在情感关联的合意空间中思考主题意义,提升对话交流质效。

其次,借助互动仪式推动情感交融。仪式是一种文化符号和知识形态,是"人类社会中具有象征意义的、程式化的、不断重复的社会行为,链接和转换着现实世界和象征世界"②。柯林斯将仪式视为相互关注的互动机制,认为仪式能赋予符号对象以意义性,使参与其中的个体产生积极的情感体验。根据柯林斯的"互动仪式链"理论,互动仪式主要包括四种组成要素:(1)两个或两个以上的人聚集在同一场所,通过其身体在场而相互影响;(2)对局外人设定了界限,因此参与者知道谁在参加,而谁被排除在外;(3)人们将其注意力集中在共同的对象或活动上,并通过相互传达该关注焦点,而彼此知道了关注的焦点;(4)人们分享共同的情绪或情感体验。互动仪式由这些要素组合建构起来,是一个反馈循环的运作过程,成功的互动仪式即互动仪式各要素的有效综合,能形成思想

---

① 参见牛慧清、田佳玮:《空间叙事与情感互动:访谈节目形态的创新逻辑与路径选择》,《传媒观察》2022年第4期。
② 赵聪、何红泽:《剧式表达 仪式建构 价值书写——〈典籍里的中国〉审美意蕴探析》,《中国广播电视学刊》2021年第7期。

和行为动员的转变力量,使参与者体验一种群体成员的身份感,产生参与互动活动的愿望和主动进取的情感能量,通过参与互动仪式发展积极情感,有利于形成群体的情感共鸣。①

互动仪式的核心机制在于高度的"互为主体性"和"情感连带",通过互动仪式的情境化体验,满足人的情感需求,有助于激活叙事过程中主体内在的情感能量,积极参与叙事互动。高校思想政治教育叙事可以借助互动仪式来优化叙事策略,创新叙事形式,借助多平台、多形式、多媒介叙事,打造沉浸场景,通过明确的主题和清晰的叙事逻辑吸引受教育者关注,实现叙事过程的情感交融。可以采用受教育者喜闻乐见的视听叙事等互动形式,激发情感能量;通过实践基地等叙事空间,参与文艺表演等形式,强化在场感,生成情感连带作用;借助与重要人物对话、访谈优秀人物等有效叙事设计,利用焦点关注,强化情感共鸣联通;运用弹幕、评论等互动,共享情感体验。各种互动仪式创新叙事,鼓励受教育者参与叙事,叠加情感效应,增强叙事体验,进而形成情感动力,在情感力量驱动下,坚定信心信念,强化认同感。互动仪式连续化、常态化,不断唤醒情感能量,使一次互动产生的短暂情感能够累积成持久的情感力量,进而实现真正意义上的认同和内化。

3. 数字互动:创设立体化叙事情境

党的二十大报告指出,要"推进教育数字化"②。数字化为高校思想政治教育话语表达提供了交互式、沉浸式的感知情境,使其突破传统时空限制,实现了育人场域的广域拓展,"在赋能思想政治教育的路径上形成了从场域变革到叙事范式、从具身沉浸到情感认同、从人机协作到人机共育转变"③。数字互动"是数字个体在数字平台上构建数字交互连接,扩展数字社交面和数字朋友圈,在多维度的数字生活中开展联系和沟通,在长时间的数字交互中互相影响,产生思想共鸣"④。

数字技术发展改变了人类的生存空间形态,也使高校思想政治教育叙事空间发生了深刻变化,数字空间成为思想政治教育主题叙事话语传播的重要载体。语言学家罗曼·雅各布森曾经指出,语言符号不提供也不可能提供传播活动的全部意义,交流的所得有相当一部分来自语境,这里的语境即指传播活动

---

① 参见兰德尔·柯林斯:《互动仪式链》,林聚任、王鹏、宋丽君译,商务印书馆2017年版,第78~81页。
② 习近平:《高举中国特色社会主义伟大旗帜 为全面建设社会主义现代化国家而团结奋斗——在中国共产党第二十次全国代表大会上的报告》,人民出版社2022年版,第34页。
③ 陈学文:《元宇宙技术如何赋能思想政治教育》,《广西社会科学》2023年第9期。
④ 温旭:《"数字思政"的作用机制及其实现路径》,《思想理论教育》2024年第3期。

的情境。① 话语传播过程中的情境语境构设了场景、场域，会影响文本意义的生成，形成情境意义。随着数字技术的发展和广泛应用，网络、大数据、人工智能、虚拟/增强现实、眼动追踪等技术重构了人类的叙事形态和方式，使叙事具有强互动性、多样态性和超链接性。数字技术条件下的叙事是借助数字互动工具的高度情境化的叙事。

传统空间的高校思想政治教育叙事以教育者为主要信息传播者，受教育者参与机会有限，数字技术应用形成了"传—受"双中心格局，既为教育者实现叙事的技术升级提供了手段，也为受教育者参与叙事生成和传播提供了条件。数字互动允许各类主体"通过角色扮演、人机对话等方式参与叙事，改变叙事进程或结果，以增强他们的参与体验"②。在数字互动中，教育者和受教育者之间界限被打破，谁都可以成为叙事的发出者和创作者，"叙事者可以尝试让受众更加沉浸在故事世界中，去发现更多细节，给予回应，且把故事中搭建的世界和他们自己真实的世界链接起来，并将传统意义上被动接受的受众变为主动的参与者、体验者，不仅能让受众接受和理解媒介内容，还能够在实际上参与内容互动"③。

此外，数字技术也变革了高校思想政治教育叙事结构和形式，使碎片化叙事得以在主题下实现联通和整合，可以还原历史和现实场景，使主体获得虚实结合的多维沉浸体验，数字化的叙事形式更加丰富多样，而且可以通过推荐算法对叙事内容进行个性定制，产生自主的感知和互动体验，为受教育者发挥主观能动性、参与叙事提供了机会和更多可能。可以说，在数字化空间中，互动不再是形式，而是建构主题叙事话语的重要内涵和元素，实现了多主体、多场景、多形式的交互模式。

数字互动叙事成为高校思想政治教育话语实践的一种重要方式，推动思想政治教育主题叙事理念、叙事话语生产、叙事结构和话语表达等朝着多元交互、动态开放转向。在数字化背景下，数字互动对高校思想政治教育主题叙事创新具有重要价值，提供了创设立体化叙事情境和增强互动叙事实效的路径，也为高校思想政治教育主题叙事话语实践提出了相应要求。

其一，具备数字互动的叙事思维和叙事能力。关注数字化变革方向，重视数字化技术在主题叙事中的应用，学习必要的数字应用技术，提升数字素养；挖掘数字资源丰富叙事内容，运用大数据算法实现叙事内容的对象化精准化推

---

① 参见薛可、余明阳：《人际传播学概论》，复旦大学出版社2021年版，第332页。
② 惠东坡、卢莎：《互动叙事：全媒体时代视听话语实践的新走向》，《新闻论坛》2019年第3期。
③ 米丽·加仑、肖燕怜：《数字时代的融合新闻叙事策略——从时间转向空间》，《新闻潮》2023年第10期。

送;借助数字技术创新叙事方式,形成全新的数字化互动叙事模式;推动数字思政平台建设,优化数字化互动叙事环境。

其二,增强叙事结构的交互设计。前沿数字技术创造了高度互动的平台条件,改变了高校思想政治教育传统的叙事模式,"多媒体技术、超文本技术的嵌入和应用重置了互动叙事结构"[1]。不同于传统线性叙事,数字技术赋能下的互动叙事结构使受教育者在与数字化虚拟环境互动时,有更大的参与叙事的自主选择权和决定权,因此,在思想政治教育主题叙事组织中,要尽可能考虑受教育者参与因素,加强交互设计,从叙事空间进入、叙事行为引导和叙事反馈等多个方面建构互动叙事通道,形成富有逻辑性的互动叙事结构和完整链条的互动叙事网络。

其三,形成立体化交互传播的叙事情境。数字化技术提供了多元化场景的话语平台,为高校思想政治教育主题叙事实现立体化传播提供了技术条件。利用好数字化这一突破口,围绕主题目标,借助视听技术、VR、AR、H5等多媒体交互技术,创新多样化叙事传播样态,创建聚合互动的数字思政场景空间,通过人机交互运作打造立体化场景的沉浸环境,实现高效的交互式传播,生动呈现思政叙事内容,提升情境体验。

虽然数字化为高校思想政治教育互动叙事创新提供了机遇,但同时也存在主体间情感失联、叙事流于浅表化、技术和人的异化,以及"茧房效应"等风险和挑战,影响思想政治教育主题叙事成效。因此,在数字互动叙事中,要注意提升主体数字化能力,注意识别和科学使用数据,以人为本,加大对数字空间的情感投入,聚焦主题,打造互动叙事链,运用数据技术及时监测受教育者思想动态,及时调整互动叙事策略,通过线上线下虚实并重的叙事模式,强化对数字叙事内容的思想引领,规范互动叙事过程,把控交互过程中各环节,构塑数字空间互动叙事的新生态。

二、融合叙事

在高校思想政治教育话语实践发展过程中,日益呈现出宏大与日常、传统与现代、个体与时代、人文与审美等融合的叙事特点,特别是媒介技术的发展,使叙事内容可以通过文字、图片、声音、影像、虚拟技术、互动设计等多种形式呈现,促发了叙事媒介和叙事模态的多维融合。这些现象共同构成了高校思想政治教育的融合叙事形态。本部分就高校思想政治教育融合叙事的内涵、价值、

---

[1] 罗中艺:《融合新闻互动叙事实现路径探究》,《今传媒》2022年第12期。

特点以及策略等问题展开研究,对把握融合叙事的发展样态和路径具有一定的参考意义。

(一)融合叙事的内涵与价值

当前关于融合叙事的研究多是在媒介发展语境下对媒介融合的叙事研究,建立在媒介融合基础上。本书中的融合叙事不局限于此,涉及多维度融合,指的是以时代发展、技术进步和思想政治教育主体需求为导向,聚焦主题,通过多元化融合叙事、"思政+新媒介"融合叙事、跨媒介融合叙事等形式,形塑主题叙事网络,构建一个富有成效的完整体系,实现立体式、生动化的叙事传播。

叙事要素、媒介和不同模态之间的融合不会自动发生,需要组织和建构。龙迪勇曾指出,"现代的叙事作品一般重视组织或'编织',也就是说,现代的叙事者重视'怎么写',他们认为决定一件叙事作品质量的往往并不是事件本身,而是把这些事件组织成一个整体的叙事技巧"[1]。虽然对高校思想政治教育叙事而言,故事和事件本身十分重要,涉及导向问题,但从思想政治教育对目的性、计划性的要求看,对叙事进行融合设计非常关键。随着融合时代的到来,高校思想政治教育叙事一元的表达方式或单一的媒介形式越来越难以应对复杂的社会挑战,也越来越难以满足个性化的个体需求。而经过组织或编排的融合叙事作品,因为多主体、多角度、多元素、多媒介、多技术的参与和交互,更为形象、立体,更具冲击力和吸引力,相较于传统的口语、文字、图像、视听等元素的加入,能使人们调动更多的感官参与其中,具有更强的体验感。特别是新媒体时代,信息爆炸式增长,碎片化信息经常让人感到无所适从,这种情况下,对叙事进行融合,可以聚焦注意力,形成叙事资源的集中供给,进行多维度多形式传播,从而促发情感共鸣和思想共振,对提升高校思想政治教育主题叙事实效具有重要意义。

(二)融合叙事的特点

1. 整合性

融合叙事的整合性体现为结构上的整合和目的上的整合。从结构上看,高校思想政治教育融合叙事体现出聚焦主题的规律性整体结构,无论是在叙事内容、视角等方面融合的作品,还是网络直播、互动视频等媒介融合的作品,以及多载体形式的融媒体作品,融合叙事均聚焦一定主题,注重基于主题的叙事内容的筛选与整体架构,叙事载体形式的多样性和多模态呈现也是为表达主题服务,具有主题统摄下的整体性特征。从目的上看,融合叙事的目的指向十分清

---

[1] 龙迪勇:《空间叙事学》,生活·读书·新知三联书店2015年版,第171页。

晰鲜明,就是多角度或多方式呈现主题,无论具体结构是什么样式,在主题的集中方面表现出全局性和整合性,就是让叙事要素按主题原则联结在一起,传播主流精神文化,讲好中国故事,实现主题价值共塑。

2. 包容性

融合叙事具有多元素、多媒介、多模态参与叙事的包容性的特点。整个融合叙事系统是开放的,常常有多个主体在叙述,也鼓励受教育者参与其中,叙事视角多元转换和流动,多元符号参与传播,多种叙事形式交叉融合,多层面开放对话通道,具有有利于发挥主体能动性的叙事环境。在保证叙事主题统一、叙事结构完整的前提下,根据需要,各类叙述者、故事、事件、媒介形式、技术手段都可以参与进来,通过超链接等组织规则形成聚合的叙事生态系统,共同服务于叙事目标,通过多元互动,创设叠加情境,增强叙事效果。

3. 互文性

融合叙事具有文本内部和文本之间的互文协同效应。在语言符号学家看来,互文性是一种对话逻辑,即文本之间互相指涉、互相映射的意义互动关系,互文性既包括同一文本内部文本间的互文,也包括不同文本之间的互文。主题叙事中融合叙事的互文性主要体现在四个方面:一是文本与主题背景(有关主题的官方文件、讲话、论述等)形成的互文关系;二是构成文本内容的故事和故事之间因围绕同一主题而形成的互文关系;三是在同一文本中,口语、文字、图像、视频、动画等话语形式围绕同一主题形成的互文关系;四是跨媒介不同文本形式之间因同一主题内容形成的互文关系,这是超文本叙事结构中文本与文本之间形成的互文。各种互文关系形成蕴含主题观点的、可以对话互动的叙事网络。

(三)融合叙事策略

1. 多元化融合叙事与创新

从叙事结构要素看,融合叙事体现为叙事要素间的有机统一。叙事要素主要涉及叙事主体、视角、内容、媒介等,这些要素日益呈现出多元化特征,叙事要素的多元融合是主题叙事话语实践的主要特征,也是其优化创新的重要路径。多元融合叙事就是要摒弃单一、刻板的叙事方式,运用多元整合的叙事策略。

(1)多主体融合叙事

传统的高校思想政治教育话语实践,叙事主体是专业思想政治教育工作者,随着网络新媒体的发展和思想政治教育实践的发展,这种专业主体的格局被打破,呈现出多元化主体特征。多元主体的融合叙事策略具体包括几个方面:第一,专业主体与大众主体的融合叙事。国家领导人讲中国故事,各级教育部门和思政教育者为主体讲中国故事,此外,包括受教育者在内的社会大众都可以参与讲故事,这些主体的叙事融合,形成叙事共创形态。第二,校内主体与校外主体的融合叙事。主要有请进来和走出去两种。请进来就是邀请校外主体进校与学生对话、做事迹报告、进行主题讲述、联合举办活动等;走出去,比如联合校外主体进行访谈、调研、拍摄视频、实践等。第三,本国主体与外方主体的融合叙事。除了中国人讲中国自己的故事,也可以由外国人来讲中国故事,讲述他们对中国的看法、在中国的经历和体验,不同国家的个体主体讲述可以带来不一样的视角,两相融合起来更能增加叙事的感受力和说服力。

(2)多题材融合叙事

题材是叙事者根据主题筛选和加工后组成叙事内容的材料,是主题叙事的内容基础。随着网络媒体的发展,叙事主体多元化和信息资源日益丰富,叙事内容来源也呈现出多样性。多题材的融合叙事具体包括以下几种情况:一是来自教育者题材和来自受教育者题材的融合叙事。传统的叙事内容主要是教育者组织编排的,随着对受教育者主体地位的关照,受教育者发出的有价值的叙事内容也得到重视,应被吸纳到一定的主题叙事中,也就是说,学生的叙事作品可以参与教育文本创作。二是历史题材和现实题材的融合叙事。现实是对历史的继承与发展,思想政治教育内容中历史与现实是一脉相承、密不可分的,是民族精神文化的一种延续传承,将历史题材和现实题材融合起来,通过历史呈现把握当下,古今勾连,传递文化精神,有助于增强叙事阐释的说服力。三是原创题材与其他来源题材的融合叙事。就是叙事主体自己的故事、自己的作品与其他渠道搜集来的故事或作品的融合,当今网络媒体发达,为获取信息提供了便利条件。

(3)多视角融合叙事

随着媒体融合和受教育者主体地位凸显,叙事强化政治导向的单一视角被打破,朝着多元化方向发展,对叙事视角进行融合有助于更具层次感、更立体地呈现叙事内容,增强叙事的说服效果。多视角融合叙事策略主要包括几个方面:其一,不同人称视角的融合叙事。这是传统的叙事视角概念,同一文本中,可以采用第一人称叙述,也可以采用第二人称和第三人称叙述,突破单一视角,进行内视角和外视角的恰当融合转换,往往可以使叙事既表达观点,也更具有情感张力,拉近距离,增强叙事的感染力。其二,不同身份视角的融合叙事。对于同一个主题同一件事,可以由不同的人来讲述,每个人有不同的专业背景、人生经历、性格特点、人格魅力,从自己视角进行叙述、谈感想领悟,融合起来将故事的主题意义更清晰完整地呈现。其三,不同时空视角的融合叙事。如宏大叙事与日常叙事融合、历时性叙事与共时性叙事融合等,不仅关注宏大时空的历史记忆、国家发展、社会责任等,而且关注现实空间的人的日常生活、情感、经历和发展等,从不同维度进行叙事的融合建构,使叙事更具有真实感和充满人文关怀。

(4)多模态融合叙事

当今时代,媒体技术和信息传播方式突飞猛进发展,叙事媒介也不断变革,为叙事主体、题材、视角与多媒介融合建构叙事要素多样态结构模式奠定基础。传统思想政治教育叙事形态主要是口头语言和文字,新媒体兴起,传统单一线性的叙事模式被突破,线性与非线性交叉融合,呈现出多元化、立体式的叙事发展趋势。不同的媒介形式与叙事内容组合形成不同的叙事模态。可以通过编排,将各种叙事模态交叉融合,使得一个话语事件中文字、图片、音乐、动画、视频、朗诵、戏剧等形式可以通过超链接、插入、嵌入、切换等多种方式进行动态接合,提供了叙事模态优化创新的途径。例如,湖南大学官方微信公众号开辟的"湖大与百年党史"话题,坚持利用图文结合的报道方式,运用视频、海报等融媒体手段,提升传播阵地的生动性与吸引力。①

多模态融合叙事创新不仅是叙事要素自身的多元融合,而且是叙事要素间的协调配合和整合优化。虽然叙事要素呈现多元化趋势,但融合元素不是越多越好,关键是服务好主题,内容优质。融合叙事策略创新以主题叙事整体效应最大化为标准,更加重视叙事要素的完整以及叙事方式优化,形成内涵丰富、形式多样立体的叙事框架。要素之间形成逻辑关联,构建科学合理的叙事链条,使叙事既具备结构张力,又能对话语实效性的实现提供支持。将各种模态穿插起来进行整合,探索各种组合策略,但无论怎样组合,都要遵循"聚焦主题"和"内容建设为本"的原则逻辑,在此基础上进行多模态融合创新,使要素整合形成主体多元、内容丰富、视角多元、形式多样的叙事体系。同时注意形式和内容的契合匹配,使建立在技术手段基础上的多模态形式为主题内容表达创造空间,提供有效服务,优化叙事体验。也就是说,融合创新的正确导向性即"守正",十分重要。

2."思政+新媒介"融合叙事与创新

麦克卢汉认为:"一切媒介均是感官的延伸。"②人需要借助媒介来感知并体验生活与世界,随着媒介技术变革发展,多样化媒介形式不断丰富人的感知和体验,也创造着人对媒介的新需求。由于媒介对人类生活的广泛渗透,新兴媒介与人类各领域的融合已经成为普遍存在的媒介现象。对高校思想政治教育叙事来说,叙事创新蕴含着对媒介的变革要求。也就是说,在媒介飞速发展的时代,思想政治教育叙事不能忽略受教育者对新媒介的需求,也不能忽视新媒

---

① 参见禹爱华、龙军:《学好党史校史 培育时代新人》,《光明日报》2021年7月14日第5版。

② 马歇尔·麦克卢汉:《理解媒介:论人的延伸》,何道宽译,译林出版社2019年版,第34页。

介在叙事创新中的作用。新媒介塑造了新的叙事形式，也意味着新叙事的形成。当前，新媒介主要是指依托数字化和网络技术所形成的信息载体，新媒介并不排斥旧媒介，而是兼容旧媒介，往往赋予旧媒介以新的形式。相对于口头语言、文字、图片等高校思想政治教育传统叙事媒介，微视频、动画、网络直播、VR（虚拟现实）、AR（增强现实）、H5、人工智能等新型媒介技术兴起，丰富了叙事的手段和载体。叙事可以借助多种媒介的融合来展开和实现。

高校思想政治教育在新媒介生态下应积极主动拥抱新媒介赋能叙事，用更现代时尚的方式赋予传统叙事方式以新的力量，将新媒介形式融入自身叙事之中实现融合创新，发挥思想政治教育叙事话语在新媒介环境中的主导作用。"思政＋新媒介"融合叙事形态多种多样，这里探讨几种比较典型的形态及叙事策略。

(1)"思政＋微视频"融合叙事

近年来，微视频依托数字技术发展迅猛，微视频一般是指通过手机、摄像头、DV等视频终端摄录并上传网络，在新媒体平台传播、共享和互动的视频短片，时长通常在30秒至20分钟之间，形态多样，也可以称为短视频。随着移动终端的发展，微视频得到广泛应用。作为一种视听形式，微视频具有集合声音、文字、图像、动画等为一体的多模态特征，是将各种媒介灵活组织、融合起来以构建情境的新型叙事形式。相对文字传播，微视频更为具象、直观、生动，相对传统长视频，具有时长短、内容精练、传播快捷、互动性较强等特点，有利于营造情境，集中受众注意力，通过微叙事、微表达，便于集中传递主题信息，简洁高效，易于传播，也容易被理解和接受。而且，微视频制作没有传统视频复杂，借助移动端就可以随时随地拍摄，在调动主体参与叙事和传播方面也具有明显优势。"短视频技术话语形式不仅改变了其传播过程，也重构着叙事的内外边界"[①]，因此，吸引着众多组织和个人加入微视频的生产和传播当中，借此实现话语表达的目的。微视频叙事在高校思想政治教育话语实践中也得到越来越多的关注和应用。

高校思想政治教育与微视频融合叙事是主题叙事话语实践创新的重要路径。主题叙事借助微视频提质增效，可以采取以下策略。

一是筛选优质微视频融入思政主题叙事。当前，B站、抖音、微信视频号、头条视频等各类短视频平台不断兴起，新华社、人民日报等主流媒体也纷纷布局短视频内容生产，打造短视频平台，优质短视频不断生产和传播，为思政教育与微视频融合叙事提供了丰富的故事资源。可以根据教育需要，围绕主题，充分利用各类短视频平台的资源，由于是借助他方的资源，需要特别注意内容把

---

① 沈钰扉、张虹：《短视频的技术话语形式与叙事边界融合》，《新闻战线》2022年第11期。

关,要通过精心筛选,将合适的微视频融入思政叙事中,与其他叙事形式交叉结合,创新表达形式,增强体验感。

二是自主创作微视频助力思政主题叙事。围绕一定主题,师生可以亲自动手制作微宣讲、微课、微纪录片、微电影、Vlog(视频日志)等形式的微视频。通过对内容的精心选择与编排,将最核心的主题内容浓缩在微视频中。近年来,各高校师生响应各级教育部门号召,围绕中国梦、爱国主义、红色历史、传统文化、奋斗、奉献等主题形成了各种类型的众多微视频,这些微视频通过 B 站、青梨派等平台发送和展示,参与高校思政主题叙事话语建构,供高校师生学习交流。例如,郑州大学思政课教师周荣方数年行走基层,将优秀共产党员的故事融入党的创新理论宣讲、党史学习教育中,录制的《初心》《吾辈》《民心》《力量》等一系列微课视频被"学习强国"、B 站等媒体平台广泛传播,微课《红旗渠精神》被人民网、党史学习教育官网同步推出,在社会上引起强烈反响①;在 2022 北京冬奥会期间,北京理工大学创新思政教育方式,组织学生策划拍摄了"我的冬奥 Vlog"系列短视频,以志愿者的视角,展现冬奥背后的故事,并将其作为教育学生的原创思政"微课"进行在线展示和学习②。这些微视频丰富了叙事形式,提升了话语实效。微视频因时长限制,在内容表达上不能面面俱到,为防止浅表化,在制作中,需要注意将宏大主题化为微小主题,用受教育者喜欢的大众化表达,注意节奏明快,有重点有针对性地进行叙事和传播,以增强叙事效果和感染力。

三是利用复合互动技术增强融合叙事效果。即运用各种媒介技术融合各种微视频题材,增强叙事的感知语境。比如,运用动画、建模等技术手段展现叙事内容,增强动态叙事效果。运用复合剪辑技术,将不同来源题材进行拼接,如电影片段、采访片段、自制动画、音乐、自制视频片段等,融合多种叙事模态于微视频一体,打造强画面感和冲击力,增强叙事体验。也可以通过游戏化点触设置,层级化呈现故事,或通过上传网络平台和设置点赞评论等群聊模式营造在场互动感,调动受教育者在交互情境中主动参与叙事和传播。

(2)"思政+网络直播"融合叙事

随着互联网技术的发展,高校思想政治教育主题叙事话语实践呈现出线上线下相结合的发展特征。由于互联网具有即时性、高速化、交互性等特点,不受时间地域限制,可随时连线,随传即达,可以足不出户实现与他人之间的交流。依托腾讯会议、"学习强国"、ZOOM、B 站等平台,网络直播成为思政教育主题

---

① 参见《用心用情讲好"行走的思政课"——记河南省党的二十大代表周荣方》,http://www.dangjian.com/shouye/zhuanti/zhuantiku/xiyingershida/ershidadaibiaofengcai/202209/t20220927_6482822.shtml,访问日期:2023 年 2 月 25 日。
② 施剑松:《冬奥滑雪赛场旁上"大思政课"》,《中国教育报》2022 年 2 月 12 日第 1 版。

叙事话语创新的重要举措和重要载体。"思政＋网络直播"融合叙事"得益于互联互通的网络直播条件,通过设置不同封闭程度的参与群体,划定或明或暗的范围界限,围绕主题构建了不同参与者之间相互关注、影响的网络构型,形成社会学描述中的互动场域"①。高校思政教育主题叙事借助网络直播可以突破传统物理空间的人数限制,跨越时空界限,扩展受教育者主体的覆盖面,扩大叙事的影响力。

除了教育教学中常规形态的网络直播课形式,"思政＋网络直播"融合叙事可以有多种创新模式,其中常见的有两种:(1)"同上一堂思政大课"。即教育主体经过特别策划,联动高校教师参与主题讲述,形成规模效应。近年来,人民网积极践行习近平总书记关于"大思政课"的重要讲话精神,联合全国高校发起高校互联网"大思政课"共建机制②,通过"人民网＋"客户端、咪咕视频等平台,陆续推出了多场网络直播思政大课,例如,《全国大学生同上一堂疫情防控思政大课》《同上一堂"四史"思政大课》《同上一堂五四精神思政大课》等,聚焦主题,邀请高校教师、专家线上结合抗"疫"故事、党史故事、青年奋斗故事等,对主题进行深入浅出的讲解,形成了广泛的社会影响。(2)"隔空连线"。即教育过程中,根据叙事需要穿插的网络直播连线的对话形式,邀请专家、学者或各行各业的优秀人物、典型人物参与思政教育叙事,围绕主题在线讲述历史故事以及自身的工作经历、学习感悟、心路历程或对思想理论的理解等。例如,北京科技大学一节题为《赶考路上的"北京答卷",解码"中国共产党为什么能"》的思政课中,马克思主义学院教师强光美通过实时教学互动平台与远在香山革命纪念馆的讲解员"隔空对话",学生足不出校就能身临其境学习党史知识。③这种"隔空对话"形式突破了时空界限,使学生可以随时随地与远在异地空间的人物对话交流,增强了学习的沉浸式体验。

网络直播虽然带来了线上学习、网络云课堂和隔空对话的便捷高效,但网络直播也存在缺少监控、容易造成受教育者走神等问题,这需要在运用网络直播进行主题叙事时特别注意在叙事主题设置、叙事内容选择和叙事方式的采用方面考虑受教育者需求,采用微小叙事承托宏大主题,提升叙事亲和力,穿插图片、动画、视频等多叙事手段,加强连线提问对话、实时评论和互动话题等互动环节设置,以持续吸引受教育者的关注。

---

① 罗萍:《互动仪式链视域下线上主题教育情感互动传播研究》,《国家教育行政学院学报》2020年第11期。
② 参见《人民网"大思政课"云平台正式上线》,http://edu.people.com.cn/n1/2022/1125/c446965-32574573.html,访问日期:2023年5月8日。
③ 参见董城:《沉浸式课堂让思政课鲜活起来》,《光明日报》2023年12月17日第4版。

(3)"思政＋虚拟现实"融合叙事

近年来,虚拟现实(VR)技术不断发展,出现了教育与 VR 技术结合的现象。虚拟现实技术以计算机技术为核心,借助传感技术、仿真技术、智能媒体技术等高科技手段,生成逼真的多维虚拟环境,通过特殊的输入输出设备,人同虚拟世界进行思想与行为的交互,产生与在真实世界一样的感受。也就是说,虚拟现实技术是一种以人机交互为特征的仿真系统,通过计算机模拟技术可以还原出历史或现实中的世界,人在虚拟现实世界与环境融为一体,具有身临其境的沉浸感觉。VR 技术场域中的叙事本质上是一种虚拟现实的媒介叙事,VR 技术的交互性和沉浸感能使人参与场景内容的建构,带来一种叙事上的变革,极大拓展了高校思政教育主题叙事的空间。"虚拟叙事通过跨界叙事的虚实互文机理、'融'时空的虚实场景同构、虚拟叙事的故事维度延展,为中国故事的叙事实践提供了新思路、新路径,令中国故事叙事策略的选择更加自由多元。"①

虚拟现实媒介叙事融入高校思政教育主题叙事实践,无论是打造历史纪念馆或人物展馆的内容形式,还是还原历史与现实的场景剧本的内容形式,都能够在人与媒介互动中激活故事内容的魅力以及参与主体的想象力,在沉浸中感悟,生发深刻的情感体验。"在虚拟现实媒介与受众的互动过程中,技术与身体之间并非简单的技术接入,而是能调动具有双向互动、调和修正的复杂情绪卷入。虚拟现实媒介通过最大限度地激发多重感官机能,带来人与作品之间叙事情感上的'移情体验'"②,从而达到增强叙事效果的目的。例如,集美大学马克思主义学院应用虚拟仿真技术,设计抗日历史、长征、改革开放史相关内容的多个场景剧本和互动测试选项,为学生提供虚拟仿真的交互体验,学生戴上设备深入情境中去感受,去尝试不同选择,引发思考,深化理解,在"真实"感中激发爱党爱国热情。

"思政＋虚拟现实"融合叙事要取得理想的教育效果,需要把握一些基本原则。一是要提高教育者应用 VR 技术叙事的能力,特别是根据 VR 技术特点对叙事内容进行设计的能力。如何使叙事内容有效呈现主题,需要在叙事内容挖掘、叙事结构组织、叙事逻辑构建上下功夫。二是将 VR 技术和增强现实(AR)、混合现实(MR)、人工智能等最新技术融合,开发多样化叙事设计和叙事场景,尽可能覆盖更多的教育主体、教育主题和知识点,而不是个别的、零星的几个场景,只有形成主题系列,多样化提供叙事体验,才能更好地辅助现实空间的教育,实现更具实效的系统化育人。北京理工大学虚拟仿真思政课体验教学

---

① 陈燕侠、翟佳佳:《数字传播技术背景下虚拟叙事的三个维度》,《编辑学刊》2023 年第 2 期。
② 段鹏、张丁:《中国虚拟现实媒介叙事实践研究》,《出版广角》2023 年第 7 期。

中心,通过运用最新的沉浸式虚拟仿真技术,有效突破了原有头戴式设备小规模体验的局限,为"VR思政"大规模教学应用提供了全新思路。① 北京高校思想政治理论课高精尖创新中心"百年风雨路,奋进新时代"党史百年XR项目,综合运用VR、MR与AR技术,遵循大历史线索,搭建虚拟场景重温党史百年历程,为实现沉浸式、互动式学习体验提供了新思路、新实践。② 三是要跟踪并及时掌握受教育者参与虚拟现实体验的情况和学习感受,根据反馈结果进行经验总结和对融合叙事策略进行调整优化,以确保虚拟现实媒介技术真正为思政叙事赋能。

3. 跨媒介融合叙事与创新

美国学者亨利·詹金斯在《融合文化:新媒体和旧媒体的冲突地带》中提出了"跨媒介叙事"这一概念,用以指称"通过不同媒介平台展开的故事讲述",即"超越"自身媒介,在多种不同的媒体平台上,同步或依次形成某一作品的呈现,每一种媒介的呈现都可能对原文本进行添加或改编。③ 与传统的叙事作品只在单一媒介平台发布和传播不同,随着媒介融合的发展,同一主题的叙事内容经常跨越媒介界限,在多个平台以相同或差异的形态发布和传播,即多屏多线叙事,在多平台多种终端并置的联动空间中进行主题叙事话语的生产和传播,为受众提供不同的体验。不同媒体平台的文本之间形成互动,多个媒介平台协作一起参与故事化的主题话语建构。

结合高校思想政治教育主题叙事话语实践情况,跨媒介主题叙事运作主要包括以下两种情况:一是同一叙事作品在多平台多终端分发。一个主题短视频在B站、抖音、头条等平台同时发布,文图作品同时在高校官方网站、微信公众号和校报上发布或发表。同一文本在不同媒介平台同时传播,形成整体传播效应。二是同一主题和内容根据不同媒介平台特点经过二次编辑再创作呈现不同形态的叙事。例如,一篇微信公众号长文经过删减改编发布在头条和微博,一个视频作品剪辑片段增加拍摄花絮或旁白解说等其他元素经过整合后发布在其他短视频平台。这种跨平台的多样态叙事传播,可以让主题叙事更多维立体地呈现,满足受教育者日益多元的审美和体验需求。

通常,第二种情况即跨平台的多样态叙事,强调多媒介运用的整体效果,往往会带来优于单一媒介累加的更大的实践效应,成为越来越多被采用的策略,

---

① 参见《全国首个沉浸式的虚拟仿真思政课体验教学中心在北理工落成》,https://m.gmw.cn/baijia/2021-06/28/34955674.html,访问日期:2022年3月1日。

② 参见《思政课有了新"打开方式"? 快来听听人大学子的VR体验心得!》,https://mp.weixin.qq.com/s/wnq8WUUWSdyUO31BfPiuIw,访问日期:2023年6月29日。

③ 参见陈岩:《媒体融合背景下跨媒介叙事的主要特征及研究策略》,《新闻研究导刊》2022年第14期。

但需要注意以下两点：

一方面，叙事内容和形式与媒介平台特点相适应。媒介平台属性不同，对叙事作品形态的要求也有所区别。抖音平台更适合短视频形式，微信公众号多为文图结合的文本形式；微信公众号一般为长文，而微博发文则比较简短。因此需要根据不同媒介平台特点和要求，对主题叙事的内容和表现形式进行编排，提高叙事内容、形式与媒介平台的适配度，以实现有效传播。

另一方面，通过差异化叙事策略增强叙事传播效果。即开发同主题内容的多种叙事形态。正如亨利·詹金斯所说："一个跨媒体故事横跨多种媒体平台展现出来，其中每一个新文本都对整个故事做出了独特而有价值的贡献。"[①]跨媒介叙事更有效的策略就是根据媒介平台特点制作同主题的不同形态的叙事作品，多形态开发、多平台分发。文字故事文本可以做成动画、拍成短视频或者文字与短视频结合等，可以有多种组合样式，甚至可以衍生出互动游戏、戏剧、音乐、快闪、虚拟仿真等其他形式的叙事作品。例如，"平凡英雄·青春百年"同上一堂五四精神思政大课不仅在"人民网+"客户端播放，活动还联动新浪微博开设"记录我的青春年华"互动话题，推出主题MV、盘点海报、创意短视频等融媒体产品，在广大高校师生中引发热烈反响。[②]

通过二次编辑或创作相关叙事作品，不同的叙事设计因为同一主题内容相互关联形成互文，构建起互补的多元化的叙事网络。多形态叙事作品在不同媒介平台上的多形式主题呈现，能避免同质化带来的审美疲劳，产生多元叠加的叙事阐释效应，加深受教育者对故事的记忆、理解和感受。

三、群像叙事

在近年高校思想政治教育主题叙事话语实践中，我们经常可以看到群像叙事的身影，例如，英雄模范和行业典型人物现场讲述、历史人物纪录片制作传播等。基于革命精神、爱国主义、奋斗、奉献、青春成长等同一主题，群像叙事通过多位正能量人物的亲口讲述，或对多位正能量人物进行描写、刻画、访谈等，展现人物精神面貌，建构起历史、时代或集体的记忆。通过群像叙事弘扬主旋律，发挥榜样示范效应，是高校思想政治教育主题叙事话语实践的有效路径。本部分对高校思想政治教育话语实践中群像叙事的内涵、价值、特点以及创新策略

[①] 亨利·詹金斯：《融合文化：新媒体和旧媒体的冲突地带》，杜永明译，商务印书馆2012年版，第157页。

[②] 参见《同上一堂五四精神思政大课开播》，《人民日报》2022年5月9日第8版。

进行探讨，以为群像叙事的运用和发展提供一些思路和参照。

（一）群像叙事的内涵与价值

群像，通常是指文艺作品中所表现的一群人物的形象。群像叙事在文艺创作中是一种常见的方式，例如，近年来，《我和我的祖国》《我和我的父辈》《长津湖》《长津湖之水门桥》《狙击手》《觉醒年代》等主旋律影视作品中的群像塑造，"其关键不仅仅在于人物角色数量上的'群'，重点是其背后的组织依据和内涵传达，可用以展现一个时代或集体的缩影"①。从主体角度，群像叙事就是通过多人参与的方式叙述故事，属于多元主体的叙事。当然，群像叙事并非文学艺术创作所独有，实际上在很多领域都有相关运用，例如，大到国家层面的"感动中国人物""时代楷模"等各种先进模范人物群体评选活动，小到多位普通小人物的日常采访视频，都可以说是群像叙事的体现。

本书中的群像叙事主要指基于某一主题，高校思想政治教育通过多个正能量（正面）人物亲身讲述、对多个正能量人物的还原式描写刻画或通过访谈等方式，呈现人物群体形象，表达和传播这些人物故事背后共同精神信仰的一种叙事方式。高校思政教育话语实践中的群像叙事有时也会采用文章、微电影、戏剧、纪录片等文艺作品形式来表达，但不同于文学影视作品中的群像塑造可以有虚构的创作空间，它更强调客观真实性和价值导向性，是运用鲜活真实的群像故事，发挥先进人物的榜样示范作用，以起到有说服力的思想感化和教育引领作用。

习近平总书记曾指出："抓典型，更具意义的是要树立精神上的榜样，让人们学习典型所体现的精神，让典型身上的精神发扬光大。"②榜样示范法是高校思想政治教育一种传统的导向性较强的宣传教育模式，原来较多采用的是一位模范人物做事迹报告或以某一英雄人物为主角的叙述模式，近年来，随着多元多变的时代发展的需要，越发呈现出多人讲述或群体刻画的群像叙事特征，采用多主体多视角的叙事形式。许多高校充分利用学校性质和专业特点，邀请先进人物、"时代楷模"、劳动模范、行业精英、最美大学生等多元典型人物进校、进课堂，开办论坛，做主题讲述，组织师生访谈老党员、创演党史校史话剧、拍摄党史校史人物纪录片等，启发青年学生学习榜样。也有一些高校挖掘校园典型人物故事，打造品牌活动，例如，中国政法大学"CUPL正能量"人物访谈系列活动、东北大学"讲述·东大人的故事"典型推介会活动等，通过丰富多彩的形式

---

① 黄懋：《同时·齐心：新主流电影的群像塑造策略与共同体叙事》，《美与时代（下）》2023年第7期。
② 习近平：《之江新语》，浙江人民出版社2007年版，第212页。

和多媒体平台推介并传播人物好故事，群像式叙述身边的人物故事和呈现人物精神，进行思想引领。

可以说，群像叙事法是榜样示范法在高校思想政治教育话语实践中运用的一种创新模式。群像叙事作为高校思政教育话语实践的一种创新策略，在受教育者人格塑造、社会价值信仰维护和话语实效性提升方面均有重要的价值与作用。

首先，对受教育者人格的塑造作用。群像叙事一个重要功能就是发挥正能量人物群体的人格示范和情感激励作用。正能量人物是各领域涌现出的正面典型人物，他们的故事生动感人，群像叙事通过各种方式将典型人物群体的爱国、敬业、诚信、友善等精神信仰和高尚人格魅力呈现出来，强化形象感知，激发情感共鸣，通过心灵启迪，获得精神激励，激发崇德向善的动力。通过丰富的持续性正能量输出，引导受教育者效仿和学习，树立正确的世界观、人生观和价值观，提升对错误思潮的辨识能力，形成积极的情感体验和良好的品德素质，实现人格的健康发展。

其次，对社会价值信仰的维护作用。正能量人物和事迹蕴含了人物自身的思想境界、道德品质与价值观念，同时也反映了所处时代国家意识形态在政治、道德和价值观等方面的要求。各类正能量人物和事迹构成了中国革命、建设和改革不同历史时期的家国情怀与精神记忆，是中国故事的重要组成部分。正能量人物群体的精神和品德是一种社会价值标准与道德标准，为人们提供行为参照，起到社会导向作用。群像叙事对正能量人物精神的弘扬和传播，能增进受教育者的政治认同和价值认同，群像叙事对受教育者理想信念、价值追求和思想品德引领与塑造的过程，也是凝聚向心力量，推动社会价值观、政治信仰不断巩固和强化的过程。

最后，对叙事话语实效性的提升作用。群像叙事模式突破了传统的单一主体话语模式，是对传统榜样示范法的创新和发展。不同时期、不同领域、不同类型的人和事的群像呈现适应了时代发展变化对话语表达多样性、个性化的需求，能满足不同受教育者的精神需要，通过鲜活的人物事迹传播知识价值观点，具有易感知的特点，更具针对性和感染力，体现了人本价值，有助于促进认同。群像叙事中，多元化的先进人物形象不再局限于书本中，也可以通过现场面对面、视频、戏剧表演、纪录片等多种形式呈现，而且受教育者也可以参与其中，与人物对话，参与对人物的塑造。这一新模式丰富了叙事载体，也拓展了话语空间，有助于调动受教育者的积极性，提升叙事话语的实效性。

（二）群像叙事的特点

高校思想政治教育话语实践中的群像叙事以讲述正能量人物的事迹、经

历、感悟等为主要内容,以实现教育目的为宗旨,具有以下特点:

1. 主体叙事聚焦正面人物群像

高校思想政治教育话语实践中的群像叙事,一个重要特点就是实现了从传统的英雄模范人物个体聚焦到多元化群像呈现的叙事方式的转变,理解这一转变的关键点有两个方面:

一是组成群像的是正能量人物。正能量人物是历史上或现实中各行各业涌现出的有正面形象、具有代表性和典型性的人物,不再局限于高大上的英雄式人物。群像叙事角度的正能量人物,主要有三大类:(1)英雄人物。如民族英雄、革命英雄、战斗英雄、缉毒英雄、改革英雄、人民英雄等,指的是历史或现实中,具有牺牲精神,为了民族独立、国家强盛、社会进步和人民幸福做出突出贡献的人物。(2)模范人物。如先锋人物、"时代楷模"、道德模范、劳动模范、最美人物等,指不同历史时期各领域各行业涌现出的典型人物,具有精神、品格、技能等方面的引领和示范作用,是为社会所公认的先进人物。(3)正能量的普通人物。如爱岗敬业的工人、悉心育人的教师、自强不息的学生、有爱心的志愿者等,只要具有积极向上的精神状态,能自觉践行社会主义核心价值观,努力为人民服务,真诚为社会奉献,展现中国精神风貌,产生正向社会影响的,都可以称为正能量人物。

二是叙事聚焦于正能量人物所构成的群像。在群像叙事中,叙事焦点不再集中于个体人物身上或某个英雄模范人物与事迹,而是比较平均地对每一位正能量人物进行呈现。群像并不局限于某一时期某一类群体,比如革命先辈群体、学生群体,也可以是包含各类人物的混合式人物群像。人物群像是体现国家民族精神和时代精神风貌的重要文化或形象符号,具有一定的主题内涵和叙事意指。正能量人物既具有自身的个性特点,也具有反映特定时代精神风貌和规范要求的共同属性,他们因同一主题而汇聚一起亲口讲述或被刻画塑造,共同构成了某种精神特质的符号象征或一个时代要求的缩影,对建构国家的或一个时代的集体记忆具有重要价值和意义。群像叙事聚焦的正是正能量人物共有的群体精神形象,是一个集合概念,以最大限度激发情感共鸣和精神认同。

2. 多元个体叙事聚合集体记忆

正能量人物对社会发展进步有积极正向的影响,其形象是承载集体记忆和社会文化的符号象征。人们从群像人物的形象表征中获得关于主题的认识和时代精神的集体记忆。"进行记忆的是个体,而不是群体或机构,但是,这些植根在特定群体情境中的个体,也是利用这个情境去记忆或再现过去的。"[①] 群像叙事是共叙的一种策略,指向的是叙事内容按照一定的叙事逻辑搭建聚合的群

---

① 莫里斯·哈布瓦赫:《论集体记忆》,毕然、郭金华译,上海人民出版社2002年版,第40页。

像叙事格局,从多位人物的故事叙述中还原出情境化的精神群像。群像叙事中,个体叙事是形式,是组成部分,目的是从个体叙事中聚合、建构集体记忆。群像中的个体是处于特定语境中的人物,与社会特征和要求紧密相连。作为符号象征,人物形象承载着时代精神和社会价值观,也就是说,群像叙事中个体的形象与一定时代的精神文化是联结在一起的,每个个体叙事都与时代精神相呼应,多个人物故事表达共同的精神主题,具有对个人记忆的整合和凝聚作用,能唤醒人们对于这些精神要求的共同记忆,最大限度揭示主题意义。

群像叙事是推动主题认同的重要方式,从多角度多层面展现丰富多维的人物形象,通过群体讲述或对群像的描绘,揭示个体与社会的关系特征和规律,对主题思想和精神蕴含进行聚合呈现,拓展了主题意义生成的语境空间。个体人物的叙事内容服务于主题叙事的组织逻辑,从个体形象到时代精神的呈现,通过具有共通性精神的个体人物故事和形象的聚合来阐发主题思想,起到深化主题和升华主题的作用。具有不同个性特征和事迹的人物通过共叙形式将共同的精神力量形成一种聚合场域,与受众的经验情感记忆以及时代精神记忆相连接,提供持续的共享感受,最终形成集体性的精神力量,实现集体记忆的有效建构。

3. 多维叙事视角贴合差异需求

群像叙事是叙事回归生活、走向大众化的重要策略,符合当今时代青年学生个性化的发展需求。个体人物叙事往往具有个人色彩,是比较单一视角的话语表达,要带动更多人的情感有一定难度,说服力也十分有限。群像叙事的优势在于作为叙事主体的人物形象多元,组成群像的个体人物在职业、身份、性格、经历等方面存在诸多差异,不仅有"时代楷模"、道德模范等先进人物,也有企业家、专家学者、航天员、体育明星,还有普通工人、教师、学生等,不同职业、年龄的人物有不同的人生经历、职业经验和生活感悟,带来了多样化的叙事视角,可以为具有不同需求的受教育者提供学习的参照。

群像叙事通过多个人物故事来完成对主题的叙述,贴合受教育者的差异化需求,突破了以往"崇高化"主导的叙事特征,能一定程度上化解单一人物叙事存在的接受困境,通过提供更丰富多元的人物故事体验,可以从不同维度上满足受教育者对榜样的多元化个性需要,是更人性化的叙事策略,受教育者在学习榜样上拥有了更大的选择余地。根据相近性规律,当其中某个人物故事与自身需求贴近时,能拉近受教育者与人物的距离,容易引发共鸣,以多个个性化人物叙事满足不同受教育者的个性化需求,增强了受众辐射面,扩大了共情空间,能产生较强的情感带动力量,进而触动受教育者效仿的心理动力,由被动学习变为主动接受。

（三）群像叙事策略

群像叙事由于独特的价值和优势在高校思想政治教育主题叙事话语实践中越来越广泛运用，如何讲好人物群像故事，创新主题思想的叙事表达，探寻有效的群像叙事策略是重要课题。这里从三个方面做一些具有启发意义的探讨。

1. 以小见大，升华立意

群像叙事要取得实效，不流于形式，需要深化主题的立意。叙事主题的宏观构建要有一定的思想高度，具有深刻性，同时要倾注个体人物特征的微观刻画，通过微观视角进行主题的宏观构建，也就是将宏大主题与微小叙事相结合，通过微小叙事向宏大立意扩展和提升。

一方面，高立意扬主旋律。在高校思想政治教育话语实践中，群像叙事是围绕主题进行的，通过多个人物形象的故事叙述对主题进行呈现。群像叙事的立意即主题思想的确立十分关键，立意不仅包括群像叙事的核心思想，而且包含群像叙事的构思意图和表达追求等。群像叙事的价值，不仅满足受教育者的学习需要、审美和兴趣，而且揭示爱国、奋斗、奉献等反映时代记忆的精神伟力。缺乏高立意的思想灵魂，群像叙事就会变成琐碎的情感、经验堆积，难以起到应有的作用。因此，立意要反映时代主旋律和主流价值追求，达到一定高度，才足以启迪思想，激发正能量，足以形成思想引领力和感召力，达到教育意义和目的。

另一方面，以微观建构宏观。群像叙事是宏观主题与微观叙事相结合的典型策略，即以形象化、具体化的人物故事展现和凝聚故事背后的主题思想，从人物选择再到叙事构思，都需要遵循以微观构建宏观的基本原则。

主题的表达和呈现需要叙事框架的承托，群像叙事的主要内容是人物故事，需要注意人物形象选择符合叙事的主题和时代精神，体现爱国、奉献、奋斗等反映时代主旋律的精神品质。同时，也要满足不同层次和特点受教育者对榜样的需求，拓展多样化人物故事类型，融入多元化叙事视角。需要抓住核心主题，深挖人物故事中契合主题、体现主题要求的故事内容，遵循人物故事与主题立意相互结合的叙事逻辑，将多样的个体叙事通过一定结构组合起来，多人物、多线程聚合叙事，既突出每一个个体的个性化特征，又有序地呈现共性的精神主题。

从宏大主题的宏观视角对群像叙事进行组织实施，构思要足以彰显主题，凸显人物故事的思想性，让内容蕴含的精神可感可知，通过高立意的故事设计，深化和升华主题，弘扬时代主旋律。同时，对个体人物故事采用个性化的多线叙事方法，通过贴近生活、贴近实际的微观叙事，展现人物学习、工作、生活的方方面面，反映个体人物的人生选择、态度和情感等经历，使人物故事和人物形象真实可感、接地气、生活化,用一个个具有吸引力的人物故事,引发思想共鸣。用宏大主题与个体叙事交织的富有逻辑的人物故事叙事链触动人心,通过不同视角的人物故事对主题的微观表达,以个体人物的"小我"彰显主题思想的"大我",不断深化叙事所要表达的主题,推动情感融入,构筑起主题的精神价值。

总之,群像叙事要取得实效,十分重要的一个策略就是立意要高、叙事要小,以小见大,例如,新冠疫情发生后,教育部社科司与人民网联合组织了"全国大学生同上一堂疫情防控思政大课",课上,冯秀军教授以"战疫里的青年责任与担当"为主题[①],以个体到群像的叙事路径,将抗疫中涌现的众多年轻人的感人故事与青年责任担当的主题有机融合在一起,引导青年学生厚植爱国情怀,担当责任和使命,通过微观化叙事深化和升华了宏大主题立意。

2. 架构细节,呈现立体

"细节决定成败"。群像叙事的关键是内容质量,讲好人物故事,通过对人物故事的组织加工,用丰富的细节,生动呈现立体感人的人物群像。细节影响受众的情感和认识,讲述人物故事要特别注重细节刻画,通过细节带动情感,营造深刻体验,不能是片面单一的平铺直叙的表达,而是让人物形象立体化,让故事具有生命力。

注重内容细节和鲜活表述是呈现主题思想的重要途径,深挖人物故事的具体化内容,在细节化叙事过程中呈现立体化人物形象,能拉近人物与受众的距离。对人物故事生成的细节架构,要求对人物故事进行全方位深入挖掘,通过各种渠道收集人物的相关资料,比如,媒体报道、人物传记、人物纪录片、史料、访谈视频等,必要时,可通过采访等方式获取第一手资料,借此了解人物的背景、经历、事迹、个性特点等,在整体把握人物故事的基础上抓住关键细节,用细节表现人物特征和精神风貌,使人物形象可感可知,引起共鸣。

(1)结合人物所处时代背景刻画细节

恩格斯在《致玛格丽特·哈克奈斯》的信中指出:"据我看来,现实主义的意思是,除细节的真实外,还要真实地再现典型环境中的典型人物。"[②]任何个体人物都是在一定环境背景下成长和发展起来的,人物的故事与其所处的环境和时代背景密不可分,一定环境背景下的人物形象通常具有那个时代的典型特色。因此,细节架构一个重要路径就是将人物故事置于所处特定环境背景下进行讲述或刻画,挖掘人物故事中的时代细节、背景事件,讲述人物在特定时代背景下的发展故事,注意反映不同时期背景变化与人物变化的关系,增加故事叙事在

---

① 参见《中央财经大学马克思主义学院教授冯秀军:战"疫"里的最美青春——谈中国青年的责任与担当》,http://v.people.cn/n1/2020/0309/c399362-31624035.html,访问日期:2023年2月5日。

② 《马克思恩格斯选集》第4卷,人民出版社2012年版,第590页。

纵深上的呈现维度,使人物不是静止、孤立、空洞的,而是与时代内容息息相关的鲜活形象。比如,以弘扬革命精神为主题的群像戏剧或者群像纪录片,需要做符合时代特征的设计,还原历史场景,包括人物服装等,符合当时革命时代的历史背景和文化特征。背景细节对体验感、代入感十分重要,也让人物更加鲜活,能给受众留下深刻的印象,否则会失真导致受众心理落差,影响叙事效果。

(2)着力刻画与主题相关的典型细节

细节很重要,但不是所有的细节都要去讲述或刻画,而是在把握人物故事整体性的同时,在细节上有所侧重,这就需要精挑细选、比较衡量,选择那些离主题最近、能以小见大,既契合主题又体现人物特性的故事细节,这样可以点面结合,将人物的个性特质和共性精神一并呈现出来。每个人物都有自己独特的个性特质和鲜明的特点,"从个人的特性出发来描写人物,可以让人物形象更加真实丰满"[1],对每个人物的故事细节有选择性地进行讲述刻画,既突出了细节又呼应了主题,有血有肉的人物形象能让受教育者从内心里感受人物故事蕴含的精神力量。多个鲜活人物的个性化细节表达构成了丰富立体的群像故事结构,使群像叙事更具情感张力和思想影响力。

(3)抓住某些重要场景进行深描再现

故事内容表达有多种手法,深描是一种独特的细节呈现方式。深描作为一种内容创作手法,广泛运用于文学、艺术、历史等领域。所谓深描,就是通过详尽的描述,呈现事件的细节,还原真相,让受众有身临其境的感觉,深描常常和解释结合使用。[2] 群像叙事对细节的架构可以运用深描手法对一些特殊场景进行细节再现,通过场景深描呈现更微观的信息,必要时可以辅以一些解释,使叙事场景化,再现人物与情境,给人身临其境之感,有如深入现场真切体验人物的经历与情感。通过场景细节深描,直观表达人物的精神世界和所处情境细节,揭示隐含的精神意义,使人物形象栩栩如生,让受教育者能更深入地理解人物故事和主题。例如,感动中国人物张桂梅校长贴满膏药的双手,新冠疫情期间一线防疫人员脸上深深的"口罩印"等,这些都是能体现人物精神和背景环境的重要场景信息,隐喻深刻,可以通过图像化、影像化等方式进行深描展现,形象生动呈现人物的拼搏和担当精神,更好地表达主题。

3. 融合表达,强化感知

如何讲好群像故事,涉及叙事表达方式和手段的运用。在融合时代,群像叙事也要有融合思维,通过融合创新策略,丰富叙事表达形式,强化人物故事的

---

[1] 谢远芳:《群像叙事〈觉醒年代〉对集体记忆的建构》,《新闻世界》2022年第1期。

[2] 参见王鉴:《深描是一种什么样的方法?——兼论深描在教育研究中的应用》,《山西大学学报(哲学社会科学版)》2022年第2期。

感染力,发挥正能量人物群像的示范引领作用,增强群像叙事的表达效果。

(1)多主体讲述

群像叙事策略中,常见的组织方式是在一个主空间内基于一定主题由多位正能量人物参与讲述故事或由思政教育主体通过制作主题视频、表演等方式刻画人物群像。这些形式也可以说是多主体的一种融合表达。除此之外,多主体讲述的融合表达也可以有更多的创新形式,以下两种形式是比较有效的情况。

一种是针对群像中的个体人物,同一个体人物的故事由多位主体共同参与讲述。单一主体的讲述视角有限,要呈现更立体的人物形象,可以采用多元视角的叙述形成互补作用。对于历史人物,除了人物本身留下的文字和影像文本外,还可以通过人物的家人、人物相关事件的亲历者或研究该人物的专家学者、媒体等多方参与讲述,信息相互补足,形成多元立体的故事传达场域,帮助受众全面了解历史人物的精神事迹。对于现实中人物,除了本人亲口讲述,人物的家人、同事、朋友、同学等都可以参与共同讲述,通过不同角度介绍人物、评价人物、讲述人物故事,突出人物个性细节,让人物形象更丰满,更富有感染力。

另一种是针对人物群像,多主体接力讲述群像人物故事。这种多主体融合形式区别于同一主空间内进行的群像叙事,具有跨时空连接的特点,主要是非同一空间内的多元主体围绕同一主题接力讲述不同人物故事的群像叙事组织形式。例如,为庆祝中国共产党成立100周年,教育部组织开展了"网上重走长征路"党史故事百所高校接力讲述活动[①],运用图文影音等多种形式,由多主体多维度接续讲述党史人物故事,其中北京大学讲述革命先驱李大钊的故事,华东师范大学讲述新四军战士的故事,吉林大学讲述黄大年的故事,通过多主体接力讲述,呈现党史人物群像,多维激活党史记忆,深化了爱国奋斗的精神传承主题。

(2)视听化建构

融媒体时代,人物形象呈现不再局限于文字报道、人物讲述、戏剧表演等传统方式。相对于传统媒介,新媒介技术发展为群像叙事提供了跨媒介表达创新的多种可能。要提升群像叙事效果,必须灵活运用多种媒介扩展叙述空间,特别是注重利用大众化的新媒介,采用融合表达策略,探索多样化的叙事形式,赋予群像叙事以新的大众文化形态,让人物形象动起来、活起来,提升人物故事的传播力和影响力。在多种媒介融合策略中,将视频、音频、文字、图像等多媒介融为一体的视听表达形式应用最为广泛,因契合受众追求直观、通俗的文化心理需求,受到欢迎。视听形式丰富了群像人物的呈现形态,越来越成为群像话语建构的新诉求。通过视听形式对人物群像进行话语建构是融媒时代群像叙

---

① 参见《百所高校接力讲述党史故事》,《人民日报》2021年4月7日第14版。

事的有效方式和创新方向。

群像叙事的视听表达相对于传统叙事表达具有很大优势,借助文字、图片等方式讲述人物故事的传统叙事方式对人物的塑造"浮于表面,缺少立体感,读者想象、感知典型人物存在一定难度"[1],视听形式能弥补传统人物叙事共感体验不足等问题。正如罗伯特·考克尔所言,它们看起来像是直接传达给我们,而不是间接或通过媒介的交流,这种对事物真实性的信服扩展到了对事物影像的信服,根据经验,影像直接而迅速地被人接受和理解:在那里、完整、真实。[2]一方面,从群像故事的内容呈现看,视听形式的内容表达更直接、快捷,以动态的可视化形象直抵受众视野,更具真实的沉浸感觉,通过视听形象和具象化的场景来感受、认知和理解人物,仿佛在一起经历,更具真实性的说服力,能使受众的思想观念在影像的流动中不知不觉受到人物故事的影响。另一方面,从群像叙事的形式体验看,视听形式融合图像、声音、文字等多种表达手段,通过极具冲击力、感染力的视听画面,可以提升群像叙事的参与性和现场感,带动受众多感官一起参与故事场景,获得对人物故事的丰富体验。

讲好群像故事,要充分利用视听形式在群像叙事中的话语建构优势,优化群像叙事的视听化表达策略。借助视听形式讲好群像故事,可以通过多种路径加以建构和创新。一是传统群像叙事成果的视听形式转化。即将群像人物现场讲述、群像戏剧、群像文章等进行视听编码,经过再加工后转化为视听形式作品,同一内容呈现出多样态表达形式。二是群像叙事的传统形式对视听化形式的嵌入或链接。即在传统形式的口头讲述、文字刻画或戏剧表演中,在需要深度刻画或阐释的环节,或作为一种辅助配合手段,嵌入或超链接到相关人物故事的视听画面,以增强传统群像叙事的画面感和感染力。三是群像叙事的视听产品生产。即创新群像叙事语态,直接采用视听化语言组织群像叙事内容,建构群像叙事话语,创作群像人物纪录片、微电影等,运用视听艺术再现还原正能量人物事迹的场景画面。四是群像叙事的数字视听形式创新。即运用最新的数字视听技术赋能群像叙事新形态。数字元宇宙带来的视听变革,为搭建虚实交织的超媒介视听场景提供了新的可能。群像叙事可以运用元宇宙新兴技术打造虚实结合的全沉浸式的场景,让历史人物与现实人物对话,让受众与虚拟人物互动,身临其境融入视听场景中,开启在场的更加丰富逼真的交互视听体验,通过多维感知沉浸体验,强化对人物故事的认知和传达的效果,真正实现内容共享、意义互通、思想共振。

---

[1] 肖荣春、常誉维:《主流媒体短视频的典型人物形象建构与传播策略创新》,《中国记者》2023年第9期。

[2] 参见罗伯特·考克尔:《电影的形式与文化》,郭青春译,北京大学出版社2004年版,第10页。

群像叙事的视听化建构虽然有诸多优势,但也要注意避免为了吸引眼球而背离主题叙事的初衷和基本逻辑。对群像的视听化建构不能简单视为叙事形式上投其所好的变化和创新,必须坚持主题叙事的意识形态导向性。视听形式的人物形象易于接受,但处理不好,也可能消解典型人物的高尚形象,对视听体验感的过度追求也容易干扰甚至遮蔽群像叙事主题意义的正确表达,因此,必须处理好视听话语形式与主题意义建构之间的关系,做好把关审查工作,确保群像叙事视听化建构既新颖、富有体验感地呈现人物形象,又符合主流意识形态对群像人物塑造的要求,使主题意义能通过恰当的内容和形式表达出来,实现群像叙事的思想政治教育价值。

(3)全媒体传播

群像叙事的话语表达需要通过一定的传播通道才能被受众看到、听到,因此,传播方式的选择对于群像叙事的成功表意来说也十分重要。在传播渠道上,媒体融合式发展构建了大众传播的新格局。习近平总书记指出:"加快传统媒体和新兴媒体融合发展,充分运用新技术新应用创新媒体传播方式,占领信息传播制高点。"[1]群像叙事除了要更新叙事媒介形式,还需要借助媒体发展和融合力量,对传播方式进行变革和创新。

一是探索新媒体传播方式。一直以来,报纸、广播、电视、电影等各类媒体为典型人物塑造和形象传播提供了有效渠道。随着新媒体发展,传播平台更加多样化、现代化,网络客户端、移动终端等新型媒体平台,为群像叙事表达和传输开辟了更便捷高效的传播通道。充分利用新型媒体平台扩大群像叙事影响力,需要不断探索和创新传播方式。比如,可以借助网络直播平台对人物群像讲述现场进行全网直播,可以通过主题教育网站、微信公众号、抖音等平台传播群像叙事图文作品或视听类作品,借助各类网络平台广泛传播,扩大人物群像的影响力和示范效应。

二是构建全媒体传播矩阵。群像叙事的全媒体传播格局构建,需要顶层设计推动和创新,"自上而下变革释放传播力"[2]。借助人民网、"学习强国"、青梨派等主流官媒平台的支撑,同时整合多种类、多层次媒体平台资源,利用校报、广播、电视、网络新媒体等多平台多形式再造分发,全平台传播。利用各平台传播优势互补,一次采集,多端发布,形成融合传播的媒体矩阵,实现群像信息的多元传达,满足受众个性需求,适应其接收信息习惯,提升传播覆盖面和传播效力,使典型人物形象能影响到更多师生受众。

---

[1] 中共中央文献研究室:《习近平关于社会主义文化建设论述摘编》,中央文献出版社2017年版,第31页。

[2] 尚新英、王雷亭、白子琦:《融媒体时代高校通过典型人物报道弘扬社会主义核心价值观的路径创新初探》,《教育传媒研究》2020年第6期。

三是加强联动传播效果。在全媒体矩阵格局内,各种媒体传播形式之间不是独立平行关系,应形成联动传播的交叉互文网络。群像叙事要取得最佳实效,需要强化各种形式的传播互动。首先,加强传统媒体和新媒体的传播互动,将群像叙事的网上内容和网下活动连接起来融合传播。例如,网下活动传播的同时通过文图报道和现场短视频等形式同步上网推送,实时报道,增强传播效能。其次,加强新媒体之间传播互动,网络端和移动端各种不同新媒体平台互相嵌入链接,可以一键点击直达其他媒体平台,浏览群像人物信息的其他传播内容形态,建立跨平台迁移的人物内容信息共享和资源调用机制。最后,加强媒体平台与受众之间的传播互动。例如,根据数据分析,设置信息个性化定制和推荐功能,方便受众选取最接近需求的人物群像信息,开通在线投票、评论和反馈通道等,加强传播互动,深化记忆,强化传播效果。

四、行走叙事

重视实践课堂的育人作用是高校思想政治教育的显著特征和发展要求。近年来,随着"大思政"教育理念的推广与实施,高校思想政治教育越来越突出实践导向,各种形式"行走的思政课"火热开展,在取得初步成效的同时,也引发了在行走的实践课堂上如何讲好中国故事的进一步思考。"行走的思政课"中的"行走叙事"是高校思想政治教育主题叙事话语实践创新的必然要求。本部分对行走叙事的内涵、价值、特点和策略等问题做尝试性探讨。

(一)行走叙事的内涵与价值

"行走叙事"指"在影视或文学作品中,主人公通过旅行、漂泊、寻找、反思等形式,使心灵得到净化、认识得以提升的叙事表现"[①]。简言之,行走叙事就是通过行走途中的所见所闻,反思社会现实和人的精神信仰的一种叙事方式。"移动的思政课""行走的思政课"火热开展,同时受空间叙事理论启发,本书借用"行走叙事"一词意指高校思想政治教育走出传统课堂,进行现场教学,或者走出校园,在更广阔的社会空间中进行的叙事形式,是在行走的大思政课堂中的各类叙事现象的总称,包括在现场教学、走访、考察、体验、社会服务等行走实践中讲故事、听故事、传播故事等方式,是充分利用社会资源讲好中国故事、提高思想认识的叙事,也可以说是以行走为外在特征的实践课堂叙事。本书认为行走叙事是一个十分重要的主题叙事策略取向。

---

① 王晶:《论〈等风来〉的"行走"叙事特征》,《现代视听》2014年第7期。

高校思想政治教育主题叙事话语实践中,对主题的认识、理解和接受不仅靠理论的阐释,而且离不开实践中的理解和领悟。教育者"给予学生的不应该只是一些抽象的概念,而应该是观察认识当代世界、当代中国的立场、观点、方法",要"把思政小课堂同社会大课堂结合起来,在理论和实践的结合中,教育引导学生把人生抱负落实到脚踏实地的实际行动中来"①。主题叙事话语实践离不开社会实践平台场域。近年来,高校积极创新实践形式,推行行走式主题实践活动,在行走的"大思政课"方面做了有益探索,让学生在行走、移动的课堂中接受洗礼,体验收获。近3年,哈尔滨工业大学派出实践团队7000余支,累计覆盖师生4万余人次,专项实践团奔赴各地,了解社情民意,激发奋斗前行的内生动力;2023年7月,山东农业大学启动"万名学子联万村,我为家乡做贡献"暑期大调研社会实践活动,在2024年寒假期间首批设立了4003个乡村振兴驿站,并在青年学生中聘任了4003名科技专员,围绕家乡所在村的农业发展、农村建设开展技术指导、成果推广、志愿服务等。② 各高校推动主题实践,引导学生将理论与实践结合起来,深化体验,提升对主题知识的思想认识,提升思考能力,将感性认识上升为理性认识并最终落实到行动上。

　　行走的实践也是在行走过程中讲好中国故事的社会实践,具有主题叙事功能,为高校思想政治教育主题叙事话语实践开辟了广阔空间,丰富了叙事资源,创设了更为真实可感的情境。预设行走路线中的人、事、物、景都是承载主题意义的文化象征符号,随着空间的移动,这些符号链接整合形成生动的故事能指,具有意识形态叙事作用。当人与情景交融,形成情感共鸣和认知认同,所指的主题叙事意义就此生成。行走的实践空间是高校思想政治教育的重要言说场域,行走叙事是主题叙事话语实践的重要路径,是促进主题话语认同和取得话语实效的重要策略。

　　传统的主题叙事话语实践往往局限于课堂、校园,缺乏与社会的有效连接,对主题意义的理解主要靠听,靠头脑中的想象性理解,难以触动受教育者心灵深处。行走的叙事鲜活、生动,是一种追求真实体验的叙事,通过有计划、有组织的安排策划,带领受教育者深入广阔的社会空间,感悟国家和社会的发展变化,在场馆景物空间叙事的隐喻、象征等手段配合下,行走主体与场景发生联系,通过历史场景的再现、现实空间的具身体验,回忆历史和体悟社会真实,增强对主题的理解和认同。在行走过程中听故事、讲故事、悟道理,突破传统叙事的局限,有助于受教育者拓宽视野,将思想理论与行走见闻结合起来进行消化吸收和审视思考,提升对历史和现实的把握能力,对主题思想形成深刻理解和

---

① 习近平:《思政课是落实立德树人根本任务的关键课程》,《求是》2020年第17期。
② 参见吴丹:《行走的课堂 满满的收获》,《人民日报》2024年2月26日第11版。

认同,实现思想成长。

(二)行走叙事的特点

从高校思想政治教育主题叙事话语实践角度来说,"行走叙事"的特点主要体现在以下三个方面。

1. 叙事内容:蕴含主题的丰富性

行走叙事是借助社会大课堂来展开思想政治教育叙事,具有"理论+实践""历史+现实"育人的"大格局""大视野",叙事内容超越课本局限,具有丰富性,内蕴的主题既涉及对历史文化的记忆,也涉及对社会现实的呈现,通过回溯红色历史、了解民族文化、考察现实国情、体悟青春成长等,用深刻的主题内容引领、滋养受教育者成长与发展。行走的过程也是寻找意义的过程,将理论知识与现实实际对接起来,用行走中的见闻故事折射宏大教育主题,目标是构建和实现受教育者对理想、信仰、奋斗、奉献、责任等主题意义的认同。具体来说,行走叙事内蕴的主题丰富多样,主要体现在以下四个方面。

(1)追忆红色历史,传承红色基因

习近平总书记在党史学习教育动员大会上指出:"要抓好青少年学习教育,着力讲好党的故事、革命的故事、英雄的故事,厚植爱党、爱国、爱社会主义的情感,让红色基因、革命薪火代代传承。"[①]红色资源是中国共产党红色历史的重要组成部分,如革命旧址、烈士陵园、党史纪念馆、红色教育基地、红色曲艺、革命人物故居、革命影视、红色文物和档案等都属于红色资源。这些丰富的红色资源本身就有主题叙事功能,是革命精神、爱国主义、英雄人物事迹等红色文化内容的载体和容器,可以讲述故事,具有丰富的思想内涵和精神传递功能,能够引导受众沉浸其中,理解主题,强化红色记忆。充分运用红色资源,回溯红色历史,是高校思想政治教育行走叙事的重要内容。借助各类红色资源,讲述中国共产党在革命、建设和改革时期的红色故事,在沿着红色足迹行走的过程中,领悟历史发展必然,感受红色精神谱系,对培育受教育者爱国意识和红色传承精神具有重要意义。

(2)探寻中华文化,增强文化自信

中华优秀传统文化是中华民族的文化基因,是发展中国特色社会主义文化的思想源泉。习近平总书记指出:"优秀传统文化是一个国家、一个民族传承和发展的根本,如果丢掉了,就割断了精神命脉。"[②]中华优秀传统文化作为中华民族特有的精神标识,构成了社会主义核心价值观的丰厚文化底蕴,继承和弘扬

---

① 习近平:《在党史学习教育动员大会上的讲话》,人民出版社2021年版,第26页。
② 《习近平谈治国理政》第2卷,外文出版社2017年版,第313页。

中华优秀传统文化,关乎国家和民族的发展命运。我国传统文化资源十分丰富,博物馆、文史馆、古代思想家故居、文化遗址、非遗展馆等,为行走叙事提供了文化探寻空间。感受中华传统文化,增强文化自信,是行走叙事的重要主题内容。在行走实践中探寻中华文化的遗存遗迹,以中华优秀传统文化故事为叙事资源,感受中华文化的独特魅力,接受优秀传统文化蕴含的家国情怀、仁爱、和谐、诚信、友善、重道德修养等精神滋养,对引导受教育者热爱中华文化,形成中华文化认知认同,自觉传承中华优秀传统文化,树立文化自信自强和社会主义核心价值观自信具有积极作用。

(3)考察现实国情,担当时代使命

改革开放以来,中国共产党带领人民团结奋斗,全面加强政治、经济、社会、文化、生态、科技等领域建设发展,我国城乡巨变、民生改善,国家和社会发展取得了举世瞩目的成就。考察现实国情,培养社会责任感,是"行走叙事"的重要主题内容。组织高校青年学生深入实际,赴城镇乡村、贫困地区、民族地区、创新城市、企业单位、社区场所等进行国情、社情考察,置身于中国特色社会主义伟大实践的现实场域,聚焦乡村振兴、文化建设、产业发展、生态保护、科技创新等时代主题,了解国家发展和社会变革背后的故事,通过实地考察,见证乡村振兴的现实图景,体会民族团结的和谐氛围,感受创新发展的活力动力,通过采访询问,听取干部百姓的真实言说,在行走中领略国家和社会发展中的多彩故事隐喻,从中汲取拼搏奋斗的力量。现实场景形成的强大叙事张力,有助于主体增强感受力,深刻领悟习近平新时代中国特色社会主义思想的丰富内涵和精神实质,同时,直面现实,审视思考现实问题,提出建议,增强服务人民、奉献社会的使命感和责任感,坚定为强国复兴伟业贡献力量的决心。

(4)投身社会服务,体悟青春成长

社会服务是以提供服务的形式来满足社会需求的社会活动,多元化主体提供社会服务,事关社会的正常运行与协调发展。开展社会服务公益实践活动,助力青春成长,是行走叙事的重要主题内容,具体包括到乡村支教,参与文化场馆引导和讲解活动,进行绿色环保理念、法治等宣传活动,参与社区劳动或管理,到中小学开展助学活动,参加大型会议赛事志愿服务等多种行走形式。这类主题的行走叙事实践,以社会需求为导向,通过走进基层、街道、社区等公益实践体验,深入理解和践行服务奉献精神,发挥身体力行的建设性作用,传递积极向上的精神力量。通过与现实世界的连接,受教育者在有意义的生存体验和服务历练中反思与成长,深刻认识人生的社会意义,抵制功利价值观影响,调整自身的角色认知,唤醒内心美好向善的种子,净化心灵,提升责任担当的自觉意识。

2. 场景传播:多维符码的复合性

行走叙事中的叙事传播不是静态的,而是人与场景信息之间互动的过程,依托场景进行传播是其一大特点。场景即由时间、地点、人、事、物等构成的具体情景或画面。场景是符码与故事的结合,可感可知,能将历史故事、现实故事、社会故事、生活故事、生态故事等生动地呈现出来。叙事场景的多维化可以促进情感的多维生成与凝聚。

一是场景符码的复合性传播。行走叙事中的叙事传播建立在场景基础上,主要是对场景信息的体验、感知,场景中有丰富的人、事和物,能传递思想文化、表达价值取向,通过符码复合叠加作用,增强场景传播效果。比如,在革命纪念馆,室外建筑、雕像、室内文图、物件、影音、数字互动等多维场景和多维符码之间相互联系、相互配合,通过符码联结和场景流动,形成叙述的整体结构和意义,生动呈现故事。人们行走其中,与场景之间产生了一定的情境关系,置身于特定主题场景获得体验,多维场景符码的故事呈现,结构化作用于人的精神世界,唤起历史记忆、文化记忆,帮助人们形成对主题的感知,产生情感共振。

二是场景开放的参与式传播。行走叙事传播中的场景传播具有开放参与的广域特征。叙事传播主体多层次多元化,场景中的每个人、事、物都具有传播价值和功能,都可以成为传播主体或载体。比如,乡村的报刊亭、菜地、街道、文化场所、住宅等都可以参与叙事、传播信息,乡村干部、场馆讲解员、师生、乡民等都可以与场景互动,进行言说,每个参与者都可以对所见所闻进行发布和分享,特别是网络媒介时代,人可以化身媒介符码,参与传播,通过网络进行信息发布,表达感悟,形成多维传播的复合效应。

3. 空间叙事:意义体认的建构性

场景复合叠加构成一个整合联动的空间,场景是空间叙事的基础。行走叙事的场景不是只有一个,而是由多个场景的复合、流动形成,各个场景之间有一定的联系,组合起来可以构成主题叙事链条,以空间文本的形式传达特定的主题意义和内涵。

行走叙事的各类空间,既是物理空间(叙事的场所或环境、路线和场景),也是想象空间(意义空间)。列斐伏尔认为,"空间从来就不是空洞的:它往往蕴涵着某种意义"[1]。在行走实践中,空间也参与叙事,并与人形成互动、配合关系。这个时候,"人既是意识主体,也是身体主体,既通过思维认知,也通过身体认知"[2]。通过身体与空间融合或身体融入空间,除了可以按场景切换的流动叙事链条感知,还可以通过场景中具体的人事物等细节感知历史或现实,形成具身的感知体验。这种具身感知影响对叙事的认知和理解。身体的感知带动头脑

---

[1] 转引自包亚明:《现代性与空间的生产》,上海教育出版社2002年版,第83页。
[2] 袁艳:《当地理学家谈论媒介与传播时,他们谈论什么?——兼评保罗·亚当斯的〈媒介与传播地理学〉》,《国际新闻界》2019年第7期。

的认知,通过"体认"的方式认识空间中的主题思想和知识意义,人在行走中通过参观、考察、体验等方式参与意义建构并有所收获。这一过程是主题意义生成和建构的过程。

行走叙事的认知和理解过程,首先是物理空间的故事或现实呈现,通过叙事空间中多元场景、事物、符码等的表意和传播功能,使主体形成对主题知识的基本认知。其次,在人与空间互动实践中具身感知隐喻空间的主题表达,激发情感体验和共鸣。最后调动认知,深化对主题的理解,产生意义认同。

(三)行走叙事策略

行走叙事的特点和优势为高校思想政治教育话语实效性提升创造了路径,目前虽然取得了一些成绩,仍有很大的探索和创新空间。因涉及走出校园,容易流于形式,出现走马观花的情况,还有叙事成果及转化等问题。行走实践中,场景和空间的叙事功能固然重要,但不是行走叙事的全部,如何避免行走叙事的形式化问题,需要发挥主体在行走叙事中的能动作用,需要进一步探讨行走叙事策略创新问题,以取得更大的成效。

1. 加强行前叙事策划

行走叙事可以有多种形式,无论是教育者现场教学、教育者运用个人行走叙事成果讲述行走中的故事,还是以主题实践活动为形式开展的行走实践,叙事建构先要明确主题,再围绕主题设计方案。一个好的方案需要根据主题,充分考虑选择叙事空间、利用叙事资源、呈现故事的方式、表达叙事话语、如何互动和叙事节奏等问题,行走过程中和结束后还需要及时进行总结与反思,根据需要进行叙事成果的转化与传播。要实现行走叙事的最佳效果,必须做好精细策划和行前准备,对以下几个方面的把握十分重要。

第一,强化问题意识。行走叙事要实现育人目的,需要挖掘符合时代要求和育人需要的富有思想文化教育意义的主题,以抓住行走叙事的灵魂,这样在行走中的故事讲述和反思实践才能不偏离预期目标。但有了明确主题还不够,行走叙事应该具有"问题视域","叙事主体和叙事的接受主体都应带着问题向故事资源/文本提问"[1]。教育者和受教育者都带着问题在行走过程中反思、成长、收获,确定行走过程中要解决的主要问题,带着问题去体验、去追忆、去考察、去实践、去反思,有助于理解故事场景,也有助于讲好、传播好中国故事。行走叙事的资源多种多样,围绕与主题相关的问题确定叙事内容,问题与资源、场景结合,才能充分发挥资源的叙事功能和主体的叙事作用。行走叙事的目的是体验、成长,围绕与主题相关的问题展开叙事,有助于强化主题意义,促成主题

---

[1] 宋成:《背景性知识与中国故事实践叙事的进路》,《内蒙古社会科学》2022年第6期。

思想的接受和认同。

第二,明确叙事方案。虽然在行走过程中,可能会面临一些未知的突发情况导致叙事发生变动,但行前做好叙事策划是确保行走中的叙事取得预期实效的关键前提。首先,围绕主题,根据教育目标和学生的发展需求,精心选择契合主题的叙事空间和叙事路线。筛选和整合与主题相关的资源,选取具有代表性的故事、事件和叙事场景,设计好出行和叙事方案,以产生真实、丰富的情境体验。例如,为了让行走的思政课"有知"又"有味",2022年开始,天津城建大学马克思主义学院组建了教学团队,从红色场馆踩点、教学资源选择、史料收集整理到教学设计、教案编写、最终呈现,每一个环节都经过精心打磨,确保了实践行的每一站都能释放出"真理的味道"①。其次,仅仅依靠场景叙事效果十分有限,特别是涉及学生参与的主题行走实践活动,往往人数众多,行程也比较复杂,需要做好顶层设计,尽可能调动多元主体力量参与和配合行走中的叙事开展,比如各行走地的接待、交流和讲解工作,教育者和受教育者等主体参与叙事的互动设计,各类叙事主体的分工协作关系等。最后,也要考虑到行走中可能遇到的问题困难等,做好灵活调整的应变预案,以确保叙事秩序。

第三,优化叙事准备。行走前,思政教育者要做好充分调研,熟悉叙事主题和内容,掌握行走路线、日程并做好各环节的叙事安排。要掌握受教育者对行走涉及的场景空间和主题的认知情况,在行前引导受教育者充分了解与主题相关的背景性知识,了解行走目的地概况和主题内容。对行走目标的了解,可以帮助受教育者在行走实践中更好地理解叙事内容。若发现受教育者对行走目标的认知严重不足,则需要采取专门措施进行相关背景知识的补给,使受教育者具备行走前最基本的认知储备。同时,根据受教育者的认知状况,对不熟悉的细节之处设置必要的解说环节,有针对性地丰富叙事信息,帮助受教育者更全面深入地理解行走主题,必要的话,也可以根据受教育者认知情况做差异性讲述。此外,检查受教育者行前的叙事准备情况,比如小组分工、访谈、记录、参与讲解、宣传报道等准备工作是否到位,对其进行把关,以确保相关工作都做好了充分准备。

2. 创新主体共叙模式

行走叙事往往涉及多层面多元化的主体,多样化的丰富叙事可以依托多元主体讲述来实现。以往实践经常出现教育者或受教育者主体失语的情况,即只听故事、看故事,很少说故事。在一些纪念空间或城乡场所的参观考察活动,主要以实物、图片和文字等场景空间展示加上讲解员讲解的单一形式呈现故事,

---

① 参见胡春艳:《"行走的思政课"激活社会大课堂》,《中国青年报》2023年5月23日第9版。

这种传统的单向叙事方式,降低了行走叙事应有的意义和效果。如何充分利用行走中的空间资源,加强互动,使行走叙事更生动、有效,需要重点探讨。由于完全通过行走中的物化空间发挥场景叙事作用,即使有讲解,也难以将主题的信息内容全部表达出来,更难有针对性地表达主体对故事的需求,针对这种情况,可以创新一种多主体共叙模式,除了最常见的专业人员讲解,有必要通过多元主体参与共叙的方式补充一些重要的、有助于阐发主题的叙事内容,拓展场景以外的相关细化信息,延伸情感共鸣空间,强化叙事效果。

其一,发挥教育者和受教育者在叙事中的主体作用。在行走实践中,教育者和受教育者不仅做听故事的观众,而且应该参与叙事,做讲述者。教育者和受教育者主体的叙事是行走叙事的重要方面,理应共同参与讲述,与空间叙事一起创造情境和意义。教育者在行走过程中可以根据实际需要适时实施现场教学,将行前提出的问题用故事讲清楚、讲透彻,补充场景传播的信息不足。应突出受教育者在叙事中的主体性地位,发挥受教育者的积极性和创造性,受教育者也可以充当讲解员角色进行叙事。比如,华东师范大学与中共一大纪念馆等合作共建现场教学点,让学生做志愿者、讲解员,建设党史育人、实践育人平台[①]。学生通过参与讲解过程,更沉浸于场景之中,能深入理解行走的主题和内容。教育者和受教育者也可以通过朗诵、表演、模仿人物、访谈等方式参与内容互动,延续空间的故事表达,置身其中,强化沉浸感受。特别是一些缺乏人员讲解的场所空间,发挥教育者和受教育者的叙事作用显得十分重要,通过参与共叙,在互动中加深认识和体验。

其二,借助行走过程中涉及的组织或个人等其他主体赋能叙事。在行走空间,除了常规讲解,也可以根据需要增加一些叙述环节:纪念场馆可以请场馆讲解员讲述在讲解职业中的经历或感受,请游客讲述参观体会,感受故事精神给人带来的影响;在非物质文化遗产等文化展示空间,邀请传承人现场讲述,让直接相关人物亲自讲故事更有说服力,能增强理解、体验感和真实感;在城乡空间,可以邀请相关专家或熟悉地方工作的领导干部,在关键场景或节点讲述乡村历史、文化发展、民生改善、城市创新等情况和故事,或由改革发展中的典型人物来讲创业故事;在企业或基层单位,请先进工作人员讲奋斗和奉献的故事;在"一带一路"主题考察中,可以请来自共建"一带一路"国家的外国青年谈对"一带一路"的认识和感受。不同叙事视角的加入,延展故事意义空间,受教育者的行走感触更加深刻。

其三,加强场景空间中多主体参与的叙事互动。共叙模式也是一种互动模式,教育者和受教育者不再是传统参观意义上的接收故事者,在与其他主体和

[①] 黄超、吴月:《种好责任田 上好思政课》,《人民日报》2021年12月20日第12版。

场景空间互动中形成对故事主题意义的理解。借助场景空间访谈对话是很重要的一种叙事策略,如在乡村,寻找不同访谈对象讲述不同的故事,采访正在田间耕种的农民,采访在家中的老人、学生,采访乡村商店店员,多角度了解乡村变化、生产生活情况和其中的故事,通过对话与不同主体以及田间、家庭、商店等场景形成互动关系,结合对话内容和场景现状,互相印证对话主题,也容易使人进入情境,共创生活和记忆空间,达成共情和理解。在高科技赋能下,一些纪念性场馆会在场景设计中置入影像技术和虚拟现实技术等互动场景,充分利用场景中的互动设计,积极参与场景互动体验,在角色沉浸、问答游戏、场景模拟等交互空间中感受人物形象和故事的发展,将已有认知融入情境体验,强化情感链接,主体间可以交流体验,在互动中实现叙事的深度参与。

3. 推动叙事成果形成与转化

行走叙事内容丰富、形式多样,要加强叙事成效,除了行走过程中的互动叙说,拓展与创新叙事时空和表达也很重要,对此,可以利用行走资源,将行走中的所见所闻、感受和认知收获形成多样化的叙事成果,延展故事链和传播链,使行走叙事释放更大的价值能量。同时,叙事成果运用媒介技术发布和推送,扩大传播范围,一定程度上可以解决行走叙事因经费限制或实践资源不均衡而造成的覆盖面不足等问题。

第一,及时形成总结性叙事成果。对行走叙事来说,教育者和受教育者的总结性叙事成果是必不可少的。在行走过程中,教育者可以指导受教育者形成即时短新闻报道发布微博、头条等平台,分享行走历程和见闻。行走结束后,指导受教育者基于行走主题撰写宣传文章、研学报告等,将走访、考察、体验所获取的故事和资料做进一步整理,形成感悟,线上线下展示和分享。例如,北京大学以"高举旗帜跟党走,踔厉奋发向未来"为主题,精心组织262支本科生思想政治实践团队,共形成调研报告、个人感悟、学生成长日记等,共计500余万字,实践结束后,及时设计制作思想政治实践成果展,面向校内外积极开展成果展示和宣传,组织撰写思想政治实践成果集,促进思想政治实践成果深度转化。[①]教育者可以根据行走实践中的教育实例,形成教育叙事成果,也可以将受教育者叙事作品整理出版,作为经验、感悟分享,能够起到一定的示范效应。

第二,自觉梳理反思性叙事成果。行走实践最终目的是主题浸润下的精神成长,教育者和受教育者主体均面临反思的要求,需要在行走的过程中和行走之后,在收获的关于历史、文化、国情、民生、服务奉献等认识的基础上,深刻反

---

① 参见《北京大学以"大思政"格局打造思想政治实践教育工作体系》,http://www.moe.gov.cn/s78/A12/gongzuo/moe_2154/202401/t20240131_1113505.html,访问日期:2024年2月14日。

思,撰写心得体会或反思报告来加以梳理。既包括对行走主题的进一步反思,即对问题的重新审视,如何传承红色精神、如何推动改革创新、如何弘扬优秀文化,还存在什么问题,自己在其中能发挥何种作用等,也包括对行走的过程性反思,涉及在实践中投入程度、获得感、体悟的团队精神、实践能力提升、对人事物的感悟、产生的情感、工作态度、行走中体现出的综合能力不足或素质不足等方面,还包括行走中的人事物给自己的启发,行走历程带来的关于人生目的、人生价值等内在的思考与回答。反思是行走叙事的重要内核,关乎精神世界的提升与塑造。反思性叙事连接过去和现在,又指向未来。通过反思性叙事,在反思中成长,实现主题精神的内化于心和外化于行,这也是行走叙事在精神培育上所追求的价值目标。

第三,积极生成衍生类叙事成果。新技术给行走叙事带来更多创新的可能路径。行走实践可以利用新媒介赋能激活行走叙事的影响力效应,根据行走历程和收获的资料,生成一些叙事衍生作品。在行走过程中和行走结束之后,教育者可以引导和鼓励受教育者根据兴趣、特长,发挥创造力,结合行走中的采访片段、录像、历史资料记载、各类叙述和场景记忆、感悟文字、照片等,以某种叙事艺术风格进行主题叙事再创作。比如,拍摄行走视频日志(Vlog)、制作行走微纪录片、创作动画、绘画、制作音乐 MV、设计文创产品等,也可以组织受教育者对所见所闻进行文艺化再现和重塑,如排演话剧、情景剧等,对主题进行新的宣传阐释,借助网络平台和多媒介进行成果展示和传播,通过成果衍生、转化,强化主题叙事实效。

总之,行走叙事是十分有效的话语实践策略,要取得最大成效,需要及时总结和梳理,生成具有参考意义和推广价值的各类叙事成果,通过成果转化和优质行走叙事成果分享,形成后续再教育的有效资源补充,发挥行走实践资源的辐射性影响力效应。

第六章

实例分析

秉承理论与实践相结合的研究思路,本章采用积极的建设性的分析方法,以主题意义、话语建构、叙事策略、实践效应为框架要素,对四个具有典型意义的实例进行质性分析,以形成对高校思想政治教育主题叙事话语实践范式和叙事策略更为直观的、深入的认识。需要说明的是,本书的实例分析重点不在于对实例的语言分析和结构分析上,主要关注这些实例的主题设定和主题语境,运作过程中的话语建构特点,话语建构中运用的主要叙事策略,以及产生的实践效应等方面,力求通过分析,把握高校思想政治教育话语实践的本质,挖掘主题叙事的可行性思路和一些规律性特征,发现可借鉴的亮点,为高校思想政治教育主题叙事话语实践的创新和发展提供例证与参照。

一、实例选取与分析框架

高校思想政治教育主题叙事话语实践多种多样,没有固定一致的模式,本书选取的虽然只是个别实例,不能涵盖和展现话语实践多样态全貌,但可以从中发现一些经验性、规律性的东西,为探寻主题叙事话语实践的可行性路径与叙事策略提供思路和参考。

(一)实例选取

近年来,成功的主题叙事话语实践多样呈现,在选择上实属不易,经过认真搜集和筛选,最终本书选取了四个实例作为分析范本,分别是"弘扬嘉庚精神,奋进一流征程"厦门大学百年校庆系列活动、《让青春走"红"——走读红色经典》青年党史学习教育融媒体互动节目、"把青春华章写在祖国大地上"网络主题宣传和互动引导活动、"追寻领袖足迹,感悟思想伟力"福建省大学生暑期社会实践活动。

选取的依据和标准主要有以下几个方面：一是主题内容涉及近年来高校思想政治教育话语实践的重要主题，例如，党史学习教育、学习贯彻习近平新时代中国特色社会主义思想、中国梦、爱国主义、青春奋斗等。二是比较成功的、有代表性且取得了一定成效的典型性实例。三是突破传统的、富有创新特色的多模态实例，也就是说并非单一的文本实例，而是体现为多样态综合言说的实例。基于以上三点，选择的实例具有可借鉴价值，有的作为系列活动，既有特色，也在延续，具有可持续性，可以为提升主题叙事话语实践实效性提供借鉴。此外选取的四个实例都是有媒体报道或存在在线文本的活动，以方便提供实例来源和详细参考。

本书选用的实例并非完美的话语实践作品，可能存在这样或那样的不足。选用它们，是因为在现实中取得了一定成效，从中我们可以发现一些可行性的规律和经验，为进一步探索和推动主题叙事话语实践提供启发。选取这些实例，也可以呈现话语实践的多种主题叙事样态，令思想政治教育者在话语实践中可以不拘泥于形式，从多方面突破。

尽管实例选择数量有限，但这些实例是将研究对象阐释清楚的路径：一方面要考虑将理论与实践整合进实例分析来丰富研究内容，另一方面要考虑通过实例分析来增强研究的应用性和可操作性，提升研究的应用价值，增强研究服务于现实话语实践的功能。

（二）分析框架

研究领域不同往往有不同的话语分析方法和叙事分析方法。本书具有学科所属和视域融合的特殊性，因此对实例的分析，既不同于传统的结构主义话语分析，也有别于解释故事元素和结构的叙事分析，同费尔克拉夫等人的批判话语分析也有所区别。虽有一些借鉴，但不局限于也不简单套用某一种话语或叙事分析方法，而是运用思想政治教育学科思维，根据研究对象的融合视域，搭建一个综合的分析框架，以此构建分析逻辑，对实例经验进行审视、描述和解释性分析，属于整体意义上的质性研究，是一种积极的建设性的分析。

本书的实例分析框架建立在前文提出的话语实践范式和叙事策略的基础上，框架内的分析要素主要包括以下四个方面：

一是主题意义。主题是叙事话语实践要表达的核心内容和思想主线，贯穿于叙事话语实践全过程。在高校思想政治教育主题叙事话语实践范式内，主题内含话语实践目的和社会语境等信息。主题意义这一分析范畴主要从实例的主题在符号表达上的特征、主题生成的社会文化语境、主题设定的导向性和期望实现的效果几个方面进行分析，目的是结合主题生成和传播的社会语境背景考察主题与社会意识形态的关系以及主题在设定上的特色，揭示出主题在叙事话语实践中的社会意义和教育价值取向。

二是话语建构。主题叙事话语的建构涉及话语生产、传播和接受几个环节，话语建构过程也是主题意义的生成过程。话语建构这一分析范畴主要对实例的主题话语建构情况进行总体分析，从主题叙事话语运作的各个环节考察实例中主题话语建构的实践理路，着重分析实例在话语实践中呈现的叙事内容、采取的叙事组织方式以及在推动话语传播与接受方面具有的叙事话语特征，揭示实例如何通过叙事话语实践建构主题意义，探讨主题意义在话语实践过程中的呈现情况和叙事话语机制。

三是叙事策略。叙事策略是实现主题叙事话语实践目标和支撑主题话语建构的叙事方法和方案的集合。一般来说，不同的实例在叙事策略上会有所侧重。叙事策略这一分析范畴主要根据本书提出的互动叙事、融合叙事、群像叙事和行走叙事等几种叙事路径，考察实例中所采用的主要叙事策略，分析实例在叙事策略创新上体现出来的主要特点，揭示叙事策略与主题之间的互动关系和在呈现主题方面所起的作用。

四是实践效应。实践效应是话语实践的实施效果、社会效应和在创新示范上的积极意义，可以从多个方面进行考察和判断。实践效应这一分析范畴主要从受众的接受效果和评价、社会影响、意识形态维护等方面考察主题意义生成效果和育人目标达成情况，同时从主体协同、场域作用和阐释循环等方面，分析实例在促成实践效应形成上的机制性特点，以及实例提供模式的可持续发展性。

本书借助以上分析框架，对选取的主题叙事话语实践实例进行考察与分析。对于这一分析框架，有必要补充说明几点：(1)本书搭建的实例分析框架不同于结构分析和语言分析的方法，而是基于研究逻辑，主要从整体意义上关注实例所涉及的主题意义、话语建构特点、采用的叙事策略以及产生的实践效应等，其中主题意义和实践效应分析直接关乎话语实践的目标、权力关系和意识形态，运用这一分析框架，可以对实例做出比较全面的综合性理解和评价。(2)研究选取的实例多为多个话语事件的集合活动，受本书篇幅所限，分析时难以做到面面俱到，因此，在总体分析的基础上，主要侧重对实例中比较有代表性、创新性、具有特色的部分进行分析。(3)并不是说这些实例是完美的，只是相对而言，这些实例为我们当下推动主题叙事话语实践提供了一种有效的可操作模式，通过对实例中实践经验的考察和分析，揭示有效性的规律，以为实践提供参照和借鉴。

二、"弘扬嘉庚精神,奋进一流征程"厦门大学百年校庆系列活动

仪式性叙事能建构国家记忆、集体记忆。2021年是中国共产党成立100周年,也是厦门大学成立100周年,厦门大学以"弘扬嘉庚精神,奋进一流征程"为主题,举办了一系列校庆活动,被称为"现象级"校庆,是一堂"思政大课"。这次活动是由多个话语事件构成的比较成功的集合性主题叙事话语实践活动,具有一定的示范意义。

(一)实例概述[①]

2021年4月6日校庆日当天,中共中央总书记、国家主席、中央军委主席习近平致信祝贺厦门大学建校100周年,为厦大百年校庆和学校发展注入了强大的精神动力。为传承百年荣光、凝聚各方力量、携手共创一流,厦门大学以"弘扬嘉庚精神,奋进一流征程"为主题举办了一系列有特色的校庆活动。

时任校党委书记张彦担任主编,组织专班深入挖掘历史档案、校史资料,以一个个真实的厦大人物、一件件生动的校地故事,梳理了厦门大学与国家同频共振的光辉历程。45篇文章集结成册出版的《为吾国放一异彩——厦门大学与伟大祖国》被校史研究者称为"一部开创性的校地关系视角的校史新著"。

4月6日晚,"南方之强"厦门大学庆祝建校100周年文艺晚会举行。厦大师生员工、海内外校友与四海宾朋共襄盛会,全球厦大人通过视频直播平台同步观看。晚会以"爱国、革命、自强、科学"四种精神为主线,运用海陆空多重元素,通过实景表演、情景朗诵、故事讲述、歌舞、无人机造景等形式,沉浸式、立体化展现学校与国家同呼吸共命运的历史发展、文化品性。

校庆期间,中央广播电视总台《国家记忆》栏目推出了厦门大学建校100周年三集纪录片《陈嘉庚与百年厦大》,通过深挖厦大一路艰辛的办校故事,多视

[①] 详见厦门大学新闻网相关报道:《中国文化报:厦门大学校庆:文化教育洗礼,"思政大课"》(https://news.xmu.edu.cn/info/1024/442651.htm)、《"南方之强"厦门大学庆祝建校100周年文艺晚会举行》(https://news.xmu.edu.cn/info/1049/39896.htm)、《大型纪录片〈陈嘉庚与百年厦大〉央视开播》(https://100.xmu.edu.cn/info/1013/1884.htm)、《人民网:酷炫3D光影秀!带你穿越厦门大学百年历史》(https://news.xmu.edu.cn/info/1023/39494.htm)、《厦门日报:歌剧〈陈嘉庚〉昨晚首演》(https://news.xmu.edu.cn/info/1023/39743.htm)、《厦门晚报:传递家国情怀 见证桑梓大爱》(https://news.xmu.edu.cn/info/1023/39620.htm),访问日期:2023年7月16日。

角、全方位地展现厦大百年发展历程中形成的四种精神;芙蓉湖畔上演以"流金岁月,百年厦大"为主题的100周年光影秀,总时长约10分钟,以厦大思明校区嘉庚楼群主楼颂恩楼为呈现载体,运用3D mapping 的艺术形式,通过"百年集结号""厦大春秋·大道吾行""厦大情怀·大爱无疆""厦大梦想·大业千秋"四部分,一一展现厦大百年历史;由厦大师生、校友逾200人参演的原创歌剧《陈嘉庚》上演,以校主陈嘉庚先生为国为民矢志办学的壮举为背景,展现其奉献祖国教育事业的爱国情怀。此外,还举办了"重走嘉庚路·致敬新时代"主题展览,通过翔实的文字、图片资料,见证以陈嘉庚先生为首的华侨华人爱国荣乡的家国情怀,以及建校百年来"厦大人"及社会各界传承嘉庚精神的奋斗成果,吸引了海内外各界人士以及众多厦大师生赶来观展。

(二)实例分析

1. 主题意义

从主题设定看,"弘扬嘉庚精神,奋进一流征程"是"百年校庆"这一中心主题下的具体主题体现,目标明确,即根据高等教育发展的时代背景和学校自身的文化传承,聚焦于精神弘扬和学校发展两个相互关联的方面,学校发展需要精神支撑,而学校发展也意味着文化传承,具体主题的设定为百年校庆系列活动奠定了主基调。该主题特点包括三个方面:其一,包含紧密相关的双主题。一是"弘扬嘉庚精神",具体而言是弘扬以嘉庚精神为核心的包括"爱国、革命、自强、科学"在内的厦大四种精神。二是"奋进一流征程",指向学校发展目标,强调奋进行动,意味着要在精神传承中推动目标落实。其二,历时连接性。即主题将历史、现实、未来连通起来,"弘扬嘉庚精神"表征历史传承,"奋进一流征程"表征立足现实的奋斗和走向未来的期待。其三,共时联结性。"弘扬嘉庚精神"既是弘扬学校精神也反映了弘扬中国精神的内涵和要求,是弘扬中国精神这一宏大主题的具体体现。"奋进一流征程"既是学校发展的目标,也是教育强国的使命。同时,立足当下,每一个厦大人都有弘扬和传承嘉庚精神的责任,都是奋进一流征程中的奋斗者、奉献者。主题将国家精神与学校精神、个人精神联结起来,也将教育发展、学校发展和个人发展联结起来,凸显了家国情怀与使命担当。从以上三个特点看,此实例的主题选择主旨鲜明,意义深远。

从主题语境和意义看,厦门大学与中国共产党同龄,是第一所由华侨创办的大学,在与中国共产党共奋进的历程中,厦门大学形成了以嘉庚精神为核心的爱国主义精神传统,在办学和建设发展方面始终与国家同呼吸、共命运。新时代,党和国家对文化发展和教育事业高度重视,不断推进文化强国和教育强国建设,大学具有文化传承和推动教育发展的重要功能与责任。在文化传承和教育发展语境下,厦大百年校庆设定了精神弘扬和奋进发展双主题,回应了时代特征和国家发展的战略需要,赋予了厦大百年校庆特殊的意义和价值。一方面,主题具有文化育人和凝聚力量的作用。厦门大学在百年历史长河中,形成了"四种精神",成为激励一代又一代厦大人自强不息的精神动力,是厦大文化的内核,意义独特,以弘扬嘉庚精神为主题,传承爱国精神传统,可以为立德树人和人才培养提供文化指引,汇聚奋进力量。另一方面,主题体现了责任与担当。教育强国背景下,秉承自强不息、止于至善的校训,厦大人朝着"中国特色、世界一流"目标砥砺前行,校庆主题指向"奋进一流征程",回应了国家对厦大新征程上实现新发展的期望,高站位凸显了宏大主题叙事。实例中双主题的设定具有强大的感召力,将引领厦大和厦大人在精神传承中奋进发展,为国家文化建设和教育强国事业贡献重要力量。

2. 话语建构

此实例是高校利用校庆时间节点通过纪念性仪式进行思想政治教育的主题叙事话语实践活动。从整体看,活动聚焦"弘扬嘉庚精神,奋进一流征程"主题,以展示和升华嘉庚精神为主线,精心策划、举办一系列活动,多线叙事,表意集中,内容丰富。校史精神与家国情怀相结合的叙事展现了以爱国主义为首的精神文化的弘扬与传承,叙事方式多样融合,跨媒介多路径推动主题意义生成。在主题话语建构方面,此实例体现出以下创新性特点。

一是以文化传承为主线展开主题话语建构。实例所涉厦大百年校庆系列活动是在习近平总书记致厦大百年校庆贺信话语基调上展开的宏大叙事。习近平总书记贺信传达了对厦大以往贡献的肯定和对未来发展的期待,具有重要的话语引领作用,是国家层面对厦大百年校庆主题的全局性建构,为厦大校庆活动开展和学校"双一流"建设发展注入了强大的精神力量。实例紧扣"百年校庆"这一中心主题,以具有时空穿越感的叙事搭建历史、现实与未来的关系,将历史的传统话语、现实的建设话语、未来的发展话语通过精神文化传承主题联通起来,既有历史的厚重感,又强化了现实感和时代感。以弘扬嘉庚精神为叙事导向,校史新著、校庆晚会、校史纪录片、主题展览等多样化内容生产输出,通过文化传承的意象表达主题,形成话语建构框架和表意机制,文化精神在其间流动传播,在纵深感营造中,拉近时空和心理距离。

二是利用新媒介技术创新话语表达方式。实例中的叙事活动并未局限于一般媒介形式,而是充分利用多种技术媒介手段为叙事赋能,以具有强烈视觉冲击力和感染力的特殊表达形式,多样化呈现叙事内容,让故事鲜活起来,以生动活泼的形式和时尚元素,营造富有创意的叙事环境,给受众带来深刻的感知和体验。例如,运用极具科技感的酷炫 3D 光影秀,融合嘉庚主楼建筑、厦大百年故事、厦大精神文化为一体,将厦大百年历史分为四个部分逐一呈现,融合声光电影像技术,通过多媒介符号流动,带领观众多层次沉浸感受历史的流转与文化的传承，唤起集体记忆体验，具有促进主题认知的传播效果；校庆晚会上百架无人机表演，通过无人机空域造景技术，展示"南方之强""立德树人"等目标字样，具有极强的视觉冲击力，由无人机组成的建党百年和建校百年的组合图形设计，传达了丰富的隐喻信息，致敬光荣的历史，象征文化和精神的延续，鼓舞了奋进的信心，借由高科技手段的叙述呈现深刻表达了主题，既激动人心，也激发认同。

三是借助多平台营造全媒体传播语境。实例利用线上线下结合的多平台、多渠道拓展传播方式，进行主题话语的全媒体构建，打造具有互动性、吸引力的话语传播生态，营造了情感共鸣的传播语境。例如，百年校庆系列活动中，开启了多平台"云参与"通道，受众可以随时随地参与百年校庆盛典，百年校庆晚会、光影秀等活动，除了现场传播外，同时进行电视台直播，B站、快手等融媒体网络直播，校园网和主流新闻媒体报道传播，微博话题传播等，此外，众多自媒体现场拍摄上传网络或转发，观众评论点赞，进行二次传播，校园媒体、主流媒体、社交媒体和自媒体均参与主题传播构建，实现了广泛覆盖的多元传播样态，形成了多平台立体化的传播矩阵，有效提升了传播效能。

四是通过文化意象构建主题认同凝聚。校庆是情感连接的共通点，实例通过多样式文化场景呈现，创设在场情境，营造具象化的文化氛围，以在场真实激活思想情感。晚会是典型的校庆仪式化叙事形式，实例中的百年校庆文艺晚会，场所选择在作为厦大文化标识的上弦场，空间本身就传递了百年厦大的历史文化信息，在这一空间中，通过"思想＋文艺＋媒介"模式，将弘扬嘉庚精神的主题思想以歌曲、戏剧、舞蹈、情景剧等多种文艺形式表达，同时借助大屏技术和无人机表演等，打造具有历史文化底蕴的晚会盛宴。通过晚会场景叙事，集合呈现主题内容和意义，所有的叙事话语围绕着文化传承主题形成文化场域，增强了叙事内容的感染力，无论是观众还是表演者都被情境所包围，能直接感受现场的文化仪式感，产生深刻的具身体验。此外，实例中的原创话剧、校史纪录片、光影秀等叙事形式也都体现了这一特点。主题在文化意象中被构建和感知，既满足了受众的审美需要，也能有效传递历史和文化记忆，催生认同动力。

3. 叙事策略

此实例由同主题的多个话语事件构成，内容丰富，形式多样，虽然在百年校庆晚会、校史纪录片和校庆志愿服务等一些活动细节上也涉及群像叙事和行走叙事的运用，但从总体看，比较多运用的是融合叙事策略和互动叙事策略，这里主要对叙事策略创新方面比较突出的特点作一分析。

一是充分发挥多题材和多模态融合叙事作用。实例从校庆系列活动策划开始，以"百年校庆"为中心主题，在话语实践中通过对多种题材和形式的选择与组合运用，进行叙事内容融合生产和话语表达，实现主题叙事整体效应。从叙事内容上看,融合了多种叙事题材,校史新著、校史纪录片、校庆晚会、主题展览等,都体现了百年校庆题材与百年党史题材的融合,以及历史题材和现实题材的融合,将历时性和共时性的视角结合起来,互相照应,形成完整立体的叙事图景。从叙事形式上看,融合了多种叙事模态,在叙事内容的组织上,除了常用的语言文字模态,还引入了其他多种模态形式,比如,百年校庆晚会,融合了口头讲述、戏剧、歌舞、大屏图像、无人机表演等多种手段,校史纪录片综合运用文字和视听图像进行叙事,光影秀集合了声光电和水雾等多模态效果,通过多模态灵活运用与组合,凸显了时代感和人文气息,形式与内容相融合共同进行主题意义建构。

二是运用互文性叙事强化认知和记忆。多个叙事文本互动关联形成互文性叙事空间,使主题意义的叙事呈现更丰富、更充实。实例中这一策略的运用主要体现在:其一,校庆系列活动叙事文本与习近平总书记贺信形成互文,习近平总书记的贺信是国家层面的官方文本,构成了校庆活动的叙事指导话语,校庆系列活动叙事文本充分体现了贺信精神,既是对百年校史的总结回顾,也是对现实与未来的一种鞭策。其二,校庆系列活动叙事文本与原型故事之间的互文。系列叙事活动均围绕百年校庆同一宏大主题,涉及同一原型故事文本,即百年校史故事和校主陈嘉庚等人物故事,通过转换或作为背景,系列活动与校史原型故事形成互文性关系,均紧密围绕校史文本主题展开。其三,跨媒介互文性叙事。跨媒介互文性叙事是将跨媒介叙事与互文的认知互动策略结合起来运用的叙事手段,是建构不同媒介叙事文本之间互动关系的一种创新策略。实例中校史新著、校庆晚会、原创戏剧、校史纪录片、光影秀等不同媒介文本之间因同一主题内容形成了互文关系,都是围绕主题、呈现主题的独特表达,形态不同,但目标一致。各种互文文本互为补充、强调,合力构建主题,推动认知和记忆。

三是通过互动仪式链汇聚情感能量。校庆对高校来说是重要的程式化仪式性活动,具有象征意义。运用互动仪式链叙事,构筑仪式化情境空间,可以凝聚情感能量,强化集体认同。实例在同一主题的多种形式互动仪式上进行了创新性探索。一方面,通过集中的主题和清晰的叙事逻辑引导共同关注。厦大校庆活动始终高度聚焦主题,提前设置议程进行主题宣传,通过相互关联的多形式叙事活动聚焦主题意义的完整表达,有效吸引了广大师生、校友以及全社会的关注。另一方面,借助线上线下叙事场景强化在场感。校庆晚会、光影秀、话剧展演等活动借助多媒介形式构建线上线下互动叙事场景,线下群体聚集,共同聚焦活动主题,营造在场的仪式感和沉浸感,通过观看、交流、欢呼、合唱等,共享情感体验,线上通过观看、转发、评论、弹幕等实时互动,分享感受和体验,随着互动仪式进程,受众身心投入其中,感受彼此,相互影响,在共享空间中形成情感连带作用,实现叙事过程的情感交融。多样化互动仪式推动主体持续增强情感能量,强化身份认同,坚定精神文化传承信念。

4. 实践效应

厦门大学百年校庆系列活动可以说是一个十分成功的主题叙事话语实践范例。借由百年校庆契机,通过丰富多样且有深度的主题叙事实践,形成文化传承发展的话语语境,构筑基于校庆主题的仪式化叙事网络,促进了精神文化的传播。系列活动形成整体效应,被称为"现象级"校庆,产生了良好反响。从对师生的影响看,加强了身份认同和家国情怀的精神熏染,师生积极参与校庆活动和互动,助力二次传播。校庆对学生也产生了持续性影响,不少学生在校庆氛围感染下,制作校史相关主题的短视频,以情景剧、微纪录片等形式讲述校史人物故事。例如,由本科学生团队制作的短视频作品《修省》,讲述厦大校史人物修省加入中国共产党,积极参加革命斗争,为革命事业牺牲的故事,该成果公开展示,获得了好评。从社会影响看,虽然实例涉及的是一所高校的校庆,但从文化角度看,此次话语实践是由国家精神引领的高校层面的大叙事,突出了爱国和奋进的时代主题,有助于推动师生将一校的精神文化传统转化为爱国报国的斗志和责任担当,对于国家认同形成和优秀文化传承具有重要意义。而且,活动通过融媒体多种形式传播、全线报道,形成了全媒体传播态势,厦大百年校庆刷屏网络和移动端,影响力远远超出校园范围。由厦门广电与厦门大学共建的话题"厦门大学100周年校庆"登上微博热搜,阅读量突破4亿,讨论量超过9万,引发了可观的社会关注效应,体现了文化传播的社会性意义。总体来说,这一实例对高校主题叙事话语实践起到了一定的示范作用,具有较好的参考价值。

此实例的主题叙事话语实践活动之所以被称为"现象级",取得了较好的主题话语建构效果和广泛的社会影响,原因主要有几点:一是凝聚多方话语力量形成叙事内容系列化效应。实例发动师生力量、校友力量,联合社会力量、媒体力量,共同参与主题叙事活动的策划、创作和实施,形成了内容丰富、形式多样的一系列特色活动,多方话语主体协同发力,共叙文化传承的精神主题。二是充分利用时空叙事功能营造仪式化话语场域。实例利用建党百年和建校百年时间节点的有利时机,设置议程,将党史和校史内容融合,借助校园为主的空间,同时又向网络等社会空间无限开放,营构叙事氛围,产生时空交叠的场域协同效应,提升主题叙事话语的引领力和传播力。三是利用喜闻乐见的大众化叙事形式增强主题的可理解性和可接受性。运用各种视听符号、沉浸场景、互动仪式,借助文艺手段、技术手段,赋予思想内容新鲜、生动的形式,符合受众的审美和认知期待,通过具有亲和力的叙事形式、具有可读性的叙事内容,推动受众视域与文本视域融合,达成理解和共识,实现有效的主题意义输出和话语影响效应。

(三)实例启示

此实例是借校庆时间节点综合运用融合叙事和互动叙事等策略开展话语实践的典型范本,从多个方面给高校思想政治教育主题叙事话语实践提供了可借鉴的启示。一是重视校庆等纪念性仪式的思想政治教育功能。校庆是大学发展中具有重要节点意义的仪式性活动,具有文化价值和意义,利用这一时间节点精心策划主题叙事话语实践活动,借助情感共通点适时进行主题性思想价值引导,是提升思想政治教育话语有效性和影响力的重要途径,应充分把握时机探索主题叙事话语的创新形式。二是运用科技手段进行叙事创新是不可忽视的有效策略。光影秀、无人机表演等新颖时尚的叙事表达可以消解说教的刻板性,符合青年学生的喜好,科技发展为探索新叙事形式创造了可能,积极关注科技发展变化,将主题内容和具有时代感的技术深度结合,利用技术优势赋予优质叙事内容以新的表现形态,增强可理解性和体验感,是叙事策略创新需要关注的方向。三是跨媒介融合叙事是主题思想传播增效的重要路径。主题叙事向网络空间、新技术空间延伸是不可逆转的趋势,除了发挥好口语、文字等传统媒介作用,更要借助网络媒体、新技术媒介等进行故事讲述的跨媒介延伸。把握跨媒介融合叙事,需要注意对故事进行延展创作,不同媒介平台采用有所区别的文本并形成互文关联,正如实例中,同一校史原型故事,根据文艺演出、图书、展览、纪录片影像、光影秀等不同媒介特点创作适合传播的内容和形式,既聚焦主题又呈现出新的内容和新的样态,不会因为内容完全重复或审美疲劳而造成情感倦怠,这是跨媒介叙事需要特别注意的关键之处。

三、《让青春走"红"——走读红色经典》青年党史学习教育融媒体互动节目

习近平总书记强调"要把红色资源利用好、把红色传统发扬好、把红色基因传承好"[①]。红色教育是弘扬中国革命精神和传承红色文化的重要途径,是高校党史学习教育的重要内容。2021年5月4日青年节当天,湖北广播电视台垄上频道和华中师范大学联合推出了《让青春走"红"——走读红色经典》青年党史学习教育融媒体互动节目,师生们以特别的形式致敬红色经典,重温当年的红

---

① 曹智、李大伟:《贯彻全军政治工作会议精神 扎实推进依法治军从严治军》,《人民日报》2014年12月16日第1版。

色故事,学习革命精神,积蓄奋进力量。

(一)实例概述[①]

演播室里,活动发起人华中师范大学新闻传播学院王丽教授揭开本次节目的主题内容:"今天让我们一起走进历史,重温土地革命时期的精神与力量。"

画面切换:华师大师生走进武汉市武昌区都府堤41号的毛泽东旧居,红色讲解人讲述毛泽东在旧居写成《湖南农民运动考察报告》的故事。师生来到武汉革命博物馆农讲所,讲解人介绍中央农民运动讲习所的由来。在农讲所教室里,学生们声情并茂演绎沉浸式话剧《历史的回望》,再现《湖南农民运动考察报告》经典片段,用一种特别的方式走进历史。

画面切回演播室:一位学生现场朗诵毛泽东1927年在都府堤41号写下的词《菩萨蛮·黄鹤楼》。王丽教授解读这首词的写作背景,华中师范大学马克思主义学院李良明教授就《湖南农民运动考察报告》的写作背景、历史意义等做了详细讲述。王丽教授就沉浸式表演这种学习红色经典的新方式谈了自己的看法,沉浸式话剧中毛泽东扮演者也在现场讲述了自己通过角色扮演走读红色经典的感受,表示通过活动真切感受到毛主席的睿智和胸怀,走进现场去感受,那种感悟才会豁然开朗。李良明教授讲解八七会议召开的背景和意义。随后主持人讲到中华人民共和国成立后,文艺工作者根据土地革命时期的一些重要人物原型创作了很多文学影视作品,其中一个与洪湖有关。

画面切换:师生来到洪湖瞿家湾湘鄂西革命根据地旧址,红色讲解人讲解当时发生的轰轰烈烈的土地革命。王丽教授介绍以洪湖赤卫队为代表的中国工农红军在当时展开的艰苦卓绝的斗争,带头和青年学生一起演唱歌剧《洪湖赤卫队》里的经典歌曲《洪湖水浪打浪》,唤起那个时代的红色记忆。接着由国家一级演员第四代"韩英"扮演者马娅琴领唱的快闪《洪湖水浪打浪》上演,师生和游人陆续参与其中一起唱响红歌。

画面切回演播室:现场两位学生分享走读红色经典的感悟,王丽教授总结后,李良明教授讲解土地革命时期在湘鄂西建立洪湖根据地的原因。紧接着国内钱瑛研究首席专家杨力仁老师讲解洪湖女英雄钱瑛的生平事迹和歌曲《洪湖水浪打浪》传唱的故事。随后,李良明教授讲解南昌起义的时代背景和历史意义。接下来,由一位学生图文并茂地讲解土地革命战争时期各地工农武装起义情况。之后,李良明教授继续讲解"三湾改编"及其意义。最后,师生、主持人和观众们一起诵读毛泽东的《星星之火,可以燎原》选段。

---

① 实例内容根据节目影像整理而成,详见《让青春走"红"｜今天他们用这种方式走进百年初心》,https://m.hbtv.com.cn/p/1983201.html,访问日期:2023年5月8日。

需要补充说明的是,两处旧址参观,师生和讲解人均进行了提问和解答的互动,演播室里配合专家讲解,背景适时播放大屏图像,节目中根据需要穿插播放了电影《秋收起义》片段、《建军大业》片段和歌剧《洪湖赤卫队》片段。该节目在湖北广播电视台垄上频道播出,节目影像和图文短视频融合报道在长江云新闻网、垄上行头条号等多平台在线发布。

(二)实例分析

1. 主题意义

从主题设定看,这是一次党史学习教育主题实践活动,根据节目标题和内容情况,实例中呈现的叙事话语实践活动贯穿十分鲜明的主题,即"学习党的历史,传承红色精神"。节目主标题《让青春走"红"》,这里的"红",一语双关,既是象征革命精神、红色基因的"红",也是青春出彩的"红",将宏大的革命历史叙事和青年的个体成长叙事有机融合起来,拉近了学生与红色经典、红色历史的距离,十分接地气。走"红"的"走"既指"行走",走入历史旧地探寻红色记忆,也意味着"行动",红色精神要靠实践行动来接续传承。短短几字的主标题简洁清晰地呈现了主题,在话语表达上十分贴合青年学生的心理,能唤起青年学生的学习意识和行动,激发将红色精神传承下去的渴望。节目副标题"走读红色经典",一定程度限定了叙事的内容范围,即节目是围绕承载红色记忆的红色经典展开的红色叙事。从整个标题看,既具有时代气息,也凸显了红色主题,揭示了"传承红色基因,培育时代新人"的活动主旨。

从主题语境和意义看,红色精神是中国共产党在百年历史进程中形成的特有精神谱系,学习党的历史,传承红色精神,是新时代中国青年的使命与担当。当今世界正在经历百年未有之大变局,国内外形势发生深刻变化,多元社会思潮交织碰撞,意识形态领域斗争复杂且严峻。党的十八大以来,党和国家十分重视对历史虚无主义进行批判,习近平总书记在党的二十大报告中指出:"历史虚无主义等错误思潮不时出现,网络舆论乱象丛生,严重影响人们思想和社会舆论环境。"[1]面对历史虚无主义的挑战,学习党的历史、传承红色精神是澄清错误思潮,构建政治认同的重要路径。习近平总书记十分重视党史的育人作用,多次强调传承红色基因的重要性,并且以身示范,带头到革命老区和革命历史纪念场所考察,接受红色洗礼。在中国共产党成立100周年之际,利用青年节,师生以融媒体互动节目方式开展党史学习教育,走读红色经典,唤醒历史记忆,重温革命故事,感受革命先辈英勇无畏的斗争精神和牺牲精神,汲取新时代的

---

[1] 习近平:《高举中国特色社会主义伟大旗帜 为全面建设社会主义现代化国家而团结奋斗——在中国共产党第二十次全国代表大会上的报告》,人民出版社2022年版,第5页。

奋进力量,对培育红色信仰、强化政治认同具有十分重要的现实意义。

2. 话语建构

此实例作为话语实践成果体现为一个连贯的完整文本,但在主题呈现方面则具有多维融合与互动的叙事特征,是多种叙事文本重新组合编排,最终以节目影像形式呈现的融媒体叙事作品。此实例也不同于一般的演播室节目或纪实影像,而是将二者穿插结合起来,通过多场景的组合,唤醒红色历史记忆,构建红色主题意义。通过这个实例,我们可以看到一种具有创新性的主题叙事话语实践模式。具体而言,此实例在主题叙事话语实践上呈现出以下具有创新意义的特点。

一是主题话语的多维生产与立体呈现。此实例的主题内容聚焦于土地革命时期的红色历史与红色精神,针对性很强。主题叙事话语生产围绕红色主题,先进行革命旧址的实地拍摄和革命影视等资料的采集,然后将各类素材通过剪辑组合等方式,进行组织编排,再以演播室为叙事主空间,将现场讲述和实地影像、影视资料等结合起来,进行融媒体叙事重组,各部分有序衔接、适时转换,通过多维场景表达的呈现机制对主题话语进行建构,体现了同一文本中的非线性交叉叙事结构,有节奏地形成叙事时空秩序。从最终形成的节目影像看,整个叙事是按照精心设计的叙事逻辑引入主题话语,从实地拍摄影像、现场朗诵、专家讲解、影视资料播放、互动对话等多个维度立体化呈现主题内容,形成相互联系的结构体系,有序推动主题话语建构,有助于受教育者更深入地理解活动的主题。

二是灵活运用叙议结合的话语表达和传播语态。实例根据认知语用和主题话语建构目标等因素,在话语表达和传播语态方面既灵活、生动,又注重思想传达,采用夹叙夹议的话语方式,通过合理的转承接续设计,将故事与解说结合起来,使道理有机融入故事讲述中,在叙议交融中深化和升华红色主题。一方面,运用革命旧址参观、现地沉浸话剧、红歌快闪等生动活泼、具有亲和力的形式讲述红色故事,将严肃的革命历史和经典故事用形象化、通俗易懂的话语方式进行表达,用具有时代元素的话语传播语态呈现红色历史,符合青年学生的兴趣、喜好,更具有吸引力,使红色主题更容易被参与主体理解和把握。另一方面,在重要环节加入教师、专家和主持人的解说,这里的解说语态也是夹叙夹议,配合一些影像画面运用,比较接地气,通过互文修辞和图像隐喻,辅助阐明红色经典和革命历史事件的背景知识、历史作用等道理。解说作为一种阐释性手段,可以弥补故事形式的话语表达在叙事上的信息不足,优化叙事结构,通过情理融合,传达党的革命精神和红色信仰,通过补充、强调、建立意象关联等,表达更清晰准确,引导正确认知与理解,实现主题阐释的思想提升。

三是通过情景再现的沉浸体验促发共情与认同。红色历史如何深入人心,情景再现是营造真实感、现场感的重要方法。实例多次运用情景再现的叙事手法，打造超时空的沉浸体验。例如，在革命旧址，通过"讲堂遗址＋沉浸式话剧表演"的方式，由学生扮演毛泽东等角色，再现学堂授课激情讲演、学员高呼革命口号等历史画面，利用革命遗址空间还原历史情景，构建叙事时空的真实感，参演者和观众获得仿佛回到革命年代的体验感，穿越时空与革命领袖对话，领略人物思想和人格魅力。又如，在洪湖革命根据地旧址唱响的红歌快闪《洪湖水浪打浪》，生动再现了当时革命者的家国情怀和人们对中国共产党的感恩之情，以艺术形式再现历史情景，具有强烈的感染力。革命歌曲本身是红色文化传播的载体，蕴含着革命精神主题。歌曲传唱，以特殊的方式讲述故事，传递红色文化，富有艺术性的节奏韵律，增强了话语传播的共情力和影响力，受众参与其中，具有共情传播效果。实例通过多处情景再现设计，影响受教育者的认知和情感倾向，使受教育者受到激励，更深刻地认识红色人物、红色经典，理解红色历史，形成对红色精神的一致认知。

3. 叙事策略

在红色精神主题的话语建构中，此实例综合运用了融合叙事、互动叙事和行走叙事等策略，具有一定的创新性，在叙事形态和叙事逻辑上体现出以下特点。

一是运用多元化融合叙事创新话语表达。实例适应了新时代受众的认知需求和心理变化，聚焦主题，在叙事策略上进行了多方面的融合叙事创新，通过形成丰富立体的表意系统，发挥认同促进作用。其一，综合运用多主体讲述的多元叙事视角。不同主体身份不同，有不同的讲述视角，实例综合运用专业主体视角、学生视角和社会大众视角，由教师、革命旧址讲解人、专家、主持人、演员和学生等多主体共同叙事，这些主体的叙事视角融合，形成叙事共创形态，从不同角度理解和解读，多元化呈现红色主题内容，增强了叙事效果。同时，实例也涉及不同人称视角的融合，既有沉浸式话剧学生角色扮演的第一人称内视角的讲述，也有讲解人、教师和专家的第三人称全知视角的讲述，结合起来，既可以补充知识信息，也能营造深刻的体验感，增强叙事的感染力。其二，融合运用原创题材和引用题材。实例以师生现场拍摄制作的原创内容题材为主，同时引用了一些契合主题的革命影视剧片段等其他来源题材，经过剪辑处理后作为辅助叙述的手段，形成了叙事内容的丰富性和多方式的展现力。其三，通过多模态叙事融合构建叙事逻辑。实例遵循了"聚焦主题"和"内容建设为本"的原则逻辑，在话语实践运作过程中综合运用了口语讲述、文字、图片、音乐、图像、戏剧、朗诵等多模态的叙事形式对主题进行呈现和传播，通过穿插、切换等手段，多模态叙事形式共同参与建构主题话语意义。

二是运用互动叙事强化认知和情感引导。实例通过对叙事方式的互动表达设计,推动不同层面的对话和理解过程,以多元互动的对话关系形成意义联结,促生认知和情感的互动说服力量。其一,通过答疑和解说进行认知引导。例如,在革命旧址现场,师生与讲解人之间形成互动,对学生提出的疑问,讲解人给予解答,讲清楚历史情形。同时,在演播室现场,教师和专家对红色经典、历史事件的解读,也是对疑问的回应,教育者与受教育者之间充分对话,推动受教育者对主题思想的认知。其二,借助互动仪式推动情感共鸣。实例通过丰富叙事内容和创新叙事形式及进行有序叙事组织吸引受众关注,在情感上满足主体需求,产生情感连带,激活情感能量,形成情感互动和共享情境空间,增强叙事的感知体验,强化认同。其三,设置参与和互动环节。通过组织学生亲身体验沉浸式话剧表演、加入快闪队伍唱红歌、参与诗词朗诵、演播室现场谈走读红色经典感想等方式,引导受教育者与自身对话、与其他角色对话,启动受教育者反观自我的过程,在认知带入后进行自我叙事呈现,推动自我觉知和认知整合,完成自身对主题意义的建构。

三是通过多元场景切换营造时空交叠的叙事体验。场景利用是优化叙事的重要因素。实例以增进理解和体验的方式,在多元场景切换中延伸叙事空间,进行多场景交叉融合叙事。从节目影像看,既有革命旧址空间和演播室空间的灵活转换,也有革命旧址空间和演播室空间内在不同场景的变换。多维场景移动和转换,先还原历史语境,增强沉浸的体验效果,引领受教育者回望历史,形成共情后,再回到现实演播空间,运用讲解、朗诵等多种形式的现实场景强化历史记忆。不同场景空间的切换,连接过去与现在,通过丰富的信息画面和场景叙事链,形成动态变换的叙事时空和强现场感的叙事张力,延展认知和情感体验,主题意义逐渐清晰,受教育者在多场景交叉联动的整体性感知中深化对红色主题的理解和认同,实现记忆建构和主题意义阐释的目的。

4. 实践效应

在话语实践效应方面,此实例适应了融合时代融合生产与传播的需要,在融合叙事和互动表达方面进行了创新性尝试,也较好平衡了主题叙事文艺化、影像化的表达与思想性之间的关系,取得了较为理想的成效。从参与者个体特别是学生的反馈看,这次走读红色经典的话语实践活动取得了预期效果,例如,沉浸式话剧中毛泽东的扮演者对自己感悟的形容是"豁然开朗",可见,现场教学和融合叙事的体悟优势,实例通过多维互动的表达方式和丰富的信息内容,满足了青年学生的认知需求,建立了他们对革命历史和红色文化的理解与认同。同时,此实例也引发了一定的社会效应。经过认真策划编排,实例最终以融媒体节目形式呈现,除了演播室现场观众可以从中学习感悟,节目也在电视台播出,同时上传网络平台展播,利用电视媒介和网络媒介优势互补,扩大传播效应,具有一定的社会价值,有助于在更广泛的受众范围内建构红色历史的集体记忆。

　　此实例展现的主题叙事话语实践活动之所以取得成功,主要取决于以下几点特征:一是主体的结合模式具有创新性的协同效应。此实例在主体方面具有一定的特殊性,与传统的高校思想政治教育话语实践主体构成有所不同,主要是由课程思政教师发起,新闻传播学院教师利用专业优势,联合电视台打造融媒体节目,主持人参与叙事,把控节目流程,借助革命旧址单位的支持力量,邀请相关影视演员参与演唱和进行艺术叙事,邀请专家现场拓展解读红色经典和红色故事,同时,充分调动受教育者的能动性,深度融入叙事,各类主体的叙事话语之间形成互补关系,多类主体联合,共同参与主题建构,这种主体协同模式对"大思政"建设和主题叙事话语创新均具有重要的启发和借鉴意义。二是物理空间与心理空间联结产生叙事增效作用。实例中的演播室属于物理空间,通过多模态运用和多场景组合转换设置,物理空间的信息传递效果和情感感染力增强,通过时空维度把握,建立人与历史、现实、媒介、空间之间的互动关联,营造在场的体验效果,有助于形成主题意义生成的心理空间场域,构筑情感上的共鸣。三是多元阐释的互动叠加效应。受教育者读经典,教授和专家讲解经典,师生之间的互动叙事,特别是受教育者参与叙事,通过角色扮演、诗词朗诵、感悟表达等,反思自我,不断与文本之间形成阐释循环,有助于受教育者准确理解主题话语意义,形成意义阐释和创生的内在自觉,生成接受效果。

(三)实例启示

　　此实例以传承红色精神为主题,通过精心设计的故事化叙事与有序的话语实践运作,运用场景变换的多维立体化叙事,发挥了红色文化传播和红色精神引领作用。实例在融合叙事与互动叙事策略运用上做了一些实践探索,形成了清晰的叙事逻辑,呈现出一种高校思想政治教育主题叙事话语实践的新样态,具有一定的参考价值。对今后的启示包括:一是以融合叙事创新赋能主题意义建构。时代发展和媒介技术进步,为主题叙事话语实践提供了更多选择和可借助的思想引领手段,高校思想政治教育主题叙事话语实践需要进一步思考如何突破传统说教模式,将思想政治教育主题信息与具有时代特点的多种叙事形式相结合,通过声音、动作、画面的协调配合,创新叙事表达,借助快闪、沉浸式戏剧、视听影像等新颖形式提升叙事效果。运用各种叙事形态交叉融合,强化体验感,形成主题阐释力量,是主题叙事话语实践应该关注的发展方向。二是借助互动仪式优化叙事策略。在主题叙事话语实践中,场景设计和互动仪式是推动情感共鸣的重要元素,设计多样化的沉浸场景和互动交流环节,提供共同在场的物理空间和心理空间联结,传播积极情感,营造互动仪式氛围,增强沉浸体验,有助于实现叙事活动的情感连带效应。融合叙事与互动叙事联系紧密,主题叙事话语实践应适应时代发展要求和受教育者接受心理需求，形成融合互动的叙事思维，有必要从叙事形式、场景营造、仪式设计等方面探索创新的可能性，通过融合互动表达，有效传递故事信息，形成易感知的故事网络，受教育者能够更自觉深入地理解主题。

四、"把青春华章写在祖国大地上"网络主题宣传和互动引导活动

为贯彻落实习近平总书记关于"大思政课"的重要指示和重要讲话精神，教育部会同中央网信办等组织开展"大思政课"网络主题宣传活动，推动优质资源共享，打造"云思政"网络宣传平台。2021年6月18日，"把青春华章写在祖国大地上"网络主题宣传和互动引导活动在京启动，该活动聚焦"爱国主义"和"青春奋斗"主题，讲述英雄楷模、典型人物的爱国奋斗故事，目前已连续三年在高校举办了三期活动，形成了品牌影响力。对此实例的分析，在从总体上把握活动比较突出特点的同时，对于细节部分，主要以厦门大学主场为例做一些具体分析。

（一）实例概述

截至目前，"把青春华章写在祖国大地上"网络主题宣传和互动引导活动，分别以北京大学（2021）[①]、厦门大学（2022）[②]、四川大学（2023）[③]为主场连续举办了三期活动。主场活动采用基本一致的模式，即以人物讲述和分享为主，仪式分篇章依次展开，同时启动相关网络主题宣传和互动引导活动。这里以厦门大学场次为例概述活动形式和相关情况。

2022年11月25日，为深入学习宣传贯彻党的二十大精神，讲好时代大思

[①] 详见《"把青春华章写在祖国大地上"网络主题宣传和互动引导活动在京启动》，《中国青年报》2021年6月21日第1版。

[②] 详见《"把青春华章写在祖国大地上"大思政课网络主题宣传和互动引导活动在厦门举行》，《人民日报》2022年11月26日第5版；《这堂大思政课在厦门大学开讲》，http://fj.people.com.cn/n2/2022/1128/c181466-40213034.html，访问日期：2023年2月13日；《2022"把青春华章写在祖国大地上"大思政课网络主题宣传和互动引导活动在厦门大学举行》，https://www.cac.gov.cn/2022-11/26/c_1671090666801967.htm，访问日期：2023年5月4日；《二十大精神思政课：绽放青春绚丽之花》，http://v.people.cn/n1/2022/1231/c177969-32597713.html，访问日期：2023年5月6日。

[③] 详见《"把青春华章写在祖国大地上"大思政课网络主题宣传和互动引导活动举行》，《中国青年报》2023年10月17日第1版。

政、激发网络大能量、建好社会大课堂,"把青春华章写在祖国大地上"大思政课网络主题宣传和互动引导活动在厦门大学举行。此次活动紧扣"党的二十大精神思政课、党的二十大精神进校园"定位,以"青春出发""向海图强""海峡情长""天下一家""强国有我""飞天圆梦"等 6 个篇章依次展开,邀请党的二十大代表、航天英雄和思政教师、学生代表等,以案例讲述、情景教学等生动鲜活的形式,与广大青少年同上网上网下大思政课。

此次活动由中央网信办联合教育部、人民日报社、共青团中央、福建省委网信委、中国载人航天工程新闻宣传办公室主办,厦门市委网信委、厦门大学、人民网、中国青年报社承办,厦门市委网信办、中国青年网、中国台湾网、人民视频协办,中国互联网发展基金会支持。活动中,各有关单位负责同志和有关高校代表共同启动了"正青春 再出发"大学生思政实践活动,人民网、中国青年网发布了大思政课云平台,厦门大学"青年与中国式现代化:学术报国与责任担当"系列活动和"e 赞新时代,青春心向党"2022 网络全媒体厦门行活动也在现场启动。

这堂大思政课让青少年学生和现场观众收获颇丰,参加活动的青年师生纷纷表示,要深入学习贯彻党的二十大精神,以青春之我、奋斗之我投身伟大事业,努力做有理想敢担当能吃苦肯奋斗的新时代好青年。江西师范大学研究生廖利意说,希望自己也能在全面建设社会主义现代化国家的火热实践中发光发热。广西大学博士生原理铎有感而发:"这样面对面的交流给我们带来了扑面而来的精神力量,更加激励我们向榜样看齐,走好自己的人生之路。"

(二)实例分析

1. 主题意义

从主题设定看,实例活动的总主题为"把青春华章写在祖国大地上",主题词清晰明确,即青春和祖国,呼应"青春奋斗"与"爱国主义"的主题要求,是典型的以小见大的双主题设置,形象揭示了"个人梦"和"中国梦"的紧密关联。"青春华章"意指个人梦,"祖国大地"表征国家梦,中间用"写"字连接,意味着要把个人梦融入国家梦中,在实现中国梦的过程中放飞青春梦想。"写"字既有融入的意思,也指行动、实践、奋斗,只有通过奋斗和实践,才能实现个人梦和国家梦。标题虽短,但意味深长,用生动的语词将中国梦的宏大主题与青春奋斗的微观主题有机结合在一起,宏观和微观结合,既立意高远又十分接地气,洋溢着青春气息,符合青年学生心理,彰显的亲和力能够吸引青年学生的关注。主题设定将青春奋斗与家国情怀对接,既具有思想性,又体现了时代性。

从主题语境和意义看,实现中国梦和青春奋斗都体现了社会主义核心价值取向和要求,是弘扬爱国主义的主体条件。面对国内外形势的深刻变化,针对我国面临的一系列新挑战和新问题,习近平总书记提出了实现中华民族伟大复兴的中国梦。中国梦关系到中国未来的发展方向,凝聚了中国人民对美好生活的向往与期待。习近平总书记强调,"中国梦归根到底是人民的梦,必须紧紧依靠人民来实现"①。每个中国人都是中国梦的主体,都是参与者、见证者和创造者。在实现中国梦的过程中放飞青春梦想是党和国家对青年提出的期望,实现中国梦必须通过奋斗和实践,团结奋斗是推动复兴伟业的强大精神力量。在新时代这一宏大语境下,高校思想政治教育话语实践将实现中国梦和青春奋斗结合起来作为重要主题,将中国梦化为每个青年学生的个人梦,凸显青年学生的主体性,在语用上有助于调动青年学生的积极性、主动性,有助于凝聚青年的团结力量和奋斗精神,激发责任感,引导青年学生自觉将个人梦和中国梦有机结合起来,厚植家国情怀,担当使命责任,投入奉献祖国的青春行动。

2. 话语建构

从整体看,此实例由国家层面顶层设计指导,呈现出周期性、规模化的主题叙事话语实践特征,运作过程聚焦爱国奋斗主题,以精选的代表性人物讲述为主,人物故事、经历和精神世界是叙事表达的核心内容,以此影响和引导受众的思想观念、精神风貌。在话语建构过程中,通过多维讲述,整体呈现主题意义,叙事逻辑清晰,结合多样化表达方式,打造人物讲述聚合传播的场景空间,营造具有较强代入感的情境,以贴近受众接受心理的方式展现主题。此实例在主题话语建构方面,具有以下突出特点。

一是个体叙事多线并置,多元言说共筑精神力量。从总体上看,实例中主场部分的主题叙事话语生产体现为周期性,每年一次,地点在不同高校,每次均是结合社会语境有针对性、有选择地进行叙事组织和话语建构,持续输出。各场次的叙事组织主要采用板块结构,在主题目标指引下,分篇章由人物接续讲述,人物和讲述内容根据各篇章的主题侧重和呈现要求精心选取,具有代表性。不同领域、不同层次的真实人物讲述自身故事、经历或思想感悟,也可以讲述别人的故事和中国发展的故事,人物讲述相对独立,多线并置,没有时间顺序或因果关系,但在宏观主题上具有统一性,多元视角传递爱国奋斗的精神力量。例如,厦大主场,从"青春出发""向海图强""海峡情长""天下一家""强国有我""飞天圆梦"6个篇章依次展开人物叙述,多人物系列讲述组合成清晰逻辑,富有叙事节奏感,随着各领域中一个个追逐梦想、拼搏奋斗的故事呈现,形成全景式描画,各篇章多元人物讲述集合起来,具有触动人心的感染力,共同阐释爱国奋斗主题,汇聚精神传导力量。

二是宏大主题具化为微观叙事表达,增强主题话语的可读性。实例指向实

---

① 《习近平谈治国理政》第1卷,外文出版社2018年版,第40页。

现中华民族伟大复兴的中国梦这一宏大主题。中国梦是个内涵丰富的抽象概念,如果完全通过宏大叙事阐释,容易让人产生距离感,需要通过具体形象的人物事例来加强理解与认知,实例将中国梦具化为个体追求梦想和奋斗实践的生动故事,有效平衡了宏大主题与微小叙事的关系。以厦大主场为例,实例中多元人物讲述涵盖了不同领域的发展故事,广西汽车集团首席技能专家郑志明分享自己从学徒走向自主创新的经历,冬奥冠军武大靖讲述冰雪赛场上的拼搏故事,中国科学院院士孙世刚分享科研报国的经历,菌草技术发明人林占熺讲述菌草技术助力脱贫攻坚的"山海情"故事,航天员杨利伟、王亚平等分享空天逐梦的故事……这些微观的个体奋斗故事和取得的成绩烘托中国梦宏大主题的实践图景,隐喻个人追求梦想的奋斗实践与国家梦想实现的连带关系。实例通过个体故事演绎将宏大主题具体化,引导青年学生认识个人与国家、"小我"与"大我"的关系,将社会理想与个人追求结合起来,担当责任和使命。通过微观的个体叙事彰显宏大主题意义,具有隐性的说服功能和升华主题的实践效果。

三是运用多种话语表达与传播方式,强化主题引导。首先,在话语表达上,实例采用多样化形式呈现主题。活动现场以人物口述为主,代表人物亲临现场讲述,分享自身的记忆细节,以身体在场创设记忆情境,引发共情投射,增强理解和感受。在人物讲述的同时,背景大屏同步投放与讲述内容相关的图像或影像信息,辅助认知。在不同人物讲述之间,适当穿插歌曲、表演、视频等艺术形式表达主题,例如,厦大主场安排了音乐人杨宗南和女儿刘姿孜分别用普通话和闽南语演唱歌曲《我们同唱一首歌》,寓意两岸青年携手打拼,厦门六中合唱团演唱《夜空中最亮的星》,致敬航天精神,增强情感氛围渲染,满足多样的审美需求。多种形式并用,增强了讲述内容的生动性和可理解性,完成了对主题的多样化表达与话语建构。其次,在话语传播通道上,实例采用线上线下相结合的互动传播方式。以厦大主场为例,校园里仪式化宣传标语和专门的人物宣介展板与网络多平台宣传一起参与话语传播和构建,与活动内容相互配合,营造互动引导氛围。活动现场,除了人物亲临讲述,还采用了时空连线方式,如航天员王亚平和神舟十四号航天员乘组陈冬、刘洋、蔡旭哲就是通过视频连线与现场观众进行分享与互动。虽然会场设在高校校园内,但引导对象指向广大青少年,活动以网下网上同上一堂思政课的形式进行,体现了"大思政"理念,形成了线上线下话语传播的合力。通过多种形式和传播途径进行主题宣传和思政引导,促进了受教育者对爱国奋斗主题的认同与接受。

3. 叙事策略

此实例表现出鲜明的主题叙事特征,从叙事策略看,以群像叙事为主,同时综合运用了融合叙事和互动叙事等策略。在具体策略使用与创新上,体现出如下显著特点。

一是突出人物细节,提升叙事的感染力。实例在运用群像叙事策略时,注重通过人物故事细节展现人物特性,呈现真实可亲的人物形象,带动受众情感体验。厦大主场活动中有很多细节呈现,让受众更深入了解人物故事和内在精神。在菌草之父林占熺讲述环节,通过菌草援外,为菌草事业4次死里逃生的故事细节呈现人物在脱贫攻坚事业中不畏艰难的高尚品质,通过其与女儿对话的形式,透露了曾拒绝美国农场主高薪聘请的故事,这些典型细节呈现,巧妙展现了林占熺的家国情怀,让受众进一步了解和深刻感受人物爱国报国的精神气节。武大靖讲述环节则特别突出了象征武大靖梦想的第一双"冰鞋"的故事,通过冰鞋细节和冰雪赛场滑行图像的大屏展现,再现冰雪场上奋勇拼搏的画面,深刻展现了人物肯吃苦的个性特征和奋斗精神,向青年学子传达了对梦想的执着追求,人物形象鲜活立体呈现,十分具有感染力。实例通过将人物故事细节化,让故事讲述更贴近生活和实际,具有亲切性和真实感,用细节丰富受众的认知与情感,使主题精神的传递更具共情力,更能深入人心。

二是运用多元融合叙事手法,让讲述活起来。实例除了运用群像叙事手法,还到处可见融合叙事的运用。其一,引入了多元叙事视角。既有群像叙事最基本的对不同身份人物视角的融合运用,也有第一人称和第三人称叙事视角的融合运用,大部分人物使用第一人称视角讲述自己的故事,但也有的是讲述他人的故事,如厦大场次,数学家陈景润之子陈由伟讲述了父亲为哥德巴赫猜想奋斗一生的故事,陈嘉庚长孙陈立人在视频连线中讲述祖父办学的故事。还有对外来视角的运用,例如,活动邀请了厦门大学美籍教授潘维廉讲述自己眼中中国人的逐梦之旅,华侨大学来自共建"一带一路"国家的留学生代表共同讲述构建人类命运共同体的中国故事,通过外方人员视角见证中国故事奇迹。此外,实例也设计了针对个体人物的不同视角的融合讲述,例如,在林占熺出场前,先由其女儿讲述她眼中的父亲,通过亲人视角,呈现了一位可亲、可敬的父亲形象,与林占熺自身的讲述形成互补,拓展了故事内容,呈现了更丰满、更生活化的人物形象。其二,在形式方面,加强了传统媒介与新媒介的协同运用,体现出了多模态融合叙事、"思政+网络"融合叙事以及跨媒介叙事的特征。在同一活动文本内,综合运用了口述、背景图像、影音、歌曲、短视频等多种叙事形式互为补充配合,创新性地讲好中国故事,消解说教味的语言范式,使叙事内容以触动人心的形式生动呈现。同时,进行"思政+网络"宣传引导,现场活动经过二次加工编排后以图文报道、长短视频等形式在"人民网+""中国青年报"等主流媒体和互联网平台发布,实现跨媒介叙事的融合传播,以大众化形式在网络空间延续讲述活动的育人效果。

三是通过多种互动叙事形式构筑意义生成空间。互动叙事策略有多种具体的路径手段,实例中的互动叙事主要体现在多线并置互动以及一些互动环节的设置上。其一,采用多线叙事的并置互动形式。多元人物主体针对同一主题进行讲述,他们的话语之间是一种并置互动关系,经由主题意义的流动而形成相互补充和映照的互动关联,共同阐发主题,建构受众对主题的认知。其二,根据需要预先设置同一人物不同主体讲述的互动环节。例如,厦大主场,林占熺与女儿之间的特别对话,通过问与答的交流互动,自然引出了更多细节,弥补了单一人物讲述的单调,扩展了意义流动空间。其三,设置主持人、师生与人物之间的采访、问答和交流等互动。例如,厦大场次的主持人就冰雪追梦相关问题对武大靖进行了现场采访交流,也针对预先向全国大中小学生征集的问题进行了现场互动,通过问答互动,回应了一些观众的问题,多维展现了人物的冰雪情怀和顽强拼搏精神,使人物故事和主题呈现更加深刻。此外,活动期间,武大靖、杨宇、郑志明等党的二十大代表还走进思政课堂与师生开展对话,进一步分享自身经历和故事,分享参加党的二十大的感悟。多种互动形式的叙事共同推动了主题引导目标的实现。

4. 实践效应

此实例中主题叙事话语实践活动自上而下推动和实施,周期性开展,多部门多单位联合组织,多主体参与话语生产和传播,优质资源聚合,网下网上覆盖对象广泛,从目前已经举办的三期活动来看,成效显著,形成了广泛的社会影响。一方面,从对个体的影响看,实例创新话语表达,采用多种人物讲述模式,将主题信息融入多元化故事之中,这种接地气的叙事方式,很好地满足了受教育者的认知和心理诉求,因此,收获了较好的反馈效果,参与的青年学子感触颇多,也引发了他们的思考和行动。在厦大主场活动中,江西师范大学研究生廖利意感同身受,希望自己也能在国家建设实践中发光发热,广西大学博士生原理铎备受精神激励,决心向榜样看齐,走好自己的人生之路。从反馈看,实例活动发挥了主题叙事话语的精神感召作用,从思想启迪和认同意识方面达到了预期的育人目标,激发了青年学子为祖国奋斗和担当责任的内在动力。另一方面,从社会效应角度,该实例在活动期间,得到了广泛关注,网下网上多形式宣传引导,产生了一定的社会影响扩大效应,使没有机会参与现场互动的青少年可以通过网络平台关注活动,学习人物事迹,接受精神滋养,激励更多的人坚定信心,勇敢追梦,为中国梦的实现奋勇拼搏。

从效应形成的机制看,实例中主题叙事话语实践活动的成功主要有以下几点原因:一是多元主体讲述产生聚合示范效应。官方主体通过顶层设计,设置议程,精心选择内容和形式,聚合多领域多层面优秀人物资源进行榜样示范引导,既满足了受众多样化的需求,也形成了建构性主题叙事力量。二是充分借助时空场域作用。实例中每一场次的活动均考虑到时间节点因素,在具体主题和人物故事选择上进行相应的调整。例如,厦大主场由于正值全党全国各族人民深入学习贯彻党的二十大精神之际,讲述人物以二十大代表为主,同时嵌入了党的二十大相关内容,借助时间节点增强叙事的关注度和效果氛围。同时,近年来党和国家重视对英雄人物、优秀人物进行宣传表彰,社会上逐渐形成崇尚英雄、学习先进的文化氛围,为活动开展提供了丰富的人物资源和学习榜样的场域协同效应。此外,借助网络媒介空间,活动成果资源上网,扩大宣传引导,使育人覆盖面不限于高校,而是指向以青少年为主体的社会大众,形成推动大中小思政一体化的实践效应。每场次活动现场均同步启动一些后续思政引导活动,以多种形式延续活动效应,打造网络宣传"云思政"平台,推动更多优质思政教育资源通过网络影响青年,使主题"把青春华章写在祖国大地上"的思想行动引领意义得以充分实现。三是周期性多人物叙事的叠加阐释循环效应。此实例在建立长效机制方面有所创新,通过多元化满足、持续性输出和多元多次的信息刺激,可以形成渐次推进的理解阐释循环效果,推动主题理解深化,达成视域融合。

(三)实例启示

此实例综合运用群像叙事、融合叙事和互动叙事等策略进行主题话语建构,形成了表意丰富、多线整合的叙事逻辑,将时代精神要素有机融入一个个人物故事之中,通过多种融合互动形式进行周期性广泛传递,是探索高校思想政治教育主题叙事话语实践的成功尝试,一些创新性经验具有重要借鉴意义。其中,比较突出的启示有:一是群像叙事是发挥榜样示范引领作用的有效策略,新时代,榜样示范法需要将主流意识形态要求与受教育者认知情感诉求结合起来,由一元宣教走向多元引领,借助群像叙事聚合更大的话语感召力量。二是群像叙事需要与融合叙事、互动叙事等策略有机结合,平衡好宏大主题与微观叙事表达的关系,既运用各种融合互动叙事手段赋能微观表达,让人物故事生动起来、立体起来,也要通过有效的内容表达做好主题阐释工作,使所有参与叙事的人物故事始终聚焦主题,不脱离主题思想建构框架,充分发挥宏观主题的思想引领作用。三是要加强对主题叙事话语实践长效机制的探索,高校思想政治教育主题叙事话语实践不能只考虑一次性效应,而是要作长远考虑,建立长效机制,实例中同一主题周期性进行,有序推动,主会场活动同时启动多样化相关活动,持续进行主题宣传和网络互动引导,这些做法对提升主题叙事话语实践有效性和形成长效机制,无疑提供了有价值的参考。总之,如何做好可持续性的规划,有规律、有节奏地推进主题叙事话语实践,避免形式化、走过场,以产生持续的叙事效应,需要认真探索和加以创新。

五、"追寻领袖足迹,感悟思想伟力"福建省大学生暑期社会实践活动

近年来,各省教育部门深入学习贯彻习近平总书记关于"大思政课"的重要论述,根据教育部等十部门印发的《全面推进"大思政课"建设的工作方案》(2022年)要求,加强全社会教育主体联动、教育资源整合,建设实践育人"大平台",构建"大思政"工作格局,积极推动校地联合,打造"行走的大思政课",创新社会实践育人模式,开辟新场域。2023年7—8月,福建省组织开展"追寻领袖足迹,感悟思想伟力"全省大学生暑期社会实践活动,取得了可喜成效,形成了一些宝贵经验。

(一)实例概述[①]

2023年暑假,福建省委宣传部、省委教育工委以习近平新时代中国特色社会主义思想为指导,组织开展"追寻领袖足迹,感悟思想伟力"全省大学生暑期社会实践活动,由省级层面"一盘棋"部署,设计全国线路、省内线路和共建"一带一路"倡议十周年主题社会实践。

全国线路由厦门大学牵头,形成了一支成员囊括思政课教师、大学生研习社本硕博学生骨干、实践指导老师、学工队伍等在内的全国线路实践团队。在启动仪式和主题辅导后,实践队围绕"读经典著作、研创新理论、讲福建故事、做时代新人",从福建出发,途经浙江、上海、河北,最终到达北京。足迹遍及霞浦东山村、嘉兴南湖革命纪念馆、安吉县余村、复旦大学《共产党宣言》展示馆、浦东开发开放主题展馆、塔元庄村、雄安未来城市展示馆、中国共产党历史展览馆、北京市规划展览馆等,并与浙江大学、复旦大学、中国人民大学、北京大学等

[①] 详见《中共福建省委教育工委办公室关于组织开展"追寻领袖足迹 感悟思想伟力"2023年全省大学生暑期社会实践活动的通知》,http://jyt.fujian.gov.cn/xxgk/zywj/202306/t20230628_6194626.htm,访问日期:2023年9月10日;《行走的思政课,社会的大课堂》,《福建日报》2023年8月22日第8版;《我校牵头完成2023年福建省大学生暑假社会实践全国线路系列活动》,https://news.xmu.edu.cn/info/1004/445461.htm,访问日期:2023年9月10日;《中共福建省委教育工委关于公布"追寻领袖足迹 感悟思想伟力"2023年全省大学生暑期社会实践活动评选结果的通知》,http://jyt.fujian.gov.cn/xxgk/zfxxgkzl/zfxxgkml/zcwj/202309/t20230922_6262685.htm,访问日期:2023年9月30日;《"追寻领袖足迹 感悟思想伟力"2023年全省大学生暑期社会实践总结展示会举行》,《福建日报》2023年9月23日第3版。

高校师生对话交流。14天的行程内容涵盖了现场教学、社会调研、专家授课、座谈研讨、朋辈交流、专题党课等多种形式。经历这堂"行走的思政课",福州大学学生郑宇翔感慨道,"乡村振兴不是想出来的,而是干出来的。这段传奇故事里涌现的实干精神和务实作风激励我脚踏实地、奋勇拼搏"。厦门大学硕士生黄雅彬在笔记本上写道:"一代青年,师生共论道,民族欲复兴,青年当何为?……红色星火,矢志不忘,'爱国、革命、自强、科学'的精神应传承发扬!"福建师范大学汪炜伟副教授说:"这次的社会实践,让我更笃信思政课教师绝不能习惯于在书斋中坐而论道,一定要'接地气'。这个'接地气'不仅指融入现场,而且包括了融入学生。在社会实践中,师生一起生活、一起学习、一同面对途中困难、一同寻求解决方法,形成了一个团结、勇毅、奋进的研学共同体。"闽江学院教师江小莉说:"我们一路上将总书记走过的山山水水、到过的千家万户转化为立德树人的生动教材,在实地考察调研中把思政课上得生动。因为这些故事生动且真实,学生们不仅爱听,而且自己也很乐意讲。"

此外,全省路线,以思想探源之路、星火燎原之路、滴水穿石之路、绿水青山之路、文化寻根之路、海上丝绸之路、高质量发展之路"七大主题线路"为重要脉络,由福建师范大学马克思主义学院牵头,指导全省88所高校自主组织开展社会实践活动,打造"一体多维"的社会实践新模式。华侨大学、福州大学等高校围绕共建"一带一路"倡议十周年开展社会实践,组织师生深入开展国情考察,深刻感悟构建人类命运共同体的思想伟力。

全省共有28万余名师生、上万支队伍参与此次社会实践活动,取得了调研报告、论文、宣传视频、微课、微电影等多种形式的丰硕成果,组织单位对优秀成果进行遴选和表彰,并举办总结展示会进行分享和交流。

(二)实例分析

1. 主题意义

从主题设定看,这是一次以"学习贯彻习近平新时代中国特色社会主义思想"为主题的话语实践活动。活动标题"追寻领袖足迹,感悟思想伟力",十分清晰地揭示了主题。"追寻"是行走叙事的重要形式,意指沿着领袖的足迹行走,跟随领袖思想的引导,在行走中感悟思想伟力,引导青年学生深刻理解新思想的要义。学习新思想是关乎国家发展稳定的大叙事,主题设定表现出立意高的特点,充分发挥了宏大主题的价值引领作用。同时大主题中也蕴含小叙事,不失人本关怀,高校青年学生正处于人生观、价值观确立的关键时期,成长过程中面临许多选择,有困惑也有彷徨,追寻领袖足迹,树立正确的世界观、人生观和价值观,才能做出正确的人生选择。从受教育者需求角度看,"追寻领袖足迹,感悟思想伟力"这一主题为青年学生指明了正确方向,将宏大主题价值和对青年发展需求的关怀结合起来,体现了育人温度。同时追寻领袖足迹,也道出了新思想的实践性,为青年学生指明了在实践中学习和成长,以及通过服务人民、奉献社会、报效祖国的实践来实现人生价值的正确路径。

从主题语境和意义看,当今世界正经历百年未有之大变局,变动性、不确定性突出,当代中国在广泛而深刻的社会变革中不断推进中华民族伟大复兴进程。面对国际国内的复杂形势与挑战,党的十八大以来,习近平总书记高瞻远瞩、总揽全局,在领导新的伟大实践过程中创立了习近平新时代中国特色社会主义思想,开辟了马克思主义中国化时代化新境界,从理论和实践的结合上提出了应对"两个大局"的中国智慧和中国方案,是指导和引领中华民族伟大复兴的思想旗帜、行动指南。高校思想政治教育肩负着为党育人、为国育才的重要使命,坚持用习近平新时代中国特色社会主义思想铸魂育人,落实立德树人根本任务,扎实推进习近平新时代中国特色社会主义思想进教材、进课堂、进头脑,具有十分重要的战略意义。习近平总书记指出:"思政课不仅应该在课堂上讲,也应该在社会生活中来讲","'大思政课'我们要善用之,一定要跟现实结合起来"①。近年来,教育部门自上而下,采取多种举措,深入推动新思想"三进"工作,其中一个重要路径就是拓展育人空间,构建"大思政"育人格局,建设"大课堂"。在这一背景下,省地高校纷纷组织学习习近平新时代中国特色社会主义思想的大思政实践活动,用科学思想武装青年学生头脑。福建省着力建设"行见八闽"大思政课研学实践圈,分南北片打造主题研学路线,从 2022 年起制订实施全省大学生暑期社会实践三年行动计划,一年一主题,进阶式开展"追寻领袖足迹"系列主题社会实践活动。② 实例中"追寻领袖足迹,感悟思想伟力"主题实践活动是三年计划的重要组成部分,组织高校青年学生追寻领袖足迹,通过实践参与和体验交流,深入了解习近平总书记在为民服务、推动改革、引领发展等实践创新中的生动故事,感受习近平总书记的责任担当和为民情怀,自觉以领袖的言行风范作为成长指引,了解国家发展的现状,感受新时代的变化,从中理解、感悟新思想的伟力,坚定理想信念。这一主题叙事话语实践活动有助于增强青年学生的理论认同、政治认同和情感认同,也有利于提升学生认识问题、分析问题、解决问题和抵御不良思想文化侵蚀的能力,激发爱国奋斗热情,筑牢思想信仰根基。

2. 话语建构

从整个运作过程看,此实例是一次自上而下有组织有规划的话语实践活

---

① 杜尚泽:《"'大思政课'我们要善用之"(微镜头·习近平总书记两会"下团组"·两会现场观察)》,《人民日报》2021 年 3 月 7 日第 1 版。
② 参见储白珊:《上好"大思政课" 培育时代新人》,《福建日报》2024 年 5 月 16 日第 2 版。

动,既有国家层面对学习贯彻习近平新时代中国特色社会主义思想的宏观部署,省地教育部门将国家部署要求具体化的顶层设计,也有广大高校的组织配合、落地实施,以及高校师生的积极参与。这一活动虽然比一般的言说实践活动更为复杂,多线程、多向度,但整个运作过程具有明确的目标指向性,既紧密围绕"追寻领袖足迹,感悟思想伟力"主题展开,也显现出主题叙事话语建构从生产、传播到接受的清晰链条。具体而言,本实例在主题意义建构的叙事话语实践理路上具有以下特点。

一是利用多线程设计丰富主题叙事话语的内容资源。从主题看,在"追寻领袖足迹,感悟思想伟力"大主题之下,不同路线有具体主题设定,全国线路围绕"读经典著作、研创新理论、讲福建故事、做时代新人"主题,省内线路以思想探源之路、星火燎原之路、滴水穿石之路、绿水青山之路、文化寻根之路、海上丝绸之路、高质量发展之路"七大主题"为思想脉络,此外还有共建"一带一路"倡议十周年主题线路。多样的主题设定决定了叙事话语内容上的丰富性,从故事资源选择看,涉及历史、政治、文化、生态、经济、中国式现代化、"一带一路"等习近平新时代中国特色社会主义思想方方面面的内容,充分利用全国和地方的红色文化、改革发展成果、民族文化等故事资源,满足学生多样化的学习需求。从结构和形式看,以全国线路为主线,其他线路为支线,通过不同线程叙事,形成了多向立体的话语实践框架,在多线交叉并置中,扩大话语生产范围,多元化呈现主题意义。

二是借助社会大课堂拓展主题叙事话语的传播路径。走出校园,在行走的社会大课堂中,通过参观革命纪念馆、党史展馆、乡村现场、乡村振兴展示馆和城市发展展馆,走进高校交流等方式,借助各类现场实物、影音呈现、智能交互、口述讲解等途径传播生动多样的思想文化内容,通过实地调研、国情考察、学习体验、朋辈交流、座谈研讨等形式,互动生成和传播主题话语。实例以一种思想政治教育内容与社会实践深度结合的方式,拓展了话语传播渠道,使主题思想传播立足于现实空间基础之上,让叙事话语充满活力和魅力,使师生对中国的历史、文化和现实发展有更深入、更直观、更立体、更全面的认知和感悟,也能调动师生参与分享和讲述的积极性,表达自己对主题思想认识深化的感受。

三是基于认知差增强主题叙事话语的吸引力和引导力。当代青年学生对革命时代的人物故事、历史事件的认识多停留于书本和影视剧中的描写刻画,对革命精神缺乏切身的体悟,也很少有深入社会实际、了解国情、体验生活的机会,对于扶贫、乡村振兴、城市创新、生态建设等思想理论的认识和理解很多时候处于浅层。也就是说,学生对思想政治教育内容的已有认知与历史图景和现实实际存在一定的认知差。实例利用这种认知差对学生形成吸引力,同时以现场教学、社会调查、专家授课、座谈交流、专题党课等多种形式话语来源进行认知引导,有故事也进行说理,用真实场景、贴近实际、听得懂的语言,缩小认知差,促进学生的理解和接受,消除已有认知可能存在的疑惑和理解误区,形成主题思想的正确导向,实现原有认知和新见闻的视域融合,达成理解共识。

四是以在场共情促进主题叙事话语的认同和接受。高校学生平时对思想理论的学习局限于课堂和校园文化活动,受外在环境中多元思潮冲击,对所学思想理论可能存在疑问甚至认知矛盾,单纯的说理和讲故事效果有限,还需要对话沟通和真实体验来化解思想矛盾。实例采用"行走的思政课"形式,在真实现场进行教学,设计了多种互动形式,对问题进行交流沟通,既有讲解员、教师、专家、朋辈等外在话语引导的力量,也有自我参与体验,通过与景物对话、与他人对话、与自身对话,在亲身体验和眼见为实中思考问题、寻找答案,用真实体悟为自己解惑,形成自我叙事力量,促进知情意行发展,做出对内在思想体系的调整,形成对主题思想的认同。

3. 叙事策略

从支持话语实践的叙事策略看,此实例在总体上运用的是行走叙事策略,同时在具体的行走实践中,也涉及了对互动叙事和融合叙事等策略的使用。实例在叙事策略使用和创新上,具体体现出以下特点。

一是策划清晰,紧扣主题构设叙事脉络。以全国线路为例,从行走实践过程看,实例经过精心策划,围绕"追寻领袖足迹,感悟思想伟力"的大主题,在一定的时间范围内,科学设计了符合主题的"福建—浙江—上海—河北—北京"行走路线,充分展现了习近平总书记走过的足迹,这些地方也是习近平新时代中国特色社会主义思想的孕育之地,具有理解新思想的丰富且生动的故事资源。实例将不同行走地的叙事以"追寻领袖足迹"的行走逻辑联结起来,以此为链条铺陈故事呈现的脉络,形成清晰有序的叙事链条,推动行走叙事进程,充分地利用主题叙事资源,使多样化的行走叙事内容更加立体完整地呈现。这是行走叙事取得实效的重要因素,使师生在有节奏的行走中,既可以见识、感悟丰富多元的细节内容,也能够把握住主题方向,将实践现实与党的创新理论结合起来,通过革命精神、摆脱贫困、改革开放、生态文明等多个方面鲜活生动的场景和事例小细节反映大主题,重温历史、了解国情、体验文化,深切感悟新思想的伟大力量。

二是依托多场景空间,进行互动与融合叙事。实例以场景空间叙事为主,利用人与场景信息互动,感知历史和现实,借助展馆、村庄等多场景的空间隐喻和互文功能促进认知互动。通过不同空间中历史图景、改革发展新貌、幸福乡村情景、绿水青山画面,全场景展现多维立体的中国形象和蓬勃向上的精神风貌,引导认知加工,建立所见所闻与思想理论的联系,以场景空间的多维符码意象映射新思想内容,用大量形象生动的场景故事和空间信息隐喻抽象的思想主题,增强记忆链接,推动情感共鸣生成,使叙事更容易被接受。同时,借助专家讲授和专题党课等形式,建构与场景空间信息相互交织的互文文本,通过多文本关联性讲述,形成一种意义延伸和积累。主体可以在多个文本的意义交换中对主题意义形成更深刻的认识,强化理解和记忆,增强叙事效果,帮助师生在多维文本网络中准确把握新思想的内涵意蕴。此外,实例也运用了多维融合策略。主体方面,展馆讲解人、专家、党政干部、高校师生等多元化主体在场参与讲述,多种视角多样形式共叙交流,在意义交换共享中实现认知发展;内容方面,通过将中国共产党红色革命历史题材和中国共产党领导下国家发展变化的现实题材进行跨时空融合叙事,感受爱国奋斗精神文化的传承和发扬;形式方面,现场教学中文字、图片、景物、影音、数智等与传统的课程讲解、对话交流等多模态叙事融合,形成叙述的整体链条和互动仪式,在多样化融合体验中调动认知和情感,完成主体对新思想主题意义的建构,达成理解和认同。

三是基于问题意识,进行反思性叙事。根据福建省教育部门顶层设计安排,实例活动最终形成了研学报告、宣传报道、过程或成果视频、心得体会、微电影等多样化的总结性叙事成果、反思性叙事成果和衍生类叙事成果,并利用网站、微博、微信公众号、视频号等平台分享,形成主旋律传播力量和经验示范作用。这里重点就反思性成果作一分析。反思性叙事成果经常以总结性叙事成果形式出现,但不是总结性叙事成果的全部。反思性叙事主要是基于问题意识所作的发展性思考。从实例中师生的心得分享看,行走叙事让师生获得了颇多对解决问题的反思性感悟。除了知识和精神情感的收获,对于教师而言,更多的是对思想政治教育如何讲好中国故事的反思,正如汪炜伟副教授对行走的感悟:思政课要"接地气",融入现场,融入学生。这是对传统思想政治教育坐而论道的灌输模式的反思,通过行走实践,感受现场教学对提升思想政治教育效果的重要意义。对学生而言,很重要的是对未来青年应如何作为的思考,就像硕士生黄雅彬对自己的追问:"民族欲复兴、青年当何为?"答案在于中国精神的传承和发扬,学生郑宇翔也在反思中得出了自己的结论,就是要有"脚踏实地、奋勇拼搏"的实干精神。带着问题在行走中反思和成长,这是行走叙事的重要意义之一,从参与行走实践的师生的反思叙事看,他们在共同学习中获得了共同成长。

4. 实践效应

实例所涉"行走的思政课"活动在参与师生中引起了强烈反响,从师生的反馈看,活动取得了较好的话语实践效果,得到师生的高度认可。参与行走的师生主体在思想情感上发生了一些变化,例如,对于"两山"理念,硕士生潘楚元通过从福建到浙江的调研实践,发出了"才知伟大变革如此真实、如此震撼"的感慨,可见深入现场的叙事体验,对个体思想认知和认同的深刻影响。活动也一定程度上帮助师生构建了身份认同,促进了师生的共同成长,参与活动的教师普遍认为行走实践是讲好中国故事和提升思想政治教育效果的重要路径,"这些故事生动且真实,学生们不仅爱听,而且自己也很乐意讲",学生也在行走实践中受到真实场景和故事的激励,愿意担当新时代青年的责任与使命,发出了传承和发扬爱国奋斗精神的决心。同时,实例活动也产生了一定的社会影响和示范效应,通过在行走实践中讲好中国故事,唤醒集体记忆,进一步增强了广大师生对党的创新理论的认同,有助于社会主义核心价值信仰的凝聚,教育部网站、《人民日报》、《中国教育报》、《福建日报》等媒体平台的报道,行走叙事各类成果经验的共享与传播,既具有社会教育作用,也为行走的主题叙事话语实践提供了可参鉴的范本。

实例中主题叙事话语实践活动之所以取得了比较理想的成效和影响力,原因主要有几点:一是参与主体的广度空前。以往的主题实践活动常以一个高校为组织单位,此实例是由省级层面"一盘棋"部署,自上而下发起组织,全国路线由跨高校跨专业师生联合组队,多条主题线路覆盖全省高校,而且福建省高校师生主体与行走地现场讲解员主体、党政干部主体和浙江大学、复旦大学、中国人民大学、北京大学等高校师生主体对话交流,形成多元主体之间的联动,参与主体面非常之广,多视角讲述和多主体互动叙事扩大了影响面和影响深度,形成了一定的话语实践规模效应。二是充分利用主流文化场域的主题教育氛围。借助近年来我国在建设各类历史纪念馆、发展展示馆和乡村振兴示范村镇等过程中形成的主流文化空间引力场作用,通过多个关联空间的主题叙事实践,提升了校园内难以实现的传播效果。三是通过多种形式的阐释循环增强接受效果。既有行走实践中师生自身理解的阐释循环,也有对话交流、座谈中互学探讨的阐释循环,还有对行走过程的反思性阐释循环,通过连续的信息刺激和互动阐释循环,增强了新思想的易读性,理论文本更生动形象、通俗易懂,新思想伟力得到彰显,提升了主题解读效果,通过视域融合,引起认知、情感和态度的变化,从而实现主题意义生成和立德树人的话语实践目标。

(三)实例启示

本实例是高校思想政治教育话语实践在行走叙事方面的一个成功范例,充分利用社会大空间,参与主体覆盖面广,叙事内容丰富,形式多样化,为高校思想政治教育主题叙事话语实践提供了一些建设性启示。一是顶层设计十分重要。自上而下有组织地推动主题叙事话语实践,可以打破高校单一力量的局限,聚合更优质社会资源,形成校内校外多主体协同联动,有效推动主题叙事的创新和实践。二是师生主体共同参与行走叙事,构建话语共同体。在流动的现地空间中一起学习、体悟、交流和成长,这是主体间相互促进、教学相长的过程,有助于各自的身份认同,建立和谐的师生关系,也有利于相互理解和共识达成。三是高校思想政治教育主题叙事话语实践向社会空间延伸。这得益于党的创新理论引领和新时代创造的发展机遇,充分挖掘社会大课堂的思想政治教育资源,构建高校思政行走实践的话语联动空间,可以短时间内聚焦主题,连续输出优质鲜活的内容,集中学习感悟,增强育人效果。行走实践是高校思想政治教育讲好中国故事、阐释好中国特色的有效路径,将社会空间中丰富的思政教育资源转化为话语实践力量,持续推动,融合创新,扩大覆盖面,建立长效机制,推动全员参与,是未来的发展趋向。

参考文献

[1]《马克思恩格斯全集》第3卷,人民出版社1960年版。

[2]《马克思恩格斯全集》第3卷,人民出版社2002年版。

[3]《马克思恩格斯选集》第1卷,人民出版社2012年版。

[4]《马克思恩格斯选集》第4卷,人民出版社2012年版。

[5]《马克思恩格斯文集》第1卷,人民出版社2009年版。

[6]《邓小平文选》第2卷,人民出版社1994年版。

[7]《习近平谈治国理政》第1卷,外文出版社2018年版。

[8]《习近平谈治国理政》第2卷,外文出版社2017年版。

[9]《习近平谈治国理政》第3卷,外文出版社2020年版。

[10]中共中央文献研究室:《习近平关于社会主义文化建设论述摘编》,中央文献出版社2017年版。

[11]习近平:《之江新语》,浙江人民出版社2007年版。

[12]中共中央党史和文献研究院:《十八大以来重要文献选编》(下),中央文献出版社2018年版。

[13]习近平:《在党史学习教育动员大会上的讲话》,人民出版社2021年版。

[14]习近平:《高举中国特色社会主义伟大旗帜 为全面建设社会主义现代化国家而团结奋斗——在中国共产党第二十次全国代表大会上的报告》,人民出版社2022年版。

[15]习近平:《思政课是落实立德树人根本任务的关键课程》,《求是》2020年第17期。

[16]冯刚:《思想政治教育学科40年发展研究报告》,中国人民大学出版社2024年版。

[17]骆郁廷:《思想政治教育原理与方法》,高等教育出版社2010年版。

[18]张耀灿、郑永廷、吴潜涛、骆郁廷等:《现代思想政治教育学》,人民出版社2006年版。

[19]沈壮海:《思想政治教育有效性研究》,武汉大学出版社2016年版。

[20]吴琼:《思想政治教育话语发展研究》,中国社会科学出版社2017年版。

[21]杨波:《思想政治教育话语有效性研究》,东北财经大学出版社2022年版。

[22]洪波:《思想政治教育话语范式转换研究》,浙江大学出版2012年版。

[23]袁芳:《思想政治教育话语创新论的马克思主义审视》,中央编译出版社2018年版。

[24]马忠:《思想政治教育叙事话语研究》,人民出版社2021年版。

[25]王强:《高校思想政治教育叙事研究》,中国社会科学出版社2019年版。

[26]温小平:《新文化史视域下思想政治教育叙事研究》,光明日报出版社2022年版。

[27]许玫:《大学生主题教育案例解析》,立信会计出版社2020年版。

[28]李西顺:《视域交融——探寻深入心灵的德育叙事》,人民出版社2017年版。

[29]傅红:《思想教育叙事方式研究》,重庆大学出版社2020年版。

[30]张国臣、邵发军等:《多元文化场域下马克思主义意识形态话语权建设论》,人民出版社2021年版。

[31]乔靖文:《新媒体时代思想政治教育话语的创新》,中国社会科学出版社2022年版。

[32]施旭:《什么是话语研究》,上海外语教育出版社2017年版。

[33]申丹、王丽亚:《西方叙事学:经典与后经典》,北京大学出版社2010年版。

[34]马一波、钟华:《叙事心理学》,上海教育出版社2006年版。

[35]陈帅:《个体的自我拯救——福柯生存美学理论研究》,武汉大学出版社2021年版。

[36]周志培、赵蔚:《语篇理论与教学应用》,华东理工大学出版社2020年版。

[37]苗兴伟:《"中国梦"的话语建构与传播》,南开大学出版社2018年版。

[38]方爱东等:《当代中国主流价值观话语权生成机制研究》,光明日报出版社2021年版。

[39]王永进:《话语理论与实践》,上海交通大学出版社2018年版。

[40]王一川等:《中国故事的文化软实力》,江苏人民出版社2016年版。

[41]王红艳:《话语的建构与实践:以贫困叙述为例》,中国社会科学出版社2015年版。

[42]李健:《形象及其隐喻:当代大众文化的视觉建构》,生活·读书·新知三联书店2022年版。

[43]陈刚:《共识的焦虑:争议性议题传播的话语变迁与冲突性知识生产》,人民出版社2016年版。

[44]吴安萍:《大数据、跨学科与多模态话语研究》,浙江大学出版社2019年版。

[45]吴柳林:《新型主流媒体话语体系建构研究》,人民出版社2022年版。

[46]沈壮海:《大学生主题教育》,高等教育出版社2016年版。

[47]潘知常、孔德明:《讲"好故事"与"讲好"故事:从电视叙事看电视节目的策划》,中国广播电视出版社2007年版。

[48]丁钢:《声音与经验:教育叙事探究》,教育科学出版社2020年版。

[49]张立新:《隐喻认知语用研究》,世界图书出版公司2014年版。

[50]龙迪勇:《空间叙事学》,生活·读书·新知三联书店2015年版。

[51]邵培仁:《传播学导论》,浙江大学出版社1997年版。

[52]郭庆光:《传播学教程》,中国人民大学出版社2011年版。

[53]刘宝珊:《调研理论与操作实务:如何撰写调研报告》,中国民主法制出版社2021年版。

[54]高小康:《中国古代叙事观念与意识形态》,北京大学出版社2005年版。

[55]杨义:《中国叙事学》,商务印书馆2019年版。

[56]魏春春:《新世纪藏族汉语文学"中国故事"话语实践研究》,中山大学出版社2021年版。

[57]王治河:《福柯》,湖南教育出版社1999年版。

[58]费尔迪南·德·索绪尔:《普通语言学教程》,高名凯译,商务印书馆1980年版。

[59]米歇尔·福柯:《知识考古学》,谢强、马月译,生活·读书·新知三联书店2003年版。

[60]诺曼·费尔克拉夫:《话语与社会变迁》,殷晓蓉译,华夏出版社2003年版。

[61]诺曼·费尔克劳:《话语分析:社会科学研究的文本分析方法》,赵芃译,商务印书馆2021年版。

[62]热拉尔·热奈特:《叙事话语 新叙事话语》,王文融译,中国社会科学出版社1990年版。

[63]杰拉德·普林斯:《叙事学:叙事的形式与功能》,徐强译,中国人民大学出版社2013年版。

[64]西奥多·R.萨宾:《叙事心理学:人类行为的故事性》,何吴明、舒跃育、李继波译,北京师范大学出版社2020年版。

[65]皮埃尔·布迪厄、华康德:《实践与反思:反思社会学导引》,李猛、李康译,中央编译出版社2004年版。

[66]乔纳森·波特、玛格丽特·韦斯雷尔:《话语和社会心理学:超越态度与行为》,肖文明等译,中国人民大学出版社2006年版。

[67]图恩·梵·迪克:《话语研究:多学科导论》,周翔译,重庆大学出版社2015年版。

[68]罗宾·洛克夫:《语言的战争》,刘丰海等译,新华出版社2001年版。

[69]海德格尔:《在通向语言的途中》,孙周兴译,商务印书馆2017年版。

[70]J.丹纳赫、T.斯奇拉托、J.韦伯:《理解福柯》,刘瑾译,百花文艺出版社2002年版。

[71]亨利·詹金斯:《融合文化:新媒体和旧媒体的冲突地带》,杜永明译,商务印书馆2012年版。

[72]莫里斯·哈布瓦赫:《论集体记忆》,毕然、郭金华译,上海人民出版社2002年版。

[73]罗伯特·考克尔:《电影的形式与文化》,郭青春译,北京大学出版社2004年版。

[74]哈拉尔德·韦尔策:《社会记忆:历史、回忆、传承》,季斌、王立君、白锡堃译,北京大学出版社2007年版。

[75]罗伯特·斯考伯、谢尔·伊斯雷尔:《即将到来的场景时代》,赵乾坤、周宝曜译,北京联合出版公司2014年版。

[76]冯·戴伊克:《话语 心理 社会》,施旭、冯冰编译,中华书局1993年版。

[77]亨利·列斐伏尔:《空间与政治》,李春译,上海人民出版社2015年版。

[78]保罗·弗莱雷:《被压迫者教育学》,顾建新、张屹译,华东师范大学出版社2020年版。

[79]浦安迪:《中国叙事学》,北京大学出版社2018年版。

[80]汉斯-格奥尔格·伽达默尔:《诠释学Ⅰ:真理与方法》,洪汉鼎译,商务印书馆2021年版。

[81]索杰:《第三空间》,陆扬等译,上海教育出版社2005年版。

[82]玛丽-劳尔·瑞安:《故事的变身》,张新军译,译林出版社2014年版。

[83]兰德尔·柯林斯:《互动仪式链》,林聚任、王鹏、宋丽君译,商务印书馆2017年版。

[84]马歇尔·麦克卢汉:《理解媒介:论人的延伸》,何道宽译,译林出版社2019年版。

[85]冯刚:《思想政治教育学科40年创新发展的历程与经验》,《南京大学学报(哲学·人文科学·社会科学)》2023年第4期。

[86]冯刚、邢斐:《新时代数字思政的哲学反思》,《学校党建与思想教育》2023年第19期。

[87]贾立政:《关于新时代主题及其本质特征的思考》,《人民论坛》2019年第29期。

[88]佘双好、郭维:《习近平讲好中国故事的三重维度:话语体系、思想逻辑和价值意蕴》,《南昌大学学报(人文社会科学版)》2022年第3期。

[89]刘爱玲、袁峰龙:《中国共产党思想政治教育话语主题的发展历程、经验及启示》,《思想理论教育导刊》2023年第12期。

[90]杨希:《论思想政治教育的文化内涵》,《教学与研究》2018年第6期。

[91]陈佳怡、张涛甫:《"以人民为中心"的意义生成:延安时期马克思主义新闻观的实践逻辑》,《新闻大学》2023年第8期。

[92]李栎:《教育戏剧话语转化的创生机制及其教育意蕴——基于话语实践的审思视角》,《内蒙古社会科学》2022年第1期。

[93]潘晴雯:《论教育话语维度的重设》,《江西社会科学》2012年第12期。

[94]谢登斌:《教育叙事的价值向度》,《教育导刊》2006年第3期。

[95]赵洋:《话语实践与新时代中国负责任大国身份内涵的建构》,《世界经济与政治》2023年第9期。

[96]江沈红:《大学生主题教育路径选择的辩证法》,《湖北社会科学》2012年第12期。

[97]刘炎欣、王晶:《论"对话—理解"向度的课堂生成及其建构策略》,《湖南第一师范学院学报》2018年第6期。

[98]陈学文:《元宇宙技术如何赋能思想政治教育》,《广西社会科学》2023年第9期。

[99]温旭:《"数字思政"的作用机制及其实现路径》,《思想理论教育》2024年第3期。

[100]米丽·加仑、肖燕怜:《数字时代的融合新闻叙事策略——从时间转向空间》,《新闻潮》2023年第10期。

[101]沈钰扉、张虹:《短视频的技术话语形式与叙事边界融合》,《新闻战线》2022年第11期。

[102]罗萍:《互动仪式链视域下线上主题教育情感互动传播研究》,《国家教育行政学院学报》2020年第11期。

[103]陈燕侠、翟佳佳:《数字传播技术背景下虚拟叙事的三个维度》,《编辑学刊》2023年第2期。

[104]段鹏、张丁:《中国虚拟现实媒介叙事实践研究》,《出版广角》2023年第7期。

[105]陈岩:《媒体融合背景下跨媒介叙事的主要特征及研究策略》,《新闻研究导刊》2022年第14期。

[106]黄懋:《同时·齐心:新主流电影的群像塑造策略与共同体叙事》,《美与时代(下)》2023年第7期。

[107]陈伟:《科学文化故事化叙事的学理逻辑、旨意与价值》,《河南师范大学学报(哲学社会科学版)》2023年第4期。

[108]夏兴宇:《媒介融合视域下我国微纪录片叙事策略研究》,《传媒论坛》2023年第24期。

[109]邹润琪、孙佼佼、陈盛伟、郭英之:《红色博物馆的时空叙事与记忆场域建

构——以上海淞沪抗战纪念馆为例》,《旅游学刊》2023年第7期。

[110]叶晓宣:《马克思交往理论的人学向度》,《河西学院学报》2023年第6期。

[111]马海龙、杨桂:《基于场景理论的大学校园党建文化景观更新设计——以昌吉学院为例》,《大众文艺》2024年第6期。

[112]王雯:《互动影视如何讲好中国故事——多元叙事策略的深耕与融合》,《文化与传播》2023年第3期。

[113]范晨琦:《家国同构·共情共思:新时代抗美援朝题材电影的家国叙事》,《声屏世界》2023年第11期。

[114]汪沛:《新时代美好生活叙事的三重向度》,《安庆师范大学学报(社会科学版)》2023年第2期。

[115]王瑞芳、徐艳玲:《数字时代思想政治教育叙事的模式创新与实践策略》,《理论导刊》2024年第1期。

[116]刘涛、高明哲:《现实何以"增强":传统文化"双创"的AR景观生成及其场景叙事》,《现代出版》2024年第4期。

[117]汪宏升:《基于数字化传播的场景叙事探析》,《视听》2021年第5期。

[118]王资博、王徽映:《新时代人民文艺话语建构理路与实践效应》,《中共南宁市委党校学报》2022年第3期。

[119]吴飞、王舒婷、陈海华:《提升中国国际传播中的共情力》,《对外传播》2023年第6期。

[120]李万平:《微传播视域下高校话语反馈工作的失位与归正——基于主流意识形态认同教育过程的分析》,《湖北社会科学》2020年第9期。

[121]赵毅衡:《认知差:意义活动的基本动力》,《文学评论》2017年第1期。

[122]杨卓凡、吕佰顺:《接受逻辑下"Z世代"纪录片跨文化传播的叙事策略——基于"看中国·外国青年影像计划"系列微纪录片的分析》,《艺术传播研究》2023年第3期。

[123]侯勇、肖洋:《社会主义核心价值观数字叙事:空间存在、情感嵌入与实践优化》,《社会主义核心价值观研究》2023年第5期。

[124]杨果:《论阐释的有效性:"阐释循环"与钱钟书诗学》,《浙江工商大学学报》2016年第1期。

[125]王子威:《从个体阐释到公共阐释——论"阐释学循环"概念的发展演进》,《广州大学学报(社会科学版)》2023年第5期。

[126]张江:《公共阐释论纲》,《学术研究》2017年第6期。

[127]惠东坡、卢莎:《互动叙事:全媒体时代视听话语实践的新走向》,《新闻论坛》2019年第3期。

[128]王丽丽:《关系·对话·情感:高校思想政治理论课中师生共同体的构建路径探析》,《黑龙江高教研究》2023年第12期。

[129]赵玉荣、崔海英、邵丽君:《知识引擎观视域下互动叙事中的话语协商》,《河北科技师范学院学报(社会科学版)》2020年第1期。

[130]徐明华、李虹:《国际传播中的共情叙事:作用机制与实践策略》,《对外传播》2023年第6期。

[131]孙毅:《思政语篇的隐喻书写与传播——〈了不起的40年〉中的改革叙事》,《东北师大学报(哲学社会科学版)》2020年第4期。

[132]陆林召、卢卫林:《情感互动视野下健康人格的培养》,《教育评论》2009年第3期。

[133]谢远芳:《群像叙事〈觉醒年代〉对集体记忆的建构》,《新闻世界》2022年第1期。

[134]尚新英、王雷亭、白子琦:《融媒体时代高校通过典型人物报道 弘扬社会主义核心价值观的路径创新初探》,《教育传媒研究》2020年第6期。

[135]宋成:《背景性知识与中国故事实践叙事的进路》,《内蒙古社会科学》2022年第6期。

[136]张雅俐:《论非虚构写作的真实观》,《写作》2019年第3期。

[137]向绪伟:《现代思想政治教育话语研究》,南昌大学博士学位论文,2015年。

[138]王火利:《大学生主题教育研究》,武汉大学博士学位论文,2019年。

[139]周俊丽:《大学生思想政治教育的话语实践研究》,广西大学硕士学位论文,2018年。

后 记

本书为全国教育科学规划课题教育部重点课题"基于主题叙事的高校思想政治教育话语实践研究"（课题批准号：DEA190358）的最终研究成果。

当初选题时，基于对高校思想政治教育话语实践现象的观察与省思，认为高校思想政治教育研究视野可以拓展至话语、叙事等交叉学科领域，从中探寻创新发展的思路，于是萌生了"基于主题叙事的高校思想政治教育话语实践"这一视域融合的研究课题。比较幸运，我的研究设想最终获得了全国教育科学规划课题的立项支持。由于这是一个新的课题，可参照的有针对性的研究资料相对有限，又涉及跨学科领域，要梳理复杂的概念和要素关系，其中的逻辑并不容易把握，研究思路几经调整，随着近年来高校思想政治教育主题叙事话语实践的丰富和发展，才逐渐清晰和确定下来。同时，在研究过程中，越发觉得还是以专著形式才能将我的所思所研完整地呈现出来，于是就有了这部书稿。

然而，欣喜之余仍心存惶恐，我的研究对于"基于主题叙事的高校思想政治教育话语实践"这一课题只能说是一种初步探索，还有许多问题需要深入探讨。由于个人理论水平和科研能力所限，加上对一些未能亲见的实例缺乏在场感受，书中不完善和不成熟之处在所难免，对某些问题的研究和分析可能不够深入，恳请各位专家、读者提出宝贵意见，对不足之处给予批评和指正。

最后，向这五年研究期间给予我启发和帮助的所有人致谢。感谢厦门大学"双一流"建设（马克思主义理论学科建设）对科研工作的大力支持，感谢厦门大学马克思主义学院领导对课题申报和成果出版的鼓励与帮助,感谢各位评议专家在研究各阶段给予的指导建议,感谢调研单位相关领导老师的热情接待,感谢课题组成员的助力和一众本硕博学生在调研中所做的贡献。此外,还要感谢在理论方面从事有关思想政治教育、话语和叙事等方面研究的学者,以及在高校思想政治教育话语活动中拥有创新精神的同行、同事,他们的探究和实践都或多或少带给我启发,在此一并奉上最诚挚的谢意!

王圣宠
2024 年 4 月于厦门大学囊萤楼